Cahiers libres

DU MÊME AUTEUR

Socialisme et crise nucléaire, L'Herne, 1973.

Le Rempart social, Galilée, 1979.

Le Cycle de la dissuasion, La Découverte, 1990.

Voyage aux sources de la guerre, Presses universitaires de France, 1991.

L'Amérique mercenaire, Stock, 1992.

L'Empire du chaos, La Découverte, 2004.

La Globalisation stratégique. Causes, représentations, conséquences économiques, politiques et militaires de la globalisation, Cahier d'études stratégiques, n° 4-41, CIRPES, 2006.

Alain Joxe

Les guerres de l'empire global

Spéculations financières, guerres robotiques, résistance démocratique

La Découverte
9 *bis*, rue Abel-Hovelacque
75013 Paris

Si vous désirez être tenu régulièrement informé de nos parutions, il vous suffit de vous abonner gratuitement à notre lettre d'information bimensuelle par courriel, à partir de notre site

www.editionsladecouverte.fr

où vous retrouverez l'ensemble de notre catalogue.

ISBN 978-2-7071-7175-7

Introduction

Le nouvel Hitler ne sera pas visible

« Où est l'historien qui aurait été capable de formuler le pronostic Hitler ? Même si une histoire douée d'une conscience morale particulière réussissait aujourd'hui à écarter une fois pour toutes de son système sanguin l'admiration pour la puissance qui lui est inhérente, elle serait dans le meilleur des cas en mesure de mettre en garde devant un nouvel Hitler. Mais, étant donné qu'il apparaîtrait ailleurs, il aurait également une autre apparence et l'avertissement serait inutile.

« Pour une appréhension réelle de ce phénomène, de nouveaux moyens sont indispensables. On doit les repérer, aller les chercher et les utiliser, partout où ils se proposent. La méthode pour une recherche de cette sorte ne peut pas encore exister. La rigueur des disciplines spécialisées se révèle ici être une superstition. Ce qui leur glisse entre les mains est justement ce qui est important. Une intuition non divisée du phénomène lui-même est le présupposé suprême. Toute arrogance du concept, quels que soient les endroits où il peut avoir fait ses preuves, est nuisible. »

Elias CANETTI, 1981 [1].

Crise de l'euro et des dettes souveraines, guerres ou occupations qui s'éternisent en Afghanistan, en Irak, en Tchétchénie ou en Palestine, restrictions des libertés liées à la lutte antiterroriste, corruption des élites : comment comprendre ce sombre panorama des premières années du XXIe siècle ? Comment expliquer que les États et les instances internationales ne parviennent pas à enrayer cette spirale de

1 Elias CANETTI, « Hitler, nach Speer », *in Das Gewissen der Worte,* Fischer Taschenbuch Verlag, Francfort, 1981, p. 176.

désordres qui frappent toutes les populations, au Nord comme au Sud ? C'est à ces questions que ce livre tente de répondre, en analysant toutes les dimensions du système mondial dérégulé imposé depuis les années 1980 par le néolibéralisme, qui démasque son mécanisme prédateur depuis la crise de 2007.

La nouvelle gouvernance « insécuritaire »

En 2002, j'évoquais dans *L'Empire du chaos* l'antiterrorisme global issu de l'hégémonie américaine après le 11 septembre 2001 comme un nouvel état du monde source d'inquiétudes liées à un retournement de tendance dans la représentation du « progrès » [2] : le chaos américain devenait un modèle de domination impliquant la liquidation de la fraternité, troisième volet de la devise de la République française. Et mettant fin par conséquent à l'idée d'une république fondée sur l'économie sociale de marché, après l'échec de l'économie planifiée dans le monde soviétique.

Dix ans plus tard, en 2012, le système global est entré en crise ouverte, aussi profonde que celle de 1929. Cette crise est celle d'une nouvelle forme d'impérialisme, qui ne repose plus sur aucun empire national. Ce pouvoir n'est plus un empire américain : il ne peut porter ce nom, car il ne repose pas sur une conquête militaire du monde par les États-Unis et doit accepter de la part de la Chine des remarques critiques insolentes convenant à son statut de « rival de rang égal » (*peer competitor*). Le centre de ce pouvoir financier est partout, et sa périphérie aussi : en Inde, en Chine, en Amérique, en Europe. Dans cette configuration sans tête, l'irresponsabilité politique des « marchés » et les désordres de la spéculation augmentent la probabilité d'une catastrophe économique mondiale.

Le monde capitaliste, informatisé et global, cherche à l'emporter par la spéculation, en usant de la violence et du dol — tromperie volontaire sur la nature des contrats —, visant ainsi à

2 Alain Joxe, *L'Empire du chaos. Les Républiques face à la domination américaine dans l'après-guerre froide*, La Découverte, Paris, 2002.

dégrader tous les autres types de souveraineté, d'autonomie ou d'économie. Parler encore d'empire est simplement une façon de dire que ce système de pouvoir mondial est, comme les empires d'hier, à la fois guerrier et financier.

Qu'il soit un réseau plat plutôt qu'une pyramide ne facilite pas le retour à un contrôle politique démocratique de ce nouveau système, fondé sur une gouvernance « insécuritaire » : une insécurité qui renvoie au fait qu'un vaste groupe d'entreprises privées, à l'échelle globale, cherche à assurer en tous lieux la prédation et l'accumulation des profits, sans se sentir obligé de maintenir, par prudence sociale, un investissement local ni une redistribution des profits dans tel ou tel compartiment national. Cette délocalisation des intérêts et de la nationalité des actionnariats rend la politique sociale impossible, ou plutôt rend la politique antisociale incontrôlable.

C'est là un vieux rêve oligarchique, donc antidémocratique : rendre la politique insaisissable, se débarrasser du contrôle rationnel du peuple en le privant de l'information stratégique sur les flux de profits et l'assiette réelle de l'impôt, la redistribution des ressources dans la collectivité localisée des citoyens. C'est en effet devenu (partiellement) possible aujourd'hui, grâce à la capacité de délocalisation « en temps réel » des entreprises et à la dénationalisation de l'actionnariat.

Les opinions publiques n'arrivent pas encore à imaginer que la prospérité d'une entreprise n'est plus liée à celle du pays qui héberge ses travailleurs, mais plutôt à la misère qui permet d'abaisser les salaires. Les peuples continuent d'exiger des gouvernements — de la « droite » comme de la « gauche » néolibérales — ce qu'ils ne peuvent plus assurer sans une remise en cause complète du système. Jusqu'à présent, les gouvernements néolibéraux font seulement mine de vouloir rétablir ou préserver ce « devoir de protection ». Ils peuvent au mieux tenter de contourner les interdits en recourant aux vieilles recettes de création d'emplois de fonctionnaires et d'inflation par bulles spéculatives, même si elles sont devenues des délits pour les nouvelles législations transnationales. Ensuite vient le temps du *mea culpa*. De la perte des notes d'excellence AAA par les agences de notation des marchés. D'où les politiques de rigueur par la baisse des revenus, la révolte et, finalement, la répression policière sécuritaire. La résistance à cet effondrement par une législation fiscale et sociale, en Europe, tombe d'abord sur l'Union européenne, qui n'est pas faite pour cela, mais au contraire pour gérer la dérégulation voulue par les traités.

Il faut prendre acte du fait qu'entre 2000 et 2010 le monde s'est enfoncé dans un nouveau modèle d'exploitation passant par la « titrisation » de produits obligataires complexes et livrant l'économie aux spéculateurs financiers. Diverses manipulations comptables et escroqueries de présentation ont donc présidé à une prise du pouvoir économique par le pouvoir financier. Ce pouvoir s'est présenté en 2008 comme reposant en partie sur une « menace » de banqueroute qui ressemble au chantage terroriste du preneur d'otages : versez-moi tant de milliards ou je me fais sauter avec eux. Après la banqueroute acceptée de Lehman Brothers, les États ont volé au secours des banques. Puis, comme dans le deuxième temps d'un ballet, les banques ont volé au secours des États proches de la faillite, exigeant d'eux en échange les « nécessaires » cures d'austérité.

Ce système de secours d'urgence implique, pour s'instaurer, se reproduire et se défendre, de s'appuyer finalement sur des pratiques violentes et même des comportements préfascistes. Ségrégations, massacres, terreur : des actes toujours nécessaires au prélèvement de profits intenses dans tout empire. Mais l'empire reste sans tête. Dégagés de toute fonction politique de protection, les acteurs des « marchés », petits et grands militants anonymes de l'inévitable « mondialisation », forment en effet depuis les années 1980 une classe sociale sans patrie, qui organise des pratiques d'une violence déréglée à l'échelle du monde, mais qui ne se laisse pas repérer par des décisions relevant d'authentiques institutions politiques — le G8, le G20, Davos, etc., ne sont que de simples « clubs », sans le moindre fondement démocratique. Soumis aux mécanismes des marchés financiers, les appareils d'État se voient seulement déléguer les fonctions répressives de régulation des troubles sociaux et les guerres, et c'est devenu peu à peu l'unique tâche stratégique relevant encore de leur souveraineté.

En cas d'extrême tension, ou d'accident spéculatif imprévisible, les guerres locales pourraient devenir « mondiales » en coagulant par voisinage des causes politiques et sociales de violence. Mais, dans le pouvoir financier global, la décision d'entrer en guerre mondiale ne sera sûrement pas aussi claire que l'invasion de la Pologne par l'Allemagne nazie en 1939. En effet, aucun « nouvel Hitler » du nouvel empire sans nom ne sera visible, comme l'avait étonnamment anticipé l'écrivain européen Elias Canetti (1905-1994) — juif séfarade d'expression allemande, originaire de Bulgarie, devenu citoyen britannique — dans son écrit prémonitoire de 1981 que j'ai cité en exergue.

La crise de la finance spéculative, source de guerre ?

C'est un pouvoir collectif et global qui est désormais aux commandes en Occident, mais l'« Occident » comprend aujourd'hui le monde entier. Ce pouvoir n'est ni patriote, ni nationaliste chauvin, ni raciste. Mais il n'est pas non plus foncièrement démocratique, puisqu'il est fondé sur la domination des marchés financiers. Il agit rationnellement pour l'accroissement de la richesse des riches et de la pauvreté des pauvres, sans contrepoids politiques modérateurs — même en Chine, le Parti communiste au pouvoir instaure la ploutocratie. Les États bientôt ne pourront même plus mimer une préoccupation sociale, à moins d'un bouleversement radical. En Europe, celui-ci exigerait la constitution d'un État fédéral européen, capable de formuler démocratiquement une politique sociale à l'échelle d'une souveraineté autonome, d'une masse suffisante pour restaurer la primauté du politique sur la finance et imposer sans faiblesse des politiques de paix.

Je montre donc dans ce livre que le point clé du système global qui conduit à la catastrophe de l'enrichissement sans limites des riches et l'appauvrissement sans limites des pauvres se situe à l'articulation de la violence et de l'économie, telle qu'elle est actuellement mise en forme par la « révolution électronique ». La crise amorcée en 2007 n'est pas un simple accident : c'est une crise du système global, devenu financier et délocalisé, et par là incapable de contrôler l'accumulation sans limites des profits financiers et la nécessaire localisation des économies réelles.

La crise des dettes de 2011 devient ainsi une crise générale des banques, qui ne peuvent compter que sur les États pour les sauver. Mais les États, par définition, sont maîtres des systèmes sociaux locaux, par la police, la justice et les armées. C'est pourquoi la pression du système financier global, devenu hégémonique, risque de pousser les États à déclencher des répressions sans limites pour des dettes sans limites de populations sans limites. La crainte que la crise des marchés financiers engendre des guerres ou même la « guerre mondiale de la nouvelle crise mondiale » n'est donc pas absurde. C'est une guerre dont « le nouvel Hitler ne sera pas visible », car ce ne sera pas un homme ni un parti nationaliste d'extrême droite raciste, mais un système sans tête, qui la déclenchera. Il faut construire cette hypothèse pour en combattre la réalisation par une politologie, une polémologie et une irénologie nouvelles. D'où les trois parties de ce livre.

La première partie montre comment est née, en moins de trente ans, une société insécuritaire globale. Cette société se fonde d'abord *politiquement*, sur une forme de précarisation des conditions de vie : une « gouvernance insécuritaire » remplace l'État protecteur créé au XVIIe siècle au lendemain des guerres de religion et confirmé au XVIIIe par la Révolution française et après la guerre contre le nazisme par les programmes sociaux de la Résistance. À partir des années 1980, la souveraineté des États-nations tendant à la démocratie sociale s'efface progressivement devant la souveraineté des entreprises mondialisées et toujours délocalisables. La société nouvelle est fondée ensuite *stratégiquement*, suite à l'« effondrement » de l'URSS en 1990, sur l'extension de l'OTAN vers l'Eurasie puis, après 2001, sur la proclamation d'une guerre de trente ans contre le terrorisme : un ennemi « délocalisé » en partie légendaire et localisé dans l'islam extrémiste — lequel paraît avoir épuisé sa capacité de mobilisation terroriste avec l'exécution extrajudiciaire d'Oussama Ben Laden en mai 2011.

Elle est fondée enfin *économiquement* par une mutation qui voit le néolibéralisme orchestrer le passage de la liberté d'entreprendre des industriels à la capacité de spéculer et de s'enrichir sur les besoins élémentaires de survie et sur l'endettement des pauvres. D'où la nécessité d'envisager, à bon droit, la criminalisation des entreprises financières souveraines qui configurent, avec l'insécurité policière, la guerre antihumanitaire et la spéculation sans limites, un modèle proche d'une régulation mafieuse généralisée : celle-ci conduit à une forme d'esclavage pour dettes qu'Aristote, après Solon, avait condamnée comme contre nature ou en tout cas contraire à la démocratie.

La deuxième partie aborde alors la question des stratégies militaires et policières et de leur globalisation sous le leadership des États-Unis. On verra comment, après la chute de l'URSS, le pouvoir militaire américain s'organise en grand commandement militaire global et comment il intervient dans des guerres sans buts politiques fixes, comme pour montrer sa force et rénover en permanence ses arsenaux. Mais les ajustements des buts de guerre en fonction des arsenaux ou des arsenaux en fonction des buts de guerre aboutissent à des incohérences. Celles-ci expliquent que toutes les guerres américaines — de Bill Clinton à Barack Obama et, surtout, celles de George W. Bush — apparaissent comme des échecs. D'où une crise des doctrines militaires d'« emploi des forces », qui cherchent aujourd'hui à retourner avec Clausewitz à la définition de la guerre comme continuation des buts politiques, vision contraire aux intérêts dépolitisés de la classe rentière globale.

Dans la troisième partie, on explique pourquoi, dans le désordre créé par la financiarisation de l'économie et l'informatisation des spéculations et des actions de guerre, le soulèvement éthique et l'indignation qui exigent le retour à la démocratie comme but et moyen de la paix deviennent un nouveau réalisme à l'échelle globale : si l'on veut vaincre l'empire usuraire de l'« Hitler invisible », notamment en Europe, il est devenu essentiel de regrouper les nations démocratiques en une fédération capable par son poids de se défendre contre les nuisances de la finance spéculative.

I

Naissance d'une société politique globale, insécuritaire et violente

La première description de la crise comme un tournant global surgit bien d'une série de chocs économiques, dès 2007. Mais son origine est essentiellement politique et s'accompagne, en toute logique, d'une métamorphose militaire. Ce constat s'oppose à l'idée qu'on ne peut rien comprendre à l'économie sans être spécialiste et que, comme les économistes eux-mêmes paraissent dépassés, les citoyens sont poussés à se résigner à leur incompétence. L'origine politique et sociale de la crise est aussi explicative que sa forme économique et financière. Et la politique éclaire les comportements économiques des entreprises, devenues des agents politiques majeurs dans la globalisation du système international. En matière politique, tout citoyen est compétent, et un peu historien.

L'histoire de la nouvelle phase de mondialisation du capital commence avec la fin du régime soviétique, sous la poussée du défi militaire et industriel lancé par Reagan dans la course aux armements. Excellente nouvelle pour l'histoire des libérations politiques, la chute du régime policier issu de la révolution d'Octobre est un choc, car il sonne le glas du dirigisme d'État comme formule politique du développement économique et social — modèle devenu impérial et qui structurait également les choix des pays postcoloniaux du « tiers monde ».

Mais cette disparition n'est pas seulement une libération du pouvoir tyrannique de l'État et des partis uniques dans les pays de l'Est, elle marque aussi l'accouchement d'une société globale entièrement soumise à la souveraineté des entreprises et à la loi du profit. La mutation des années 1990 est donc une libération, mais c'est aussi un nouvel asservissement, politiquement illégitime, puisque le monde de l'entreprise n'est pas un peuple, mais un système oligarchique qui a pour finalité le profit des actionnaires — l'entreprise est tout le contraire d'un organe démocratique chargé d'une tâche sociale ou d'un service public.

Depuis lors, le pouvoir mondial du capital privé se hiérarchise et s'organise comme économie financiarisée. Et il conduit une conquête politique du monde entier, qui s'incarne aussi bien dans des démocraties néolibérales que dans des dictatures militaires sanglantes. Cette privatisation multinationale s'exhibe aujourd'hui sous l'égide d'une nouvelle classe rentière dénationalisée, qui agit globalement hors du cadre des États, qu'elle dirige sans encore les détruire.

Plusieurs « sciences sociales » sont à convoquer pour baliser les moments forts de la construction de ce système de pouvoir cohérent, fondé sur la dérégulation, donc le désordre des marchés. Pour le comprendre, il faut être à la fois ou successivement historien, sociologue, politologue, stratégiste, polémologue et, finalement, anthropologue de l'empire sans limites et sans nom qui s'est installé dans le monde depuis les années 1990. Il s'agit dès l'origine d'une mutation à la fois politique et militaire, qui s'organise dans l'insécurité sociale des classes salariées et met fin stratégiquement au modèle politique européen, de gauche et du centre, de la démocratie dans une économie sociale de marché.

Dans quelque ordre que l'on procède, il deviendra clair que ce qui survient, c'est l'hégémonie du secteur financier dans la gestion politique de l'économie globale. Cette hégémonie est en pratique celle des banques, ces lieux du culte de l'art de la spéculation financière qu'Aristote intitulait l'art chrématistique [1] et qu'il distinguait

1 L'art chrématistique (*khrêmatistikê tekhnê*) est celui de faire de l'argent à partir de l'argent, en le prêtant à intérêt ou en spéculant sur le cours des marchandises. C'est

absolument de l'*œconomie* (*oiko-nomia* signifie en grec « principe de gestion de la maisonnée »), car il menait selon lui à la destruction de la Cité, en particulier de la démocratie. En aggravant les inégalités par la gestion habile de la croissance des dettes et du prêt à intérêt, la chrématistique menace de généraliser un esclavage moderne ou de mener à l'entropie.

L'accumulation des mots grecs sert toujours à se rassurer : pour comprendre les actuels tourments du monde, la boîte à outils existe bel et bien depuis le IVe siècle av. J.-C. Mais c'est quand même la première fois que la finance transnationale domine l'économie, la politique et la stratégie, à l'échelle du monde entier. D'où la catastrophe politique et sociale qu'elle provoque depuis 2007, et qui ne fait qu'empirer sans qu'on puisse sérieusement s'inspirer d'aucun précédent ni d'aucune des recettes fournies par l'histoire universelle.

Le premier chapitre de cette partie décrit la métamorphose du politique : la gouvernance insécuritaire remplace l'État protecteur. La ruine, dans l'empire soviétique, de la définition légitime de l'État comme système de protection sociale crédibilise au plan politique l'idée d'une dérégulation économique et financière comme une libération globale, symbolisée par la chute du Mur. Alors qu'elle est, en vérité, l'invention d'un asservissement économique de type financier, qui déclasse les despotismes asiatiques et autres inventions datant du quatrième millénaire avant J.-C. Dans les années 1990, l'entrée en insécurité est balisée par les guerres génocidaires de Yougoslavie et les conflits sans fin du Moyen-Orient ou d'Afrique, qui légitimisent les guerres urbaines. Et qui facilitent ainsi l'apparition d'un paradigme du conflit social qu'on peut baptiser « guerre de banlieues », tandis que réapparaissent les fortifications intra et extra-urbaines.

Le deuxième chapitre énonce la définition du « terrorisme » comme ennemi politique global, prenant la suite de l'URSS, à partir surtout des attentats de septembre 2001 aux États-Unis, choc qui

---

l'art des profits financiers rendus indépendants de l'économie (production et consommation nécessaires à la vie de la société).

contribue à l'émergence de la définition insécuritaire des États. Ceux-ci, s'imaginant affrontés à un ennemi insaisissable, se proclament désormais ouvertement non protecteurs de leurs citoyens, mais seulement « sécurisants ». Cette définition s'interdit de traiter les causes socioéconomiques des terrorismes et fonde donc une « gouvernance » dont le but n'est pas la sécurité, mais seulement le contrôle de l'insécurité. Cet agrégat qui surgit de l'événement Al-Qaida explique la forme policière que prend la disparition de l'État protecteur.

Le troisième chapitre décrit le passage de la liberté d'entreprendre à la spéculation sur les besoins élémentaires de survie. C'est une anthropologie de l'enrichissement sans limites, par la prédation que pratiquent les entreprises globales, qui fondent leurs gains sur la spéculation et la volatilité des marchés. Nous aborderons la définition des violences du système en décrivant les excès de cette spéculation financière : la mise en forme de l'économie en tant que spéculation sur les besoins élémentaires de survie, traités comme des addictions parmi d'autres, permettant l'accumulation intense de profits et la création d'endettements insolvables par prêts à intérêt usuraire. Ces comportements, déguisés en « bonne gestion » des marchés, pourront sans doute être définis un jour comme des crimes contre l'humanité.

Nous proposons enfin une définition sociologique de l'ensemble des hommes et des femmes acteurs des « marchés », constituant une nouvelle classe sociale globale rentière, politiquement irresponsable et « délocalisée », sans plus d'attaches avec les peuples. Cette classe de *no land's men* met en place un système violent, répressif et expéditionnaire, non par pillage matériel, mais par prédation purement financière sur l'univers, considéré comme un *no man's land*. Ce système, on le verra, est stratégiquement voué à l'autodestruction. Le système de l'empire ou de l'« Hitler invisible » ne peut être régulé que par la violence. Et c'est contre cette vision et contre les guerres sans fin du Moyen-Orient et d'ailleurs que les peuples se soulèvent. L'impasse des armées et des élites militarisées face à ces défis sera analysée dans la deuxième partie.

1

Politique : la gouvernance insécuritaire remplace l'État protecteur

> « Toutes les conséquences d'un temps de guerre où chacun est l'ennemi de chacun se retrouvent dans un temps où les hommes vivent sans autre sécurité que celle dont les munissent leurs propres forces ou leur propre ingéniosité. Dans un tel État [de guerre de tous contre tous], il n'y a pas de place pour une activité industrieuse, parce que le fruit n'en est pas sécurisé. »
>
> Thomas HOBBES, *Léviathan*, chapitre 13, « De la condition naturelle des hommes en ce qui concerne leur félicité et leur misère ».

Une première analyse de la crise n'a pas besoin d'être économique et chiffrée pour être cohérente. Il s'agit ici de décrire et d'évaluer l'utilisation stratégique de la désinformation, de l'anxiété et de la terreur dans les systèmes politiques liés à la globalisation économique qui accompagne l'effondrement du système soviétique et de la bipolarité. La mutation vécue depuis 1990 est d'une importance historique plus que séculaire. Il faut bien l'admettre pour mesurer l'effort politique à fournir si l'on veut éviter le plongeon organisé dans la guerre de tous contre tous orchestrée par le néolibéralisme militant qui joue le rôle malheureux d'une religion universelle. C'est une mutation dans la fonction militaire et sociale du pouvoir d'État, mutation nécessaire pour que l'hégémonie financière délocalisée puisse s'organiser comme une mise en forme d'un système de violence qui n'est plus celui de l'État-nation géographique.

Nous traiterons donc tout d'abord des principes fondamentaux et de la mise en place du nouveau pouvoir politique : du passage de la souveraineté protectrice de l'État à la nouvelle gouvernance insécuritaire, néolibérale, tournant méritant d'être considéré comme une régression placée dans la longue durée historique et qui est en fait une innovation complète. Ensuite, nous décrirons la mise en place pratique des insécurités créées par la globalisation après l'effondrement de l'URSS, les balkanisations, les guerres sans fin. Cette mutation des guerres peut être vue comme anxiogène sous l'angle anthropologique, topologique, militaire, éthique ; elle est rendue manifeste par la violence sociale qui s'exerce, selon les cas, au centre des dictatures corrompues ou aux marges des sociétés politiques démocratiques avec une impudeur fascisante.

Elle aboutit à la mise en forme du paradigme urbain local de la « guerre de banlieues » comme représentation mondiale éclatée de la tension « riches-pauvres ». Et elle aboutit aussi, grâce à Al-Qaida, à la déclaration de guerre mondiale de trente ans contre le terrorisme. Ces deux déclarations de guerre sont aussi fondatrices du néolibéralisme en crise que l'évolution de l'endettement des États et des peuples et que l'accroissement de la pauvreté des pauvres et de la richesse des riches.

Théorie : de la souveraineté protectrice à la gouvernance insécuritaire

La théorie de cette transformation radicale existe : on s'appuie ici sur Hobbes pour décrire en termes clairs l'étape actuelle, qu'on peut considérer comme la fin du type d'État qui s'est imposé en Europe dès le XVIIe siècle, avec les traités de Westphalie de 1648, contemporains de son traité politique *Léviathan* (*ou Traité de la matière, de la forme et du pouvoir d'une république ecclésiastique et civile*), publié en 1651. Dans cet ouvrage, Hobbes distinguait en effet comme fondatrice de la République (en anglais Commonwealth : bien commun) la fonction de protection du peuple, contre l'injustice interne ou l'ennemi extérieur. L'ordre étatique interdisait le chaos de la guerre de tous contre tous, caractéristique de la prééminence des intérêts privés et du déchaînement des vengeances nobiliaires. Cette conception de l'État s'est perpétuée à travers les mutations politiques issues des révolutions américaine et françaises et de la révolution industrielle, y compris les révolutions communistes.

Par sa pensée et par sa vie même, Hobbes est l'un des fondateurs de la souveraineté des États-nations d'Europe occidentale, celle qui est aujourd'hui menacée de mise à mort théorique. Mais Hobbes permet aussi de penser qu'on repasse, ces temps-ci, de la souveraineté protectrice, dont il avait proclamé la naissance, à la gouvernance insécuritaire, dont il avait voulu l'élimination. Il domine théoriquement cet aller-retour par l'acuité de ses analyses des premières révolutions démocratiques, dont celle de Cromwell (première à décapiter un roi, en 1649), qui fondèrent au XVIIe siècle, en Angleterre, la naissance de la république (*res publica*, ou *common wealth*), soit tout pouvoir légitime pourvu qu'il assure la sécurité, le *bien commun* et la paix des citoyens. Les libertés britanniques ne doivent sans doute rien à la philosophie grecque, mais tout aux libertés saxonnes ; mais ce sont bien les Anglais et ces libertés-là qui ont donné corps à la renaissance de la démocratie sous sa forme moderne, antiesclavagiste.

Hobbes et la république protectrice. — On assiste bien aujourd'hui à l'inversion du principe de gouvernance qui avait été défini par Hobbes au moment même où les États européens proclamaient, par les traités de Westphalie de 1648, qu'ils allaient mettre fin, non pas aux guerres entre États, mais aux guerres de religion. En 1648, il n'est pas encore question de laïcité, en apparence. Mais on se met d'accord sur le principe *cujus regio ejus religio* (la religion du Prince est celle du pays), qui met la croyance sous tutelle politique. Dès lors, la protection des populations civiles contre les violences de la guerre civile de religion devient la fonction fondatrice de l'État, qui doit donc être délimité avec précision.

Il faut d'abord évoquer l'importance de la notion de protection. Selon Hobbes, la République délimitée doit assurer la protection du peuple non pas seulement contre l'ennemi — ce qui va de soi —, mais contre les guerres, internes et externes. La protection territoriale du peuple doit éloigner un monstre venu de la mer, que Hobbes désigne du nom biblique de Béhémoth, symbolisant l'espace maritime, donc sans limites, de la guerre civile de tous contre tous. C'est pourquoi la référence à son œuvre est encore parfaitement pertinente pour montrer le retour en arrière de l'évolution actuelle : la gouvernance insécuritaire, l'appel aux querelles religieuses pour fonder l'identité des citoyens d'aujourd'hui, tout cela paraît être simplement l'inversion du principe hobbesien.

Il faut aussi noter que, pour Hobbes, le devoir de protection de l'État s'étend jusqu'aux frontières de la *res publica* et qu'il n'est plus question d'empire universel global et autres rêveries médiévales, chères à Dante comme à l'islam. Le Saint-Empire romain germanique est devenu une confédération de principautés et disparaîtra seulement sous les coups de Napoléon, mais l'Europe des États est née. La naissance de l'État protecteur est ainsi une mise en forme de la souveraineté. Sa destruction progressive, à notre époque, par les intérêts délocalisés transnationaux d'une « noblesse rentière » ou les spéculations de la bourgeoisie financière, propose une sorte de grille comparatiste, une impression de déjà-vu, mais en marche arrière, avec évidemment de grandes différences d'échelle et de représentations du pouvoir en crise — et en négligeant les progrès foudroyants de la science et de la révolution informatique.

Gouvernance insécuritaire et barbarie. — Venons-en à la gouvernance insécuritaire. Le mot français du XIIIe siècle « gouvernance », maintenu chez les Anglais dans l'ambiance juridique du droit coutumier anglo-saxon, signifie *modalité de pouvoir en fonctionnement* [1], sans connotation politique de légitimité ni d'échelle. Sa principale qualité, c'est l'imprécision des sources du pouvoir, dont il assure la promotion. Ce flou se justifie dans les périodes de transition. On comprend que le mot resurgisse dans la « globalisation », car le pouvoir suprême international

---

1 Sans aucune précision sur l'échelle, la nature, la spécificité, l'origine et les buts d'un pouvoir plutôt petitement délimité. Au Sénégal d'Ancien Régime, on utilisait le mot pour désigner par exemple la « gouvernance de Casamance ».

financier est purement coutumier et il aspire à rester clandestin, puisqu'il est sans délimitation géographique et sans éthique de responsabilité politique. Il y a de la gouvernance en fonctionnement, mais on ne sait pas où, ou plutôt « on » ne veut pas trop savoir qui gouverne et comment.

Il y a donc bien actuellement une inversion du mécanisme de légitimation de la gouvernance par rapport au schéma du *Léviathan*[2]. Y a-t-il, en outre, modification de l'échelle de la souveraineté ? Dans quels domaines ? On peut bien constater, avec l'imprécision qu'autorise ce mot, l'existence d'une gouvernance globale fondée sur l'insécurité des peuples au lieu que la souveraineté de l'État soit fondée sur la protection du peuple. Plusieurs voies de réflexion sont possibles pour l'examen critique de cette proposition, comme préalable à toute recommandation ou prescription.

Il faut d'abord se demander s'il s'agit vraiment d'une régression ou d'une innovation. Qu'est-ce qu'une régression ? Le progrès, suivi de réaction, serait-il une loi cyclique ? On peut constater qu'il y a déjà eu, dans l'histoire universelle des empires, des phases de régression de l'échelle de la souveraineté impériale à l'échelle des identités préimpériales. Ces régressions sont considérées, dans l'espace romain de même que dans l'espace chinois, comme des phases de recul de la civilisation vers la barbarie, à cause de la fin de la paix impériale et de la multiplication des guerres entre royaumes combattants. La paix impériale étant considérée comme la fin politique ultime de la civilisation, la guerre des royaumes mérovingiens et carolingiens et capétiens ou des Lancastre contre les York dans la guerre des Deux Roses semble par définition un retour à la barbarie.

Mais ce qui est original aujourd'hui par rapport à l'époque médiévale, c'est que la destruction des États et des empires sert la promotion d'une « gouvernance mondiale » par les marchés. Celle-ci, loin de calmer les jeux de guerres, multiplie les guerres sans fin, guerres fondées sur la destruction des échelles élémentaires de

---

2 Relevée à juste titre dans le document d'ouverture du colloque « The political impact of security policies », Dipartimento Scienze Antropologiche, Università degli Studi di Genova, Gênes, 2-5 mai 2009.

régulation politique collective, les États. Tout en glorifiant une culture globale de dérégulation propre à la liberté des marchés.

La manie de l'empire universel gagne beaucoup d'États. — La globalisation n'est pas démocratique, c'est peu dire, elle vise par sa nature même à détruire les molécules constitutives de la souveraineté démocratique : non seulement l'État, mais la province, la ville, un lieu géographique, une liste électorale, un cadastre et finalement la cellule de base, le citoyen. La divisibilité de l'individu, privé de fortification politique, peut conduire au suicide. Le phénomène est donc entièrement nouveau : une culture politique inverse, voire perverse, qui accepte *de facto* la guerre permanente jusqu'à l'échelle policière de quartier et la fortification des zones riches comme fin ultime de la civilisation globale urbaine.

On peut considérer l'histoire universelle comme un « rétroviseur » et rapporter les événements actuels à des précédents, ou la considérer comme source d'analogies entre mutations historiques. Le retournement actuel semble bien avoir au premier abord la même forme que le passage de la sécurité de la *pax romana* globale à la gouvernance féodale — un système d'insécurité/protection locale. Puis survient un cycle traditionnel qui promet lentement un retour à l'État, la féodalité de base grimpant vers le haut en s'alliant à la noblesse romaine puis carolingienne des ducs et comtes, croyant refaire l'empereur en regroupant des cités et des ensembles géographiques cohérents ; la reconfiguration de l'État par le roi — en France — supprime les fortifications locales des bourgades sous Louis XIV et le servage sous Louis XVI. Cependant, c'est alors que fleurit de nouveau l'esclavage, à l'échelle globale par massacres, trafic et déracinement d'Africains dans l'outre-mer.

L'Empire romain d'Occident, redevenu esclavagiste, est pluriel : espagnol, portugais, français et britannique ; Napoléon tente de regrouper tout cela. Il se trompe d'époque mais, en dissolvant le Saint-Empire romain germanique et en se faisant couronner par le pape, il croyait reprendre la succession des empereurs romains d'Occident. Cette maladie de la succession impériale existe aussi en Orient, avec l'islamisation de l'Empire byzantin par le calife ottoman, qui prend le titre byzantin de rois des Romains à la chute de Constantinople ; et Moscou est alors proclamée troisième Rome par l'Église russe.

L'empire colonial espagnol, l'empire colonial britannique, les empires austro-hongrois, napoléonien, prussien, hitlérien, l'empire colonial français et, *in fine*, l'empire américain contre l'empire soviétique : tous se veulent des empires universels. Tous brandissent des aigles romains — éventuellement à deux têtes —, à l'exception du lion britannique, modéré par la licorne, du coq gaulois et de la génération des empires communistes avec étoile rouge. Les Américains avec leur aigle parfaitement romain et leur Constitution inspirée de Polybe se pensent dès le début comme des refondateurs d'une Rome républicaine vouée à une forme d'empire fédéral universel. La maladie impériale de l'imaginaire des États-Unis meublait évidemment l'expansion de l'empire britannique et celle de l'empire français. Lorsque les deux empires de l'Axe s'effondrent, les seuls rivaux qui subsistent sont l'empire soviétique et l'empire chinois. Il n'y a rien de stupéfiant dans la conviction des derniers présidents des États-Unis : ils sont enfin parvenus à la maîtrise du monde — y compris la Chine, qui les aide en rachetant leurs bons du Trésor pour qu'ils payent leurs fins de mois.

L'analyse des précédents historiques sert toujours à introduire, d'une part, la spatialisation de la guerre et de la paix, prototypes de toutes les stratégies de protections partielles ; et, d'autre part, le maintien des échelles d'identités politiques et les traces d'une nécessaire localisation, par fortifications protectrices, des rapports de forces violents.

Mais il y a toujours eu une multiplicité d'empires. Ce qui est commun à toutes les destructions d'empires sous le « choc des barbares », ce n'est pas la destruction d'un système de domination universel, c'est la résurrection de la multiplicité des échelles de résistances résilientes. Cette pluralité est révélée au moment de la destruction de tout État impérial. La « balkanisation » de l'empire soviétique a ainsi créé en Europe un espace d'insécurité qui joue un rôle important dans l'avènement de la gouvernance insécuritaire avant l'« attentat des deux tours ».

En fait, le schéma de la chute de l'Empire romain ne peut pas même servir métaphoriquement à mettre en scène les configurations hypermodernes : le ciblage numérisé des enjeux par domination aérosatellitaire, la médiatisation globale en réseau et la révolution électronique impliquant décision ultrarapide « en temps réel », appliquées aux financiers et aux militaires exerçant un pouvoir qui se veut instantané mais par là même délocalisé. Seule la localisation exige la durée. On n'est plus certain d'évaluer par l'espace et le temps l'importance des empires postmodernes. Il n'y a pas de régression passive en histoire, pas de retour par inertie à un état antérieur : une régression est toujours, en réalité, la promotion de nouvelles échelles de pouvoir prédateur.

Pratiques : la mise en place des insécurités (globalisation, balkanisations et guerres sans fin)

La *gouvernance insécuritaire* ne surgit pas toute armée de la méditation d'une oligarchie désireuse de maintenir son pouvoir par des méthodes non démocratiques. Elle se met en place empiriquement par un ajustement qui se saisit d'une montée de plusieurs menaces « systémiques » dérivant de la métamorphose brusque du système. À revoir la chronique, l'enchaînement des causes de la montée des politiques dites « de sécurité » devient visible, un peu partout dans l'actualité. Elle découle d'un phénomène principal : la disparition de la menace connue, la disparition de l'URSS. Logiquement cette disparition aurait pu plutôt donner lieu à un sentiment de sécurité et de soulagement mais, dialectiquement, elle crée une nouvelle inquiétude fondatrice d'une nouvelle *stratégie générale de pouvoir*. L'exploitation de la peur (externe) pour obtenir l'obéissance (interne), vieille recette qui servait encore dans la guerre froide, est supplantée par une nouvelle peur : celle de la violence généralisée remplace la peur de l'ennemi mondial désigné.

L'avènement de la terreur ubiquitaire depuis 1990. — À la chute de l'URSS, le pouvoir militaire américain semble, un moment, remplir les conditions pour dominer le monde à la fois par la violence militaire globale et par le pouvoir économique global. Dans ces deux disciplines, l'Amérique est hégémonique à l'échelle mondiale. Mais il y a immédiatement un doute en matière de domination économique, puisque la « révolution financière globale » fit justement surgir des sous-puissances économiques d'échelles et de compétences mondiales bien différenciées : l'Europe, la Chine et l'Inde, la Russie malgré son autodestruction. Il y a un doute aussi en matière de domination militaire, puisque l'Amérique n'a pas battu la Russie militairement.

Qui domine qui ? L'évanouissement de l'étalon géographique, comme mesure de la puissance des empires, introduit donc partout un doute. Les décompositions d'empires exhibent normalement des identités nationales qui se libèrent, puis qui s'agrègent à des formations impériales nouvelles, dont la puissance est rendue visible par leur extension géographique souveraine. Mais ces délimitations sont bousculées et reconditionnées dans l'espace-temps de la révolution électronique financière, qui n'est plus celle de la conquête géographique.

La menace n'est plus fondée sur la stabilité paralysante des arsenaux nucléaires et sur l'alternative « paix ou guerre », bloquée sur la « paix » entre voisins, de part et d'autre du Mur. Les États et les entreprises vont retrouver de l'agilité : il s'agit désormais de fonder l'anxiété sur la terreur et des menaces de violence générale tous azimuts, mais pas grossièrement sur un pays ennemi. Il n'y a plus que des pays amis.

Cette organisation futuriste du pouvoir ne recueille aucune approbation chez les peuples du monde entier. Elle n'a pas trouvé d'expression légitime, unitaire, d'adhésion partagée. Elle ne peut inspirer que la crainte des lendemains. Cela s'explique parce que les peuples conservent la coutume d'imaginer que la source de leurs craintes se situe à l'extérieur de leur propre société (les Polonais préféreront longtemps se méfier des Russes et des Allemands). Ils n'imaginent pas encore aisément qu'il soit devenu « normal » que leurs propres élites ne se donnent plus pour mission stratégique de les rassurer, mais au contraire d'exciter leur inquiétude pour les maintenir en état d'obéissance. Cette tactique ne pouvait apparaître, naguère, que dans des circonstances exceptionnelles.

Plutôt que d'évoquer des « configurations anxiogènes », ce qui permet d'additionner des carpes et des lapins comme si c'étaient des *causes* politiques, alors que ce sont des *effets* de la globalisation néolibérale, mieux vaut revoir la chronique et considérer la succession des moments historiques refondateurs qui créent, par étapes bien marquées, la nouvelle configuration globale et la stabilisent comme une représentation officielle de l'instabilité permanente. L'auteur de référence pour la « déconstruction » de cette étape reste Hobbes, observé par Clausewitz.

L'avènement de la terreur ubiquitaire s'organise depuis 1990 en quatre moments historiques modifiant les espaces-temps, épisodes structurant la topologie de la terreur, dans l'ensemble du monde, avec cependant des variantes régionales très importantes : 1) l'*épisode global* (le vide stratégique : disparition de l'ennemi et fin de la bipolarité par l'effondrement du communisme soviétique en 1990-1991) ; 2) l'*épisode moyen-oriental*, pétrolier (l'écrasement de l'armée irakienne dans la guerre du Golfe en 1991) puis impérial intercommunautaire (l'arrêt du processus de paix palestinien avec l'assassinat de Rabin en 1995) ; 3) l'*épisode européen* (la multiplication des guerres dans le voisinage sud de l'Europe, 1995-1997) ; 4) l'*épisode américain* (l'attentat contre les *twin towers* et le Pentagone du 11 septembre 2001, la fin de l'invulnérabilité du territoire américain, les guerres d'Afghanistan et d'Irak pour relocaliser l'ennemi global).

Le vide stratégique global : la disparition de l'ennemi. — Malgré le début de la transnationalisation du capital dans les années 1970, l'effondrement de l'URSS en 1990 est le choc principal de la métamorphose stratégique. On ne voit pas tout de suite que cette mutation s'attaque de front à la paix interne des États-nations et donc à la démocratie, non pas parce que l'URSS aurait été la « patrie du socialisme », mais justement parce qu'elle a échoué à l'intérieur comme à l'extérieur à fonder un nouveau type d'État protecteur.

On peut supposer que la montée du sentiment d'insécurité s'explique d'abord par ce facteur stratégique commun : la disparition, des deux côtés du Rideau de fer, de l'ennemi désigné dans la guerre froide, alors que cette polarité était devenue, au fil des années, un facteur de stabilité et de régulation à long terme du système capitaliste de marché. L'URSS fixait, par son effort limité, la limite de l'effort américain suffisant pour l'équilibrer. Depuis la disparition de l'ennemi et de la régulation de la course par l'adversaire, la course contre soi-même laisse le système de production d'armes sans mesure rationnelle. Un accroissement de l'anxiété politique, stratégique et fantasmatique est bien transmis par tous les moyens, médias compris, dès 1991.

Cette anxiété découle de la disparition en « Occident » de l'ennemi global : l'Union soviétique, supposée chef d'orchestre des troubles mondiaux depuis la guerre froide, mais de fait depuis 1917. Cette disparition de l'ennemi unique, qui justifiait et organisait la réciprocité d'une fonction de protection des appareils d'État, a provoqué un moment d'euphorie excessive, l'illusion d'une paix universelle, qui dura quelques mois. Mais, très rapidement, elle débouche sur la conscience inquiète des gouvernements occidentaux, méridionaux et orientaux devant l'unification du territoire économique et social à la chute du Rideau de fer : l'origine des troubles sociaux réside, désormais, dans les sociétés d'économie capitaliste de marché elles-mêmes. Il n'y en a plus d'autres. On cherche à l'Est à se garantir contre cette insécurité en entrant dans l'OTAN, comme si le risque d'un retour à la tyrannie soviétique existait encore et que l'entrée dans l'OTAN pouvait avoir le sens d'une garantie de bonheur de type occidental.

L'histoire met fin à une commodité rare : tout le système occidental se permettait de considérer que les contradictions graves du système étaient le fruit de la présence et de la puissance malveillante de l'ennemi autodésigné depuis 1917. Cette définition s'applique *mutatis mutandis* au système communiste : les Russes comme les Chinois n'ont plus la commodité de désigner le capitalisme comme la cause de tous leurs maux, puisqu'ils en font partie. Ils doivent relever le défi dans le capitalisme, devenu de plus en plus indifférent aux États-nations. Les « démocraties populaires » se rallient au capitalisme, mais les peuples y vivent une libération nationale démocratique sans comité d'accueil. Ce n'est plus la mode d'applaudir la renaissance des nationalismes historiques, qui datent de 1848 et qui paraissent dévalués en Europe occidentale. Impossible, à moins de repartir sur une version socialiste du printemps des peuples, ce qui n'est pas la tendance dans les années 1990.

Les Soviétiques vivent la « libération » comme une phase de privatisation mafieuse et d'auto-amputation de l'Ukraine et de la Biélorussie, les Chinois se lancent dans la compétition de la croissance capitaliste globale. Les uns et les autres comprennent qu'ils doivent conserver à tout prix l'échelle d'un empire s'ils veulent manœuvrer avec quelque puissance dans la globalité financière. La conversion brutale et pacifique de l'URSS dévoile que le règne du capital par privatisation des entreprises publiques passe par une promotion caricaturale des bureaucraties politiques et techniques, la métamorphose du parti unique en oligarchie mafieuse : la Russie n'est sauvée de la catastrophe majeure que par le règne d'un FSB (ex-KGB) néostalinien resté nationaliste, et elle fait pression sur les marchés mondiaux grâce aux gisements de gaz et de pétrole, comme un énorme gouvernorat arabe qui serait aussi fabricant d'armes nucléaires, donc à l'abri de l'invasion. Les Chinois, eux, produisent et exportent de tout : ils accumulent des réserves en devises qui leur permettent de devenir banquiers des États-Unis, une façon de se faire admettre dans le système et probablement de chercher à long terme à le contrôler ou le dominer sans avoir à agiter des armes.

Dans l'ex-tiers monde, le recours obligé à la planification du progrès par un parti unique et par la construction des services publics manque désormais d'une référence prestigieuse. Partout à la périphérie, s'était affirmée, par des démolitions sociales, l'idée que les armées servaient enfin à quelque chose, lorsqu'elles géraient violemment après 1970 la démolition des nationalismes militaires des années 1930, qui se voulaient défenseurs des « bourgeoisies nationales ».

En bref, l'effondrement final du système communiste révèle que les crises violentes qui secouent l'Europe, l'Afrique et le Moyen-Orient sont désormais purement internes au système capitaliste néolibéral, qui s'étend au monde entier.

La guerre du Golfe, victoire sans bataille, première « guerre sans fin ». — Le vide ressenti devant la disparition de l'ennemi se double donc partout d'une crainte de l'avenir inconnu devant la malédiction qui désormais pèse sur tout plan de développement économique organisé par les forces politiques. La guerre du Golfe est le premier conflit qui représente concrètement le programme d'écrasement des États-nations dirigistes. La victoire sans guerre remportée sur le bloc soviétique se double d'une guerre sans victoire : une guerre punitive concrète contre un nationalisme arabe pétrolier dirigiste, autoritaire, une caricature d'ennemi étatique, presque partout en voie d'effacement.

L'évanouissement de l'URSS n'a pas été en effet provoqué par la supériorité militaire américaine, qui restait en quelque sorte privée de sa victoire et même inemployée. C'est dans ce contexte que l'Irak décide qu'il peut s'attaquer au Koweït, et récupérer ce qu'il revendique depuis 1958 comme une province pétrolière arbitrairement détachée de l'Irak par le statut de protectorat distinct qui lui fut attribué lors du placement progressif sous protectorat britannique de la Mésopotamie ottomane entre 1869 et 1914. L'invasion et l'annexion du Koweït en août 1990 suscitent sans délai la décision américaine de montrer sa force et de manifester clairement sa prépondérance militaire dans le monde. Les préparatifs du président Bush (père) sont poussés vivement et la raison d'agir vite est, déjà à l'époque, à côté de raisons onusiennes juridiquement fondées, ornée de prétextes mensongers.

Le projet nucléaire militaire attribué à Saddam Hussein est déjà le principal outil de légitimation populaire de la guerre. L'exécutif américain cherchait à donner de l'Irak l'image d'un adversaire digne d'un affrontement majeur. On inventa donc une première fois l'imminence de l'acquisition par Saddam d'un armement nucléaire. Cela n'alla pas sans des contorsions logiques et des malhonnêtetés [3]. Le 22 novembre 1990, le président américain, qui visitait ses troupes du Golfe, avait déclaré : « Chaque jour qui passe rapproche Saddam Hussein de la réalisation de son objectif : disposer d'un arsenal nucléaire. C'est pourquoi, de plus en plus, votre mission est marquée par un réel sens de l'urgence [4]. » Les calculs des scientifiques montraient pourtant que l'Irak, placé sous contrôle de l'AIEA comme signataire du traité de non-prolifération, disposait certes d'une certaine quantité de matériel radioactif « civil » d'origine française et soviétique, mais que ce stock ne pouvait lui permettre d'accéder à une bombe qu'après diverses étapes scientifiques et techniques qui exigeaient des délais plutôt de l'ordre de dix ans.

L'urgence aura donc été utilisée comme outil de propagande pour rendre la guerre populaire. Après des préparatifs minutieux, des bombardements massifs et une offensive terrestre foudroyante déclenchée en janvier 1991 par une coalition de trente-quatre États mettent fin à la résistance de l'armée irakienne, qui ne s'est pas vraiment battue ; écrasée sous les bombes, elle a subi des pertes considérables. L'armée américaine non plus ne s'est pas vraiment battue : elle n'a eu que de très faibles pertes. Le Koweït est libéré. Néanmoins, la conquête de l'Irak n'est pas à l'ordre du jour à l'époque, au regret du commandant de la coalition, le général Norman Schwartzkopf, qui sera sanctionné pour avoir dit quelque chose comme : « C'est dommage, j'aurais bien été jusqu'à Bagdad. » Deux caractères très spéciaux de la guerre du Golfe doivent être mis en évidence pour la suite de notre description de l'*insécuritaire militarisé*.

Premièrement, les pertes humaines du côté américain et de la coalition ont été insignifiantes. Les avoirs irakiens gelés ont contribué à payer la guerre, mais les contributions énormes venant

3 Elles ont été relevées en France, lors des auditions d'experts devant la commission de la Défense du Sénat, dès le 30 novembre 1990.

4 « Mideast tensions. Excerpts from speech by Bush at Marine Post », *The New York Times*, 23 novembre 1990.

des alliés allemands, japonais et arabes l'ont financée à tel point qu'elle est devenue une opération bénéficiaire. L'afflux des crédits étrangers a été tel qu'on s'est aperçu alors que l'on ne pouvait les encaisser légalement que par le biais d'une législation qui autorise des donateurs philanthropes à verser des fonds au Trésor américain en indiquant à quelles tâches ils devaient être affectés. Si les donateurs étaient des États et avaient soudain le droit d'indiquer l'usage que devait en faire le gouvernement des États-Unis, ne pouvait-on pas considérer que l'opération violait la Constitution, qui prévoit que seul le Congrès puisse fixer l'usage des fonds versés au Trésor ? Bref, les États-Unis ne devenaient-ils pas les mercenaires du système international [5] ? La question se posera ensuite sous une autre forme, puisqu'on peut se demander, comme l'a fait Bill Clinton, s'il est bien normal que les États-Unis ne puissent mener leurs guerres que grâce au fait que les Chinois achètent régulièrement des bons du Trésor américains.

Deuxièmement, la victoire n'aboutit pas à la paix et l'état de guerre se prolonge sous Clinton, avec un blocus sévère et des bombardements périodiques, jusqu'à la « guerre d'Irak » de George W. Bush en 2003. Dans ce sens, la guerre du Golfe n'est pas seulement une guerre punitive contre un satellite nationaliste du système des États-nations ex-soviétiques et européens en voie de développement. C'est, en outre, l'acte de naissance des « guerres sans fin », qui deviennent des éléments premiers de la construction de l'insécurité comme système, par passage de l'État protecteur à la gouvernance insécuritaire globale. On écrase l'Irak, mais on ne le conquiert pas et on continue à le sanctionner, à le garder sous blocus et à le bombarder, jusqu'à la prochaine occasion de le détruire encore plus, sous le président républicain.

La Palestine : une guerre de libération nationale sans limites, symbole d'oppression globale. — L'Intifada palestinienne (1988-1991) se situe au moment même de l'effondrement du système soviétique et se prolonge sans se terminer dans le

5 *Cf.* Alain Joxe, *L'Amérique mercenaire*, Stock, Paris, 1992, p. 250 *sq.*

« processus de paix » d'Oslo. Malgré l'accord Rabin-Arafat de 1993, dès 1995, avec l'assassinat d'Yitzhak Rabin, le processus de paix est gelé et la seconde Intifada qui commence en septembre 2000, un an avant l'attentat des deux tours, exprime l'incapacité du système post-guerre froide à prévenir et résoudre les guerres postcoloniales locales malgré la disparition de la « menace communiste ».

Cette « incapacité » peut être mise en question et le mot peut parfaitement être remplacé par « absence de volonté politique ». La guerre permanente, le maintien sans solution du conflit israélo-palestinien et du régime d'occupation de la Cisjordanie acquièrent un intérêt macrostratégique nouveau. D'une part, ils conservent vivace la perception d'un danger terroriste arabe, d'autant plus fort qu'il est provoqué par cette opération israélienne permanente d'oppression, qui donne une forme durable de légitimité aux méthodes terroristes de combat désespéré des groupes résistants extrémistes. D'autre part, ce foyer d'insécurité permanente est le matériau de base de la nouvelle gouvernance « insécuritaire » ; le déni de justice polarise l'hostilité du monde arabe sur Israël, alors que les États-Unis et l'Europe sont les principaux responsables par leur soutien inconditionnel aux responsables israéliens, sans lequel ces derniers seraient contraints à changer de stratégie.

La tâche d'Israël comme allié inconditionnel des États-Unis est donc reconditionnée pour la nouvelle période, à partir du sabotage du processus d'Oslo, comme fondement d'une nouvelle alliance insécuritaire. L'État hébreu n'a ainsi plus besoin d'évoquer le danger communiste derrière le mouvement national palestinien. Et il est en charge, en outre, de représenter le conflit global riches-pauvres sous une forme microsociologique concrète, à la fois ethnique, religieuse et sociale ; et de laisser se mettre en forme, comme un trait de modernisme, le schéma des fortifications urbaines qui sert de paradigme à toutes les « guerres de banlieues ». Israël est dans le camp fortifié des riches [6].

---

6 C'est pourquoi, à l'inverse, l'apparition d'une protestation des pauvres en Israël même, en 2011, peut être vue comme un signe important d'une possibilité de retour transcommunautaire à la démocratie sociale.

L'alliance entre Tel-Aviv et Washington est plus qu'une alliance : Israël jouit d'un statut de « membre d'honneur » des États-Unis, bien plus intégré qu'un « préside » d'empire tel que l'Espagne en conserve au Maroc. C'est la transformation d'une colonie de peuplement en « zone métropolitaine » — l'équivalent pour la France d'un État pied-noir qui aurait gardé Alger ou Oran en 1962 en refoulant 80 % de la population arabe de l'enclave. Ou comme un petit Texas rejoignant tardivement l'Union, mais ayant acquis de droit d'y entrer par un travail pionnier et conquérant sur les *natives* mexicains.

La protection sans faille de ce mini-État hors normes prend figure d'archaïsme, mais c'est aussi un prototype et une zone d'entraînement aux guerres urbaines expérimentales hypermodernes. Cela grâce aux nouveaux arsenaux policiers informatisés qui se répandent dans les zones d'exclusion sociale ou communautaire et qui, dans toute la planète, multiplient les symboles et les moyens du mal-développement de l'empire global. En outre, c'est aussi là que se trouvent le Dôme du rocher, le Mur des lamentations et le tombeau du Christ. Un enjeu, un atout, un gage à l'échelle de l'empire du monde et une provocation médiatique permanente dans l'imaginaire fantasmatique de l'empire chrétien croisé ou du califat djihadiste, tous deux au tombeau — et pourtant vouant un culte à l'envolée au Ciel des prophètes à partir de Jérusalem. Tandis qu'Israël se contente du Mur des lamentations, déplorant la destruction du Temple par Titus, tout en pratiquant une reconquête coloniale en forme de spéculation immobilière fortifiée. Depuis 2011, les Arabes commencent seulement à contrarier ce projet au niveau adéquat, voulu prématurément par Arafat : celui de la décolonisation et de la démocratie, et non pas des symboles religieux.

Balkanisations : mémoires d'empires et guerres « nationalitaires » au sud de l'Europe. — Aux États-Unis et en Europe, après la disparition de la « cause externe agréée » des troubles sociaux, l'URSS et la Chine communiste, les classes dirigeantes financières transnationales invitent les gouvernements à penser stratégiquement leur défense comme globale. Mais les guerres qui éclatent alors au sud de l'Europe ramènent le Vieux Continent à une perception des menaces régionalisée. Une perception qui permet de justifier le maintien de l'Europe dans l'alliance américaine, malgré la fin de la guerre froide.

La menace de décomposition violente de la Yougoslavie et les conflits du Moyen-Orient deviennent d'abord la représentation exemplaire de la « guerre de tous contre tous », puisqu'il n'y a plus de « camps ». C'est une série de guerres qui manquent de vision globale. Décrites comme totalement locales, intercommunautaires et terroristes, au sens des méthodes de combat mêlant armées et milices, avec assassinats et prises en otage de villes entières, elles contribuent à refonder un sentiment d'insécurité dans l'espace européen. Certaines d'entre elles sont comme des fantômes surgissant du passé. Elles sont le fruit de la disparition des fédérations d'États communistes et donc de la réapparition des identités politiques et stratégiques antérieures, qui redeviennent légitimes : une légitimité faite de mémoires et de terreurs anciennes.

Les identités qui renaissent dans la décomposition du pouvoir communiste sont des « nationalités ». Et non pas des tribus ou des religions, comme on a alors tendance à le suggérer pour symboliser l'horreur barbare des guerres balkaniques, caucasiennes ou moyen-orientales. Leur penchant génocidaire et leur rapport avec les divisions communautaires et religieuses des mondes arabophone, turcophone, russophone et iranophone, tous d'anciens empires pluriethniques puissants et durables, n'en font pas des guerres de religion, mais des guerres « nationalitaires ».

Il faut rappeler ici que les « unités de base » du puzzle de ces conflits ont des origines diverses, mais elles ont toutes hérité d'un statut officiel, acquis dans les subdivisions impériales d'avant la Première Guerre mondiale. Des nationalités multiples étaient présentes dans tous les empires (Empire austro-hongrois, Empire ottoman, Empire russe). Elles ont été intégrées dans les États-nations à divers titres : dans l'Empire ottoman en tant que collectivités religieuses, car dans les terres d'islam les « peuples du Livre » bénéficiaient d'un statut fiscal distinct ; également dans l'Empire ottoman en tant que nationalités linguistiques qui devenaient des facteurs d'esprit de corps utiles pour le recrutement de soldats : certaines nationalités guerrières et montagnardes (kurde et albanaise), ou navales (grecque), recevaient l'équivalent d'un contrat de recrutement militaire communautaire. Effets contraires dans l'Empire russe, où les Tcherkesses musulmans firent alliance militaire avec Moscou contre les Ottomans. Dans l'espace westphalien, la distinction des langues était devenue la base des identités sous-impériales. Les nationalités religieuses — et donc leurs langues — créaient aussi certains droits politiques, qui furent reconnus dans la Yougoslavie titiste : les musulmans en Bosnie, les Hongrois de Voïvodine, les Albanais du Kosovo.

Il faut insister sur l'importance, dans les zones « balkanisées » devenues communistes, de la « théorie des nationalités » érigée en principe constituant de l'URSS par Lénine et Staline — ce dernier fut son premier « commissaire aux Nationalités » et exerça ses talents aux franges de sa Géorgie natale. L'URSS a reconnu la légitimité de nombreuses nationalités, dotées d'un territoire parfois minuscule et qui apparaît inclus en tant que province autonome dans une République définie comme celle d'une nationalité majoritaire, ou comme un simple canton (*oblast'*). La théorie stalinienne des nationalités n'est pas la pire invention du soviétisme. Parfois une République, parfois une région ou un district autonome concrétisent par une circonscription territoriale le droit de toute nationalité à avoir son territoire, dans lequel sa langue est reconnue et son histoire est enseignée par l'école publique, de sorte qu'aucune des nationalités opprimées naguère dans les Empires traditionnels (ottoman, austro-hongrois, russe ou allemand) ne puisse se sentir opprimée dans l'Union soviétique. Staline avait même créé, en 1934, une « région autonome juive », le Birobidjan, et son appui à la création d'Israël découle de sa théorie des nationalités.

Tous les conflits nationalitaires qui se développent après l'éclatement de l'URSS et des « démocraties populaires » ou l'effondrement des nationalismes « jacobins » du Machrek sont comme les fruits de la construction d'identités sous-impériales légitimes, la mémoire de leurs souffrances, vécues par des guerres de libération postrusses ; postottomanes, postbritanniques, postfrançaises au

Moyen-Orient ; post-austro-hongroises, postottomanes et post-communistes dans les Balkans et l'Europe centrale. On a pu remarquer que ce sont les circonscriptions nationalitaires aux statuts officiellement reconnus par la loi soviétique qui ont fixé la mémoire des cultures minoritaires et ont contribué ensuite à l'expression des revendications identitaires.

Les guerres provoquées par la décomposition de la Yougoslavie ou de la Russie, ou celles qu'on a laissé se développer au sud de l'Europe, au Moyen-Orient et dans le Caucase, ont ainsi constitué, vers la moitié des années 1990, un nouveau processus insécuritaire lié à la disparition de la bipolarité. Ces guerres ont suscité la crainte d'un retour aux configurations belligènes balkaniques d'avant 1914 ou de la Seconde Guerre mondiale. La peur de la guerre, c'est surtout le souvenir des massacres de civils perpétrés par les SS allemands, les fascistes hongrois des Croix fléchées ou les oustachis croates. Et, quand la peur est déchaînée, les peuples peuvent se soumettre aux protections qui s'offrent comme des solutions, y compris celle des milices fascistes [7]. Dans la mesure où les conflits d'aujourd'hui ne sont pas ceux d'hier, le réemploi des haines héritées est à considérer comme un crime contre l'humanité, facilité par un « empire » sans tête ou même virtuel qui refait jouer les lignes de failles d'un séisme ancien ou légendaire.

Le même travail peut être attribué à plusieurs « petits empires » archaïques, dont il est nécessaire de produire le concept en leur donnant un nom : micro-saint-empire croate, micro-empire jacobin ou royaliste serbe avec ses milices *tchetnik*. On avait connu, avant cela, les syndromes de milices micro-ottomanes turques ou micro-byzantines grecques à Chypre. Chaque groupe dominant local aspirant à conserver dans un statut de peuple inférieur une nationalité de sous-hommes, valorisante pour l'orgueil de la nation micro-impériale. La construction de la guerre Tutsi-Hutu au Rwanda avant 1994 procède du même artisanat génocidaire.

---

7 La chasse aux Tziganes sédentarisés, par des SS de cauchemar, a ainsi repris aujourd'hui en Hongrie « démocratique » avec le « horthysme » résurgent (du nom de l'amiral Miklós Horthy, régent autoritaire du royaume de Hongrie de 1920 à 1944).

On a accusé à l'époque l'Allemagne d'Helmut Kohl d'avoir trop rapidement reconnu la Croatie, où paradaient des néo-oustachis en chemises noires, qui occupaient à Zagreb l'ancien siège d'Ante Pavelic. Et on a accusé Mitterrand d'avoir favorisé les Serbes en souvenir d'une vieille alliance franco-serbe, malgré les assassinats de masse organisés par les bandes fascistes de Seselj et Arkan ; ce malgré la création du Tribunal pénal international pour l'ex-Yougoslavie dès 1993, qui a mis en accusation le président serbe Slobodan Milosevic. Pour autant, aucun tribunal réel, créé par décision internationale, ne peut encore juger les États pour leurs crimes impériaux. En effet, mêmes privés de leurs pouvoirs anciens par la mondialisation financière, les États peuvent demeurer des conservatoires de crimes. Ils les gardent en mémoire et peuvent remettre cette mémoire en action : ce sont comme des ressources disponibles d'irrationalité vengeresse disponibles pour réemploi par des souverainetés communautaires rétrogrades. Mais aussi, plus hypocritement, au service de souverainetés entrepreneuriales nouvelles organisant par la violence la mainmise locale des grands groupes sur les ressources naturelles.

Il ne faut donc pas considérer ces guerres balkaniques, caucasiennes ou postottomanes comme des accidents de l'histoire ou comme résultant uniquement des traumatismes psychologiques collectifs durables issus d'un passé révolu. Cette description n'explique rien et, surtout, elle ne produit aucune catharsis. Même si la mémoire joue un rôle, la vraie question politique est de savoir qui rouvre ces cicatrices et pour quoi faire.

Il existe toutefois, à plus ou moins long terme, une possibilité d'en finir avec ces mémoires mortifères : c'est l'exode rural. On ne peut en effet utiliser la mémoire des crimes du passé pour organiser les crimes collectifs du présent et du futur, que tant que perdurent les cultures paysannes. Mais, après trois générations progressivement urbanisées, cette mémoire s'estompe : à condition qu'elle ne soit pas entretenue en ville par l'apartheid de quartiers ethniques, on aura bientôt perdu la possibilité de recourir à ce procédé classique de la realpolitik. Même les experts français, britanniques ou ottomans de ce type de savoir-faire impérial se font vieux et rares ;

et la pratique américaine, fondée sur la destruction par ciblage électronique, est politiquement incapable d'y recourir.

Les nouvelles fortifications du néolibéralisme

Au début des années 2010, la peur de la guerre balkanique semble assoupie, mais peut-être à tort. En effet, la situation des Républiques non membres de l'Union européenne (Serbie, Monténégro, Macédoine, Kosovo, Bosnie, Albanie), comme celle de certaines Républiques membres (Pays baltes, Hongrie, Bulgarie, Roumanie, Grèce), est alors alarmante. Les tensions politiques, économiques et sociales qui subsistent dans ces pays, dont l'économie et la société demeurent différentes de celles de l'Occident « riche », peuvent revenir un jour ou l'autre sur le devant de la scène. Et on voit bien depuis 2011 que l'affaissement de l'Italie ou de l'Espagne pourrait participer d'un style « occidental » de destruction de l'État, menaçant l'Europe d'éclatements intercommunautaires qui ne devraient rien aux précédents de la fin de l'ottomanisme ou du stalinisme. La question se pose aussi pour Chypre, membre de l'Union européenne qui devrait profiter de la conjoncture pour faire alliance avec la Turquie plutôt qu'avec Israël.

En effet, au même moment que les guerres balkaniques des années 1990, s'amorce en Europe le démantèlement des régimes d'économie sociale de marché. Et ces politiques antisociales, qu'elles soient gérées par la droite ou par la gauche social-démocrate, constituent des dispositifs anxiogènes plus insidieux encore que les guerres. Partout sont en œuvre les politiques de démantèlement des systèmes socioéconomiques d'après-guerre, symbolisés par le « modèle français » issu de la reconstruction et du programme de la Résistance et par le modèle communiste au-delà du Rideau de fer. Tous ces modèles, démocratiques ou dictatoriaux, sont repoussés dans l'inventaire néolibéral comme « bons pour la casse », ce qui favorise la renaissance des partis populistes néofascistes.

La transformation de la Russie en « empire de la corruption » sous Eltsine et la fin du bloc communiste ont conduit à des choix de société, caricaturaux, en faveur du néolibéralisme et de l'industrialisation dénationalisée. Ces mutations rejoignent la recherche par les capitaux mondialisés de zones de prédation de profits nouveaux, permettant la prolongation du sous-développement politique du Sud, resté souvent zone de non-droit. L'Europe, c'est-à-dire l'Union européenne refondée par la crise, pourra-t-elle un jour sortir de sa vision impériale du pouvoir national et de son culte antisocial du marché ? Saura-t-elle contribuer politiquement à soigner les blessures intercommunautaires, apaiser les vengeances et guérir les victimes de leur passé ?

En attendant, tout se passe comme si les gouvernements néolibéraux au pouvoir, de droite comme de gauche, renonçaient aux progrès marqués par l'État protecteur hobbesien comme coopérative de services publics (sous ses formes de l'État colbertiste, des républiques bourgeoises, du Front populaire ou du New Deal). Un tel « démontage » des progrès effectués depuis trois cent cinquante ans vers l'État social peut apparaître comme l'issue d'un cycle conforme à l'esprit matérialiste « mécanicien » qui inspirait en partie Hobbes. Ou à l'idée, issue de l'Antiquité classique, que l'État se constituerait comme un agrégat de souverainetés émergeant de la féodalité vers la monarchie, puis vers la République et enfin vers l'empire, pour éclater en fin de cycle en un retour au désordre médiéval avant le commencement d'un nouveau cycle.

Sous cet angle, dès les années 1990, le démantèlement de l'URSS ressemble bien à une révolution — au sens qu'avait conservé le mot avant la Révolution française, celui d'un « retour périodique à la case départ ». Un peu partout, on observe alors des réformes insidieuses faites de dénationalisations, de retours à la fronde des élites régionales, de concessions aux mafias — c'est l'image « réformiste » de la révolution eltsinienne. La fortification qui séparait l'Est et l'Ouest peut alors disparaître. Mais ce n'est pas la fin des fortifications frontalières, qui se répandent alors sous la forme de microsystèmes fortifiés, de paramilitarismes à l'échelle féodale plutôt qu'internationale.

Le Mur de Berlin s'effondre, mais les murs sécuritaires réapparaissent autour de certains centres-villes, comme à Bagdad ou à Kaboul. Les limites fortifiées et informatisées entre riches et pauvres s'érigent à toutes les échelles du pouvoir mondialisé, comme un retour à l'anarchie médiévale. Les duels de la noblesse féodale s'affrontant dans les tournois renaissent avec la mise en jeu du patrimoine dans les OPA. De même que prospère la transnationalité en réseau des paradis fiscaux, nœuds logistiques off-shore analogues aux sauveterres fortifiées par la mer des hanses et des villes libres. Réapparaissent aussi, au large des côtes de la Somalie ou de l'Indonésie, l'équivalent des pirates d'hier dans les Caraïbes, les îles de la Sonde ou la mer Rouge.

Néanmoins, les États continuent à faire semblant de protéger les peuples pour conserver leur légitimité, leurre qu'ils ne pourront indéfiniment maintenir. La crise financière de 2007-2008 a montré ainsi à la fois que les entreprises et les banques avaient besoin de la garantie des États pour éviter la banqueroute et qu'elles n'avaient aucune difficulté à l'obtenir. La hiérarchie nouvelle paraît bien avoir placé les États sous la tutelle des banques et non le contraire : les peuples sont hors circuit. D'où un problème de démocratie.

Car la réforme néolibérale est antidémocratique, pas seulement antiétatique. Et c'est pourquoi elle remplace le consensus social par les fortifications, physiques et électroniques. Bientôt la paix urbaine pourrait glisser partout vers la guerre de banlieues et menacer de pillage les beaux quartiers. On l'a vu en 2011 dans les villes d'Angleterre, où les conservateurs, par la fausse sécurité que donnent la culture aristocratique de la charité et la tradition d'une police sans armes, ont négligé d'avoir des forces sécuritaires à la hauteur de la ségrégation sociale produite par la paupérisation absolue du chômage et de la désindustrialisation face à l'enrichissement de la City.

Ainsi, le remplacement de l'État protecteur par la gouvernance insécuritaire marque-t-il, partout, les espaces du politique, de la *res publica*. Et, dans le même temps, cette mutation va affecter le champ stratégique de la défense, avec l'affirmation du « contre-terrorisme global », nouvelle extension des guerres sans fin.

2

Stratégie : terrorisme et contre-terrorisme global

Les guerres yougoslaves, génocidaires, avaient d'abord éclaté entre Serbes orthodoxes contre Croates catholiques et Bosniaques musulmans : elles n'avaient pas pu être nettement décrites comme des cas locaux d'un conflit global contre le terrorisme islamiste. Dans les années 1990, les terrorismes étaient plutôt perçus (à juste titre) comme des conséquences archaïques de l'anarchie, surgissant de la fin des systèmes impériaux — les Bosniaques n'étaient pas islamistes (pendant le siège de Sarajevo, le voile n'apparaissait en quelques exemplaires qu'aux abords de l'ambassade saoudienne).

Le choc du 11 Septembre

Les attentats du 11 septembre 2001 marquent un nouveau tournant stratégique : ils vont fixer pendant dix ans au moins le discours stratégique américain sur des représentations permettant de renforcer la gouvernance insécuritaire. Cet épisode anxiogène majeur frappe l'Amérique et le monde entier de stupeur et de crainte, d'autant qu'il survient dans un moment d'insécurité économique, marqué par une crise boursière importante aux États-Unis. On lui accorde immédiatement l'épaisseur mythique

que revendiquent ses auteurs, considérés comme le nouvel ennemi global puisqu'ils ont frappé la première puissance militaire, qui se prétend le leader unique du monde devenu entièrement capitaliste. Il y a enfin reconcentration de la perception de l'ennemi sur un pôle unique, mais non localisé.

Pour la première fois, le territoire américain lui-même est touché par une attaque ennemie — l'attaque surprise en 1941 de Pearl Harbor, au milieu du Pacifique, ne pouvait avoir un effet aussi radical. On a vu surgir, au cœur même du symbole de la finance à New York, un ennemi global, non visible, mais pourtant concrètement et médiatiquement incarné par des individus violents, sans feu ni lieu, visant la destruction de la civilisation moderne occidentale. Il s'agit bien d'un ennemi ubiquitaire, à la fois intérieur et extérieur, qui peut frapper partout dans le monde et qui tire sa force de sa délocalisation. Il crée ainsi un espace stratégique de menace sans frontières, conforme à l'image des marchés globaux auxquels il a déclaré la guerre — et qu'on va devoir défendre en le pourchassant. On localise alors son chef Oussama Ben Laden en Afghanistan, c'est-à-dire nulle part, dans ce *no man's land* situé entre Chine, Inde, URSS et pays pétroliers, enclavé dans les terres, qui a toujours refusé d'être annexé dans un empire. Dès lors, toutes les révoltes en terres d'islam seront attribuables à Al-Qaida, au terrorisme islamique. Cela permet de mettre en forme le discours manichéen de la guerre de l'islam contre l'Occident.

À l'issue du parcours de reconstruction d'un système d'insécurité à toutes les échelles des années 1990, on dispose enfin en 2001, dans le vocabulaire quotidien de l'alarmisme et de la création d'anxiété, d'une série continue de représentations de la précarité de la paix humaine. Précarité des représentations de l'ennemi et donc de l'ami. Précarité du statut d'ennemi qui, vaincu, ne mérite plus de paix, seulement la mort. Précarité de la décolonisation qui, n'étant pas achevée en Palestine, pourrait bien repartir en avant ailleurs. Précarité de l'écrasement du fascisme génocidaire qui avait resurgi des mémoires des massacres balkaniques ou africains, et se réfugie à la frontière pakistanaise. Précarité enfin de l'Amérique, frappée au cœur par le terrorisme global.

À ces représentations médiatiques, mêlant confusément réalités et fantasmes, vont s'ajouter sur le même registre de l'inéluctable celles d'une autre précarité, environnementale : séismes et tsunamis, sécheresses et inondations contribuent alors à former la toile de fond du théâtre, politique et naturel, global et terrifié, proposé par l'« empire » aux peuples. Ses dirigeants espèrent ainsi priver les peuples de leur raison d'être citoyenne, les mettre en condition de se plier à la globalisation policière et militaire qui commence.

L'écologie politique, dont l'approche se répand partout à la même époque, est bien une résistance à cette fatalité artificielle qui nourrit la gouvernance insécuritaire. Elle s'oppose à l'assimilation à des phénomènes naturels incontrôlables des maux de la planète, qui sont d'origine politique, économique et sociale : certains phénomènes dits « naturels » sont en fait provoqués par les retombées de l'industrialisation sauvage. Pour la gouvernance insécuritaire, les grands malheurs qui menacent n'exigeraient que des moyens d'alerte sécuritaires, de l'aide humanitaire et, si nécessaire, la répression des troubles et des mouvements de foules qu'ils peuvent provoquer. L'écologie oblige à affronter le fait que même certaines catastrophes naturelles sont maîtrisables par des politiques scientifiques et techniques. Quant aux catastrophes socioéconomiques, que les oligarchies ont intérêt à traiter comme des fatalités naturelles, elles sont évidemment d'origine purement humaine et donc d'autant plus contrôlables par les politiques humaines.

Les croyances nécessaires de la gouvernance insécuritaire globale

Avec le 11 Septembre, la ressource du terrorisme global permet de mettre en forme la philosophie de la gouvernance insécuritaire globale et les législations policières universelles qui sont ensuite produites par l'appareil d'État des États-Unis et qui font pression sur le droit coutumier international. Le terrain de la gouvernance insécuritaire avait été préparé du point de vue idéologique par toute la littérature sur la « guerre des civilisations » et notamment le fameux article de Samuel Huntington sur le « choc des civilisations » (1993) [1], qui avait servi à baliser les conflits « ethniques » des Balkans et du Moyen-Orient. Sous le choc des attentats du 11 Septembre, cette thèse est passée du statut de « théorie » à celui de « doctrine », un changement très dangereux pour la pensée stratégique. Une doctrine, en effet, est matière à enseignement et à mise en application pour entraînement par des exécutants disciplinés. La théorie est toujours soumise, elle, à la critique insolente et indisciplinée des chercheurs civils ou militaires.

Les croyances doctrinaires stratégiques jouent un rôle bien réel dans les rapports de forces politiques. Après le 11 Septembre, les menaces homologuées comme « théoriquement globales » ont reçu leur label de garantie — toujours en vigueur dix ans plus tard — par une espèce d'agence américaine de notation doctrinaire, née à cette époque et qui a son siège autour du Pentagone. Les termes de « guerre des civilisations », « conflits identitaires », « terrorisme islamiste », *rogue states* (États voyous), *peer competitor* (État rival de rang égal), « stratégie capacitaire » et « opérations basées sur les effets » (EBO, *Effect Based Operations*) ont été distribués gratuitement ou vendus de force dans le monde entier comme les clés d'une croyance devenue officielle : celle de l'existence d'un ennemi stratégique unifié, ayant pour seul objectif la destruction de l'Occident et avec lequel non seulement aucun dialogue n'était possible, mais aucune interaction n'était acceptable. Cette agence de notation évaluait les opinions stratégiques à l'aune de l'utilisation des mots consacrés d'un langage autistique, banalisé par les médias.

Il existe dans toute doctrine un agrégat de croyances qui ne sont critiquées que lorsqu'une théorie est en discussion. Sans discussion, ces croyances doivent être considérées, stratégiquement, comme des éléments logiciels du rapport de forces. C'est une pratique

---

1 Samuel Huntington, « The clash of civilizations ? », *Foreign Affairs*, été 1993 ; article qui deviendra ensuite un livre : Samuel Huntington, *Le Choc des civilisations*, Odile Jacob, Paris, 1997 (édition originale : *The Clash of Civilizations and the Remaking of World Order*, Simon & Schuster, New York, 1996).

observable dans notre approche anthropologique des stratégies de guerre et de paix, et c'est ce qu'ont théorisé la plupart des stratèges qui, depuis Sun Zi jusqu'à Clausewitz ou Ardant du Picq [2], se sont penchés sur les ressorts passionnels des combattants et des non-combattants. La croyance dans les menaces globales identitaires n'est qu'une partie de la définition des doctrines sur les équilibres stratégiques. De même, la croyance dans la capacité magique d'autorégulation des marchés pour le meilleur des mondes possibles, obligatoire en doctrine mais contestable en théorie, n'est qu'une partie d'une pensée des rapports de forces économiques.

La première croyance stratégique naïve sous Bush (père), qu'il a fallu éliminer rapidement, fut que la chute de l'URSS était une victoire des États-Unis et que, désormais, la paix pouvait donc régner sur Terre. La tension sociale a plutôt diminué sous Clinton, qui, à l'extérieur, présidait à plusieurs « processus de paix » (Palestine, Yougoslavie, Colombie). Mais la droite républicaine a alors contre-attaqué sur tous les plans, dès son second mandat. Cette droite n'a pas hésité ensuite à pratiquer la fraude électorale pour l'emporter à coup sûr, comme en Floride, et George W. Bush est devenu président en janvier 2001. Toutefois, jusqu'au 11 Septembre, la légitimité du syndrome sécuritaire et de l'idéologie néoconservatrice globale n'était pas complètement assurée.

Il faut rappeler que 2001 est une année de crise boursière importante aux États-Unis. Cette crise a commencé bien avant l'attentat, mais s'est poursuivie au-delà. Elle entame nettement une période de resserrement du niveau des salaires. Et le passage à la gouvernance insécuritaire sous le symbole du drapeau national à la boutonnière constitue sans doute un élément du collage événementiel confortant la mutation politique. À partir de l'attentat, un régime sécuritaire d'exception s'instaure aux États-Unis. L'avènement d'un

---

2 Sun Zi, stratège chinois du Ve siècle avant J.-C., est l'auteur de *L'Art de la guerre* (*bingfa*) : son principe « soumettre l'ennemi sans combat est ce qu'il y a de mieux » semble l'éloigner du Clausewitz caricatural de la montée aux extrêmes de la bataille décisive. Charles Ardant du Picq (1821-1870), écrivain militaire français, s'est particulièrement intéressé à la psychologie des combattants et notamment à la transformation de la peur en courage dans le combat.

« terrorisme global » vient à point nommé pour renforcer le pouvoir de l'État américain dans la gestion des crises de la planète, et le renforcement légitime de sa suprématie militaire et économique partout dans le monde. Tout en renforçant l'unité nationale autour du drapeau.

Néanmoins, la déclaration de guerre faite par George W. Bush au « terrorisme global » a l'inconvénient, selon Jürgen Habermas, de reconnaître à cet « ennemi » un énorme « potentiel de destruction » et, par là même, de délégitimer les gouvernements démocratiques [3]. En même temps, ele paraît pourtant renforcer la définition policière de l'État américain. Cette contradiction exhibe bien la double nature de ce dernier à l'époque : encore très clairement prétendant à l'empire universel, mais ramené économiquement et politiquement au rang d'État-nation de base. L'accroissement des mesures sécuritaires à tous les niveaux de la vie sociale et individuelle s'installe en Amérique comme dans les autres pays occidentaux. Cette mise en condition nouvelle est exactement ce qu'on peut définir comme le passage à la gouvernance insécuritaire. La législation sécuritaire généralise la perception de l'insécurité en proposant une sécurisation qui en vérité est un état juridique d'alerte permanente.

Avec l'entrée en guerre en Afghanistan (puis en Irak), la « juste vengeance » apaise momentanément la terreur qui accompagnait la catastrophe des *twin towers*. Aux États-Unis, toute l'anxiété et la terreur qui suivent le 11 Septembre ont permis d'unifier, par une sorte d'accolade communicationnelle fantasmatique, les craintes économiques rationnelles, les épouvantes et les cauchemars irrationnels en un compendium nouveau permettant toutes les manipulations de type « patriotique » paranoïde. C'est à partir de cette date que tout président des États-Unis se doit de porter un petit drapeau américain à la boutonnière. C'est à partir de cette date aussi que la deuxième guerre d'Irak a pu être fondée, comme on l'a vu,

---

3 *Cf.* Jacques Derrida et Jürgen Habermas, *Le « Concept » du 11 septembre. Dialogues à New York (octobre-décembre 2001)*, présentés et commentés par Giovanna Borradori, Galilée, Paris, 2004, p. 94-95.

sur deux mensonges stratégiques de taille : Bush a tenté de faire croire de Saddam Hussein qu'il était un complice d'Al-Qaida et qu'il était sur le point de se doter de l'arme nucléaire.

Vu l'échec immédiat de la stratégie de « démocratisation » de l'Afghanistan, comme de l'Irak, ces guerres ont constitué d'emblée non seulement des actions illégitimes, mais aussi des facteurs virulents d'augmentation du terrorisme islamiste global, symbolisé par Oussama Ben Laden et le sigle Al-Qaida. On est donc entré clairement en 2001 dans une zone de *self-fullfilling prophecy* (prophétie autoréalisatrice) — et on n'a commencé à s'en extraire péniblement que bien des années plus tard, avec la victoire électorale d'Obama puis avec la mort de Ben Laden, enfin livré aux Américains par les services spéciaux pakistanais le 1er mai 2011 ; mais ce n'est même pas certain. La *self-fullfilling prophecy* est l'outil dialectique nécessaire de la légitimation d'une gouvernance insécuritaire globale. Dans cette stratégie, les échecs des États-Unis sont aussi des succès, leur permettant de populariser l'idée que tout État rétif est condamné à la ruine totale. La victoire dans la guerre d'Irak serait bien la destruction totale de l'État irakien, puis sa reconstruction, assurée par des entreprises américaines, comme une nouvelle source de bénéfices parapétroliers.

On devra examiner attentivement les signes possibles d'un recul du régime de la gouvernance insécuritaire de la *self-fullfilling prophecy* en dehors des États-Unis, dans la longue durée, avant de se réjouir.

La variante européenne du pouvoir insécuritaire global

Même si elle n'est ensuite plus jamais parvenue à attaquer de nouveau les États-Unis, Al-Qaida a créé durablement, outre-Atlantique, une perception militaire globale du terrorisme, alors que les terroristes n'avaient mis en œuvre aucun moyen militaire pour effectuer leur crime. En Europe, en revanche, l'effet du 11 Septembre comme fondateur du pouvoir insécuritaire a été beaucoup moins fort, moins direct. Il faut donc éviter ici de généraliser l'importance du terrorisme d'Al-Qaida. En Espagne, il ne faut pas oublier que, pour avoir voulu attribuer à l'ETA l'attentat de Madrid du 11 mars 2004, le Premier ministre José Maria Aznar, de la droite postfranquiste, a perdu les élections et le pouvoir, au profit des socialistes : on ne lui a pas pardonné d'avoir cherché à localiser la source de l'attentat en Espagne, dans le terrorisme basque, pour réveiller la peur de la guerre civile ; alors que, malgré son horreur, l'attentat de Madrid était beaucoup moins anxiogène si l'on admettait qu'il provenait d'un groupe marocain salafiste extrémiste basé hors du pays.

En Grande-Bretagne, malgré les attentats de Londres (7 juillet 2005) commis par de jeunes citoyens britanniques d'origine arabe ou pakistanaise, la définition et la chasse aux terroristes ont été considérées comme des tâches policières spécialisées, visant leurs bases de départ. Même si on sait qu'Al-Qaida recrute un peu sur place, dans la deuxième génération de l'immigration musulmane, on sait aussi que c'est un groupe terroriste qui menace essentiellement les sociétés musulmanes : c'est là-bas que le discours salafiste a une portée dans la population, écœurée par la corruption générale des régimes. La peur du terrorisme ne peut monter, en Europe, qu'à propos d'un terrorisme *interne*.

En France, au début, le jeu de la droite sécuritaire ne peut s'appuyer sur une abstraction comme Al-Qaida. Il faut pouvoir effrayer avec des terroristes bien de chez nous. On se contente en général de mettre en valeur un « Al-Qaida au Maghreb islamique » qui, entre Mauritanie, Maroc et Algérie, peut prétendre à l'épaisseur d'un mouvement né dans « notre » espace impérial — mais qui, sous le label Al-Qaida, est constitué plutôt par des pirates du désert d'emprise locale. C'est le rôle du Front national de traiter à fond le thème raciste du danger islamiste, en désignant des Français issus de l'émigration comme dangers potentiels. Mais, dans les représentations identitaires en France métropolitaine, quelque chose résiste encore à la fragmentation des habitants en communautés. Le droit du sol, même bafoué déjà de mille façons, est ce qui reste légitime, comme un droit coutumier : une France carrefour, *melting pot*, sauveterre pour tous les azimuts de la liberté et où, en tout cas, les enfants nés sur son sol doivent être protégés et admirés pour leurs exploits ; cela se voit parfaitement dans les équipes de football, dans les tourbillons multicolores des cours de récréation ou dans la réaction des syndicalistes de la RATP réquisitionnés pour le transport policier de familles roms entières, indignés par le traitement fasciste minable qui leur est imposé.

Insécurités divergentes

Il existe donc des différences nationales entre les perceptions de l'insécurité. Aux États-Unis, la mise en forme rhétorique de ces données nouvelles a introduit la confusion des causes par l'unification des effets psychologiques. On obtenait ainsi la quasi-équivalence de tous les malheurs catastrophiques (secousses sismiques, ouragans, attentats, épidémies, crimes, krachs financiers, guerres, massacres). On peut dire qu'il y a eu unification de la production d'anxiété collective pour toutes les « infos » inquiétantes, politiques ou non, proches ou lointaines, formant une représentation menaçante de l'« environnement global ». Alors qu'en Europe la « psychose » du terrorisme a davantage été produite par le déploiement antiterroriste permanent lui-même et par les faits divers individuels, meurtres ou suicides, que par les attentats majeurs (Londres, Madrid).

La tâche des sciences sociales et des médias devrait donc être de remplacer ce fantasme confusionniste par la description des menaces anxiogènes réelles :

— d'une part, par la dénonciation des escroqueries financières des entreprises globales, avec désignation des politiques des banques d'affaires responsables des tsunamis financiers ; les poursuites du FBI contre les escroqueries bancaires aux États-Unis, suite aux enquêtes sur le cas Madoff (voir chapitre suivant), devraient servir de modèle en Europe ;

— d'autre part, par le suivi des méfaits écologiques : la désignation de British Petroleum comme responsable de la destruction de l'écosystème dans le golfe du Mexique en 2010 a été un des moyens du retour au réel ; l'irresponsabilité des entreprises doit être maîtrisée en amont, comme les expérimentations de celles qui préparent l'exploitation du gaz de schiste en France (dans ce sens, Barack Obama a parfois pris le risque d'être en avance sur l'Europe, au moins en privilégiant la verbalisation des dangers réels par rapport à celle des dangers fantasmatiques).

La destruction des politiques sociales, par les privatisations, les dérégulations, les délocalisations, le chômage et les inégalités croissantes, est la source principale d'anxiété des citoyens européens. En effet, par ce processus jouant sur la misère des Roumains ou la pauvreté des Polonais autant que sur celle des Maghrébins ou des Africains, ils comprennent qu'à l'échelle de l'Europe les peuples sont presque partout déchus de toute souveraineté économique et sociale : l'Union européenne a placé entre les mains de bureaucraties néolibérales, par contrat des États, les armes de destruction des politiques sociales et des services publics.

On sait aussi assez bien, en Europe, que le terrorisme islamiste découle largement du malheur social des pays musulmans en situation d'échec postcolonial. On le sait parce que les États européens, à l'époque coloniale, ont été politiquement responsables de cet échec : les Balkans, le Maghreb, le Machrek et l'Afrique font partie de l'histoire impériale des conquêtes du voisinage de l'Europe. Depuis trois générations, en Allemagne, en Autriche, en Hongrie, en France, en Italie et en Grande-Bretagne, même sans avoir fait d'études supérieures, on en sait assez long sur la question de l'outremer, exactions comprises.

Mais, comme le malheur social du Sud gagne aussi le Nord sous forme d'immigration économique et de chômage, certains, renonçant à agir sur les causes globales, prétendent seulement refouler le malheur à la case départ. Un certain fascisme populaire monte du sol natal, comme dans le chant pétainiste *Maréchal, nous voilà !* (obligatoire au lever des couleurs du lundi, dans les écoles de ma génération). Face à cette vraie menace, un éclaircissement possible pour le réalisme stratégique européen consisterait à remplacer cette imagerie anxieuse du contrôle policier des effets par une volonté politique de contrôle des causes — il faudrait pour cela, j'y reviendrai, orchestrer un renversement de tendance dans la construction européenne. L'effet global, anti-islamiste, orchestré par les États-Unis, a ainsi acquis une certaine épaisseur dans tous les pays européens, y compris ex-communistes, du fait de la présence locale de minorités musulmanes, reliques des diverses histoires impériales ; et comme, au-delà, dans certaines parties de l'espace turcophone, qui s'étend jusqu'en Chine. De même, la présence de minorités chiites dans le Golfe et au Machrek sert aux États-Unis à figurer virtuellement la possibilité d'un terrorisme chiite, attribué par effet de proximité à l'influence iranienne.

La culture des facteurs insécuritaires, assimilables à un « terrorisme global », est donc en partie une production artificielle du système de représentation américain. Il est vrai qu'elle peut faire l'affaire de tout pouvoir politique désireux de participer à la construction « modernisante » de la gouvernance insécuritaire mondiale, en feignant de s'associer à l'hypothèse paranoïde du terrorisme global — le cas du régime algérien est à cet égard exemplaire. Cette adhésion simplificatrice donne donne accès aux accords techniques antiterroristes américains, qui visent tous les « fauteurs de troubles » : systèmes mafieux de la drogue, « États voyous » comme la Corée du Nord ou « faillis » comme la Somalie, minorités turcophones de Chine, mafias des Républiques d'Asie centrale, etc. Les révolutions démocratiques arabes jettent évidemment le trouble dans ce système.

L'amplification artificielle de l'alarmisme anti-islamique atteint ses limites

Dans la nouvelle configuration stratégique des premières années du XXIe siècle, les États occidentaux ont ainsi délibérément exagéré l'alarmisme anti-islamiste, apparemment dans le but de neutraliser la menace terroriste par des politiques répressives qui rassureront les peuples grâce à la punition des criminels. Mais on pourrait dire aussi, sur la base des mêmes faits, que ces États visent de cette façon à faire de l'anxiété leur principal moyen d'hégémonie dans le système de pouvoir politique mondial, articulé au processus de globalisation économique.

Dans les deux cas, la gestion par la gouvernance insécuritaire atteint toutefois des limites, car elle ne peut compenser ni prendre en charge l'aggravation de la fracture sociale et du chômage des jeunes. Et cela aussi bien au Sud, dans les économies de redistribution de la rente pétrolière ou minière, dominées par la corruption, que dans les pays avancés, où l'option « délocalisation des industries » vers des foyers de main-d'œuvre bon marché l'emporte sur l'option « conservation du savoir faire industriel ».

La division riches-pauvres finit par donner au monde entier la forme d'un empire fractal, d'une « guerre de banlieues » à toutes les échelles. Quelles que soient les politiques sécuritaires, cette division riches-pauvres est en effet gérée techniquement par des instruments de surveillance produits de la révolution électronique. Ces instruments provoquent partout de l'insécurité et de la résistance — de façon certes différenciée, car un arsenal technique unifié n'implique pas une stratégie unifiée. Mais partout aussi, de manière comparable, les affrontements entre jeunes chômeurs et forces de répression finissent par donner les mêmes images et les mêmes commentaires, et fondent ainsi une solidarité transfrontalière qui agit sur le moral des « résistants » et donc sur le rapport de forces.

Les révolutions démocratiques arabes déclenchées en décembre 2010 à partir de la Tunisie ont mis à mal la représentation stéréotypée du terrorisme islamiste, qui n'a rien à voir avec cette nouvelle génération d'initiatives. Bientôt sans doute, dans toute la zone, les entreprises pétrolières vont devoir se préoccuper non plus de l'islam politique, mais des revendications démocratiques et sociales, bien plus militantes et dynamiques. Fin 2011, on ignorait encore si les intérêts pétroliers pourraient mettre un frein à l'agitation sociale et politique au Moyen-Orient, et par quels moyens militaires, policiers ou financiers. Mais les pétroliers devront agir à découvert, sous l'œil des opinions démocratiques, hostiles au Nord comme au Sud au pillage des peuples, en perdant la faculté éventuelle de s'ériger en défenseurs de la laïcité ou des droits des femmes.

D'où l'importance d'examiner maintenant, après ses volets politique et stratégique, le troisième volet, économique, de la gouvernance insécuritaire.

3

Économie : de la liberté d'entreprendre à la souveraineté des entreprises

La crise économique du tournant des années 2010 est un défi pour toutes les politiques (*policies*) sociales : elle tend à les tuer toutes au nom d'une défense des intérêts particuliers. Mais la crise n'est pas un diable, pas plus que le marché n'est un ange. Il faut résister à la tentation d'en faire la théologie ; en revanche, c'est une partie de l'anthropologie politique et de la sociologie économique de la crise qui reste à faire. La crise est une bousculade dans le système de prédation et de concentration des profits qui fonctionne sous l'hégémonie des entreprises et non plus des États, entraînant une concentration des profits sans limites, un rejet global de la politique sociale des États et, finalement, une préparation ubiquitaire à la répression publique ou privée des soulèvements.

La crise et le néolibéralisme de guerre

Il y avait eu en 1997 la crise asiatique, qu'on avait considérée assez vite comme une crise de croissance, liée à l'adoubement des « tigres » de l'ASEAN dans la prospérité du néolibéralisme. La « fin de l'histoire » sonnait à l'heure du capitalisme global qui avait ses chantres attitrés (Francis Fukuyama, 1992) ; Alain

Minc publiait des homélies sous le titre de *La Mondialisation heureuse* (1997), contribution qui se vendait en poche dans les grandes surfaces (livre devenu aujourd'hui introuvable, d'une lecture comique). En 2001, une première crise systémique — dont l'origine se situait aux États-Unis — et l'effondrement de l'Argentine sonnaient l'alarme sur les contradictions du modèle américain et l'endettement structurel du modèle surconsommateur ; mais tout finissait comme un krach boursier sans affecter la reprise de la croissance. Toutefois, cette crise fut le contexte un peu oublié des attentats du 11 Septembre et de la mutation politique qu'ils ont provoquée.

Début 2006, dans un recueil d'articles, *La Globalisation stratégique* [1], nous traitions déjà de la globalisation de la stratégie militaire, dans son rapport à celle de l'économie, comme le signe que le système économique fonctionnait grâce à l'accompagnement des guerres sans fin et non pas en dehors de ce contexte. La crise n'avait pas encore pris la forme — qu'elle revêt aujourd'hui — d'un cyclone tropical errant ou d'un spectacle de music-hall. On pouvait penser que l'« école stratégique française » ou l'« école stratégique européenne » et d'autres cultures politiques anciennes maintiendraient l'idée que les cités sont des maisonnées de citoyens, où l'économie politique assure de temps en temps qu'il fait bon vivre en paix. Le souci de la paix pouvait motiver certaines définitions sociales de la sécurité économique.

Le piège des *subprimes*. — La crise des *subprimes* éclata quelques mois plus tard, en 2007, rendant inutile toute l'énergie polémique qu'il fallait, jusqu'alors, pour aller à contre-courant de l'« intégrisme des marchés » que George Soros décrivait avec pessimisme, dès 1998, comme une croyance religieuse

1 Alain Joxe, *La Globalisation stratégique. Causes, représentations, conséquences économiques, politiques et militaires de la globalisation, Cahier d'études stratégiques*, n° 4-41, CIRPES, Paris, 2006.

formant un obstacle scientifique à la bonne gestion de l'économie mondiale, plutôt qu'une doctrine stratégique [2].

Nous n'allons par refaire ici une analyse économique complète de cette crise qui perdure cinq ans plus tard, défiant les théories et les prévisions. Mais il faut donner une définition précise de son éclatement comme un *dévoilement* politique et social. Par une mise en scène tragique et parfois comique, la levée d'une série de masques a fait que les pratiques financières puissent être considérées non pas comme des marchés régulés par des lois économiques, mais comme des pièges à profits intenses, légaux, illégitimes, illégaux, délinquants ou criminels (toute la gamme était désormais publiquement affichée). Par la globalisation électronique, irrépressiblement, les pièges légaux et les pièges criminels sont devenus des pratiques connexes et homomorphes.

La cause de la crise — la bulle de l'immobilier — s'est amorcée trois ans plus tôt, depuis l'octroi de prêts hypothécaires aux salariés pauvres américains [3]. La crise s'est confirmée le 7 août 2008, avec l'effondrement de certains fonds hautement contaminés par les créances *subprimes* titrisées, puis le 10 août, avec le blocage des prêts

---

2 George Soros, *La Crise du capitalisme mondial. L'intégrisme des marchés*, Plon, Paris, 1998.

3 Dès que l'offre de crédits par les organismes de crédits hypothécaires s'est refermée comme un piège sur les salariés pauvres américains, on savait que le processus aurait une fin. Les prêts à taux d'intérêt variable accordés par des instituts de crédit spécialisés ou des banques commerciales ont fonctionné comme un appât. Les premières années, les mensualités sont peu importantes, mais sont prévues comme variables en fonction de la valeur du bien ; elles s'élèvent ensuite et le coût du crédit finit par atteindre des taux de 18 %. La montée du prix de la maison sur le marché rassure encore, permettant de souscrire des crédits relais à la consommation. Mais, à un moment, les salariés pauvres ne peuvent plus payer leurs mensualités. Obligés de vendre leur maison pour se dégager, ils déclenchent alors la baisse des prix du marché immobilier. Or, les créances des *subprimes* avaient été entre-temps « titrisées », c'est-à-dire regroupées avec d'autres créances sur un type d'instrument financier appelé CDO (*collateralized debt obligation*), mises en vente sur les marchés financiers et bien notées par les organismes de cotation en raison des intérêts exorbitants payés par les emprunteurs avant l'effondrement de la bulle. Ces titres « obligataires » dopaient ainsi les rendements de produits dérivés complexes qui se sont retrouvés dans la composition de nombreuses Sicav, présentées comme sans risques aux souscripteurs. L'origine même des rendements des produits dérivés était rendue opaque par la titrisation, ce qui permit à la bulle d'amorcer une chute sans visibilité immédiate.

interbancaires (les banques, se méfiant les unes des autres, cessent de se prêter entre elles les liquidités à court terme destinées à maintenir leur activité). La FED, la BCE et la Banque du Japon injectent alors au total quelque 400 milliards d'euros de liquidités en huit jours. Cette crise bancaire est très vite devenue une crise boursière, car les grands investisseurs vendent une partie de leurs actions des groupes bancaires et d'autres entreprises. Cette phase culmine avec la faillite acceptée de Lehman Brothers, le 15 septembre 2008, marquant publiquement la « fin de l'hégémonie financière américaine qui durait depuis 1945 [4] ». Les conséquences sociales et économiques en chaîne seront d'une violence extrême pour les classes défavorisées.

Violence de l'économie et économie de la violence. — Lorsque la compréhension d'un problème se situe manifestement à l'articulation de deux disciplines, comme la gestion de l'économie et celle de la violence, on est bien obligé de la référer à un concept créé pour former passage entre elles, comme celui de « néolibéralisme de guerre » : ce collage de mots habituellement dissociés (« néolibéralisme » et « guerre ») désigne le fait empirique que le néolibéralisme de l'empire américain, avec George W. Bush, affiche clairement cette liaison ; alors que, sous Clinton, elle restait masquée par divers processus de paix et par l'idée ancienne que le libéralisme économique favorisait naturellement la paix. On peut aussi chercher à analyser certains faits empiriques locaux par des recherches visant à enrichir le tableau des pratiques articulant violence et économie. Mais cela ne permet pas de bien comprendre la violence globale, alors que l'action des élites et le territoire de la globalisation néolibérale concernent bien l'ensemble de l'humanité.

Dans la pratique, les deux démarches sont nécessairement conjointes. L'essentiel, pour le chercheur, reste en effet la curiosité insatisfaite devant la violence des effets de l'économie globale et l'apparition partout d'une économie marchande de la violence

---

4 Jacques Sapir, « Une décade prodigieuse, la crise financière entre temps court et temps long », *Revue de la régulation. Capitalisme, institutions, pouvoirs*, n° 3, 2008, p. 1-8.

privée : deux phénomènes en général perçus comme séparés, de part et d'autre de la frontière disciplinaire. Cette frontière a pourtant été franchie maintes fois dans le passé par Marx, Weber ou Gramsci. Mais son rétablissement, voire sa fortification tapageuse et mathématisée par la pensée triomphante du néolibéralisme financier, est devenu un instrument majeur, à la fois scolaire et religieux, de la construction de l'hégémonie des « marchés », moins par consensus démocratique que par brouillage de l'entendement. Le brouillage crée des consensus de brève durée, suffisants pour l'exploitation spéculative d'un peuple piégé.

C'est bien pourquoi l'éclatement de la crise et l'élection de Barack Obama ont ouvertement questionné, provisoirement du moins, une pensée unique devenue tyrannique, qui comportait sous Bush une sorte de devoir religieux obtus : celui de recourir à la force pour défendre l'idée que les marchés s'autorégulent pacifiquement. La curiosité offensive du chercheur considérera donc comme un mouvement positif l'ouverture de brèches sur cette ligne imaginaire, entre l'économique et le stratégique, par des troubles frontaliers bouleversant la tranquillité des deux républiques disciplinaires, l'économie informatisée et la stratégie militaire-policière informatisée, qui ne vivent en paix que par l'hétéronomie de leurs vocabulaires respectifs.

On traitera plus en détail du néolibéralisme de guerre dans la deuxième partie de cet ouvrage. On va donc d'abord élaborer deux concepts frontaliers auxquels on donne la modestie d'une interrogation d'anthropologue : la prédation et l'addiction, considérées comme des paradigmes stratégiques, civils et militaires.

La prédation des profits intenses, une activité impériale

Trois échelles successives de prédation : empires, bipolarité, globalisation. — Les empires sont des systèmes articulés de prédation conquérante. Ils peuvent naître et se développer à partir de tout appareil d'État, à tous les stades du développement historique de l'humanité. Ils peuvent répartir la prédation des profits intenses de manière égalitaire ou inégalitaire. Il n'y a pas de mystère : on sait parfaitement que le capitalisme s'est développé, en même temps que la « modernité », comme une violente prédation de terres ou d'hommes dans une collection d'empires globaux disjoints. Ainsi de la conquête des Amériques ou du pillage de l'Afrique, qui commence par la traite arabe des esclaves et le pillage des hommes.

Toute cette violence est traditionnellement liée à la phase d'accumulation primitive du capital. Mais c'est une perception mystifiée : les empires coloniaux européens arrivent au maximum de leur rationalité et de leur expansion territoriale au lendemain de la Première Guerre mondiale. On est alors déjà loin du début de l'économie capitaliste de marché. La prédation est toujours bien là, mais habillée sous forme de souveraineté impériale. À cette étape, qui ressemble à un apogée des empires coloniaux capitalistes, l'association de la violence et de l'économie par la prédation s'efface dans la brève « paix des Empires », ces huit années qui séparent l'Exposition coloniale de 1931 et l'Exposition universelle de 1939 à Paris. Le savoir-faire des conquêtes militaires, des massacres et des expropriations de terres ne fait plus partie de la gestion de l'économie réputée pacifique. C'est en effet la spécificité des empires coloniaux aboutis d'être pacifiés. Malgré les troubles socioéconomiques locaux persistants, le militaire et l'économique se séparent alors pudiquement et la *pax romana* est censée prévaloir dans les six ou sept empires coloniaux capitalistes de l'époque, dispersés et entrelacés sur le globe, et dans l'Empire soviétique, d'un seul tenant — l'URSS est d'ailleurs le seul empire, depuis l'Empire romain, à avoir publié son édit de Caracalla, en accordant la citoyenneté soviétique à tous ses habitants. Mais certains empires, encore incomplets ou frustrés, comme l'Allemagne nazie et le Japon, affûtent soigneusement leurs couteaux. Et la Seconde Guerre mondiale éclate.

Elle se termine par le partage du monde en deux systèmes, capitaliste et communiste, avec une zone de « tiers monde » où la décolonisation est de rigueur ; l'équilibre nucléaire bipolaire organise une paix froide, permettant au système capitaliste de se moderniser en poussant à l'extrême l'internationalisation du capital industriel et financier, mais sans plus prendre en charge l'ensemble de la misère du monde, trou noir rempli de dictatures militaires ou de partis uniques.

Mais tout change alors de nouveau. Le système bipolaire s'effondre avec l'autodestruction du communisme russe et la transition chinoise. En 1990, pendant quelques mois, certains ont affirmé, comme le président Bush (père), l'avènement de la paix universelle selon le schéma kantien, ce qui ne facilitait pas la perception d'une corrélation persistante entre l'extension de l'économie globale de marché et celle de la violence militaire locale. D'autant plus que la métamorphose économique que constituent la globalisation du capital financier et la délocalisation des entreprises entraîne le déboussolage des politiques de « défense des intérêts nationaux [5] ». Mais l'articulation violence/économie est en même temps progressivement remise en forme par la révolution électronique et son application à l'observation et au ciblage « en temps réel » sur l'ensemble du processus de globalisation.

Ce ciblage, d'une part économique ou financier, d'autre part, militaire ou policier, permet une chirurgie [6] précise dans l'espace-temps ponctualisé, et révèle ainsi qu'une cohérence est possible entre des stratégies militaires violentes et des stratégies économiques pacifiques, à toutes les échelles d'intervention. Cette combinatoire, qui était naguère le privilège des mafieux, aux ambitions limitées aux interstices des empires, devient la forme matricielle de la recherche du profit dans la gouvernance insécuritaire. C'est ainsi que l'unité du monde dans la culture du marché néolibéral a progressé jusqu'à atteindre les limites extrêmes de la Terre habitée. Sous quelle forme cette culture de la prédation peut-elle poursuivre sa « croissance », celle des profits financiers ?

---

5 *Cf.* Alain Joxe, « Sécurité identitaire à l'échelle de l'Europe, définition stratégique des risques comme azimuts géopolitiques », 1995 (version revue *in* Alain Joxe, *La Globalisation stratégique*, *op. cit.*, p. 101).

6 Du grec *kheirourgia* : travail manuel (artisanal ou artistique).

L'addiction, source de marchés captifs et de profits intenses. — Le marché est une représentation idéalisée des hommes libres comme consommateurs, affrontés aux hommes libres comme producteurs et négociant librement un échange au prix juste — une « rencontre de deux désirs », selon l'expression ironique de Fernand Braudel. Mais, contrairement à cette représentation idéelle du désir réciproque qui fonderait le troc et le commerce au prix juste, pour un marchand, le marché idéal n'est pas libre : c'est un « marché captif [7] ». L'idéal, c'est l'absence de concurrent et le monopole, même momentané, qui permet le profit intense. Le couple acheteur/vendeur, c'est certes la totalité de l'humanité libre, mais en pratique les hommes sont toujours asservis au besoin local et vital de vivre.

L'expression « marché captif » elle-même établit la présence conjointe d'un concept économique et d'un concept stratégique militaire : elle implique l'embuscade, le piège et la défaite des concurrents avant toute concurrence, qui aboutit à la captivité du marché. La captivité est toujours l'issue d'une opération en forme de piège, qu'elle soit entre nations, entre gendarmes et voleurs ou chasseurs et gibier, entre marchands et acheteurs, entre petits et grands commerçants ; le résultat, c'est en général le conditionnement des hommes à la soumission, sans possibilité de fuite. Marx a écrit : « La violence est un facteur économique », mais il n'a guère développé ce thème. C'est bien la captivité d'un marché, c'est-à-dire l'absence de concurrence et la disette programmable dans un espace-temps délimité, qui permet des profits intenses, sans rapport avec les coûts de production, et qui produit de la puissance financière et capitalistique accélérée. C'est la pédale forte qui ajoute le piège et la prédation au contenu réel du concept comptable de plus-value. Pas seulement la survie médiocre du petit commerçant de bon voisinage, vivant au ras des pâquerettes l'économie réelle

---

7 Marché captif : « Ensemble des consommateurs potentiels dont les alternatives de consommation sont géographiquement, techniquement, religieusement très limitées » (*Encyclopédie du marketing*, <e.marketing.fr>, glossaire) ; « Le marché captif est un marché où il existe peu d'acteurs qui ont le monopole d'un marché » (<Salondesentrepreneurs.com>).

comme hégémonie naturelle, « à l'échelle humaine » : la captivité est toujours un effet direct ou indirect de la violence sur les hommes. Elle se veut « surhumaine ».

La captivité des marchés, source de profits intenses, a plus récemment changé de forme dans l'espace et le temps : depuis les présidences américaines de Ronald Reagan (1981-1989), le néolibéralisme a proclamé l'ère de l'universalité des marchés libres et de l'ouverture globale à la concurrence. Il s'agissait de détruire le mode particulier, « archaïque », de captivité qui découlait de la défense protectionniste des marchands et des marchés nationaux par les États-nations. Mais ce n'était pas pour libérer ces marchés captifs, c'était seulement pour reconstituer, à l'échelle globale, une génération nouvelle de marchés très spécifiques, qui puissent échapper à l'ancien mode de captivité, la protection nationale, forme prédatrice politisée qui n'allait pas jusqu'au bout de l'exploitation de la menace. L'exclusion des concurrents et le maintien de certains monopoles détenus par l'État (comme celui de la violence, agissant en tant qu'appareil local de l'empire global) peuvent encore créer par vagues semi-aléatoires des marchés captifs provisoires sur des produits non périssables ou des flux logistiques particulièrement sensibles aux effets de barrage et correspondant à des besoins vitaux (comme l'eau, les céréales ou l'énergie fossile).

Mais le paradigme général qui se déploie dans la globalisation comme principal piège à profits intenses et agent d'accumulation, c'est désormais l'addiction. Ce paradigme franchit les frontières, par la définition compulsive de la demande qui crée des profits intenses tout le long des routes d'approvisionnement. L'addiction peut ainsi être créée par l'offre et l'ouverture des marchés, comme jadis avec l'opium bon marché violemment imposé aux Chinois par les Anglais ; cela moins pour le profit que pour faciliter, par l'usage des drogues, l'abrutissement des peuples et la répression sous-impériale. Et, dans le même temps, les profits intenses exigent que l'addiction de type « narco » soit combattue par certaines polices et certaines douanes, car cette fonction répressive contribue à la formation d'un prix en relation avec la menace de manque et non pas avec le coût de production et de manutention.

La défense populiste contre la police s'appuie alors aussi sur la violence des petits trafiquants, se partageant des circonscriptions de profits intenses appuyés sur la demande devenue addiction, mais qui constitue également une ressource des groupes violents contre la misère. Cette violence s'oppose à la fuite libératrice hors de l'addiction, sur le mode de la protection que les proxénètes accordent aux prostituées et aux bars. La fuite reste toutefois possible, mais au profit souvent de produits concurrents qui, par définition, peuvent seulement ouvrir un nouveau champ d'addiction.

L'addiction s'oppose donc à la révolte, mais non comme la trace d'une défaite militaire ou politique, même si elle crée à la limite sa propre menace de mort, suicidaire, et sa propre prison — et c'est bien parce qu'elle est un asservissement qu'elle mérite de susciter une contre-offensive qui sera définissable comme une résistance et une libération. Mais, quelle que soit l'importance de la narco-économie dans le PIB mondial, c'est plutôt son logiciel, le paradigme de l'addiction aux drogues, qui nous intéresse pour comprendre que : a) l'addiction comporte la représentation d'une menace de mort par manque d'une marchandise devenue vitale, réellement ou dans l'imaginaire, ou physiologiquement ; b) à ce titre, tout besoin « vital » peut être traité spéculativement comme une addiction.

Ce paradigme est devenu un principe de gestion d'entreprise, qui peut entrer en contradiction absolue avec la gestion sociopolitique des États. Et, en effet, avant d'aller plus loin dans l'analyse du concept de prédation, il faut faire le point sur les changements survenus dans l'organisation globale de la souveraineté, avec la montée de celle des entreprises.

La souveraineté des transnationales l'a emporté sur celle des États

Avant d'explorer la nature et la culture de la spéculation globale comme système de pouvoir de classe, il faut admettre que la souveraineté des firmes l'a discrètement emporté sur celle des États. Comme un simple moment technique, marquant le passage de la « configuration multinationale » des firmes à leur « configuration globale ». C'est ce que relevait en 2004 l'économiste Charles-Albert Michalet, théorisant sur le moment de ce basculement. Il le faisait avec le vocabulaire du flirt, qui convient parfaitement à une relation commerciale sur le libre marché des faveurs politiques : « Dans la configuration multinationale, les firmes se font concurrence pour avoir les faveurs des États ; dans la configuration globale, les États se font concurrence pour attirer les firmes [8]. »

Il y a bien eu une mutation politique dans l'histoire de la globalisation des entreprises. Sans doute, ce retournement est-il lui-même le résultat d'un changement progressif de la législation des États, favorables désormais à la dérégulation. Mais cela ne suffit pas pour considérer que la cause de cette mutation est essentiellement et objectivement une transformation économique et politique pacifique : elle s'est accompagnée de violences, guerres ou coups d'État.

On peut démontrer que la mutation économique a sa source conjointe dans la métamorphose globale des rapports de forces militaires et celle des nouveaux moyens décisionnels financiers ; toutes deux sont issues des innovations scientifiques et techniques de la révolution électronique. On verra dans la deuxième partie l'aspect militaire du culte de la décision dans l'urgence. Mais la connivence des deux désirs du commerce entre les appareils d'État et les firmes est aussi le symptôme de la naissance d'une classe vivant dans le culte de l'urgence et de la décision rapide, qui seule permet d'atteindre, dans la globalisation, des profits spéculatifs intenses — on y reviendra dans le chapitre suivant.

L'examen critique de cette dominance du secteur financier nous oblige à voir qu'il accompagne sa « gouvernance » d'un déploiement de forces militaires et policières opérationnelles dans divers conflits armés. Assez délimitées dans l'espace, mais prolongées dans le temps, ces guerres font ouvertement partie du maintien de

8 Charles-Albert Michalet, *Qu'est-ce que la mondialisation ?*, La Découverte/Poches, Paris, 2004, p. 110.

l'ordre économique transnational. Elles ne sont pas très clairement au service des États-nations qui les financent et qui n'en finissent pas de maintenir, en fait, le désordre. Mais il faut admettre que le système financier global y trouve quelque utilité, puisqu'il n'en freine pas le financement (devenu partiellement chinois). Il existe cependant un manque de pensée théorique de l'articulation globale violence/économie, quand les appareils d'entreprise pèsent peut-être désormais autant que les appareils d'État dans les décisions d'entrer en guerre.

La crise financière globale peut bien s'exhiber, localement, comme un problème de croissance régionale ou globale anonyme à l'aide d'agrégats permettant de quantifier l'apparition ou l'évanouissement de profits locaux, ou d'emplois localisés. En vérité, elle met en scène des *no land's men* écumant des *no man's land*. Les grandes entreprises sont des identités sans racines, surfant sur des déferlantes dans des espaces financiers laissés à l'état de nature, de type « haute mer », où s'affrontent pirates et corsaires, provoquant faillites ou bénéfices colossaux. Les citoyens sont d'abord invités à pleurer la nécessité de soigner les plaies des banques à l'agonie, puis à se réjouir de la rapidité avec laquelle elles passent de la faillite frauduleuse évitée à des bénéfices époustouflants, tandis que des États comme la Grèce, l'Irlande, le Portugal ou l'Espagne, et peut-être un jour la France, sont menacés de faillite ou devront fuir l'euro pour étaler leur dette par l'inflation.

On a bien affaire à des firmes réellement souveraines, qui rejoignent donc le modèle du chaos privé de Hobbes. Et c'est bien, à la limite, ce modèle de l'économie mafieuse qui pourrait s'emparer de toutes les souverainetés d'entreprise si elles devenaient capables de mettre en place des appareils militaires autonomes sur les points sensibles de la formation des prix, dispersés dans l'espace délocalisé de la gestion, échappant à l'espace-temps des États (voir chapitre suivant).

La nouvelle manœuvre du profit intense : prédation systémique et addiction généralisée

Si le profit intense prélevé à l'échelon global dépend de la complexité des titres obligataires complexes, alors le rentier exerce un métier à risque ; et c'est ce qu'on observe en effet. Mais c'est un métier de riches, nullement menacés de retomber dans la misère.

La rente aventurière. — Selon l'économiste Carlo Vercellone, « la rente, définie à la suite de Marx comme un pur rapport de distribution dissocié de toute fonction positive dans l'organisation de la production, joue de plus en plus un rôle central dans les mécanismes de captation et de distribution de la valeur, ainsi que dans les processus de désocialisation du commun » ; d'où un « effritement des frontières traditionnelles entre la catégorie de la rente et celle du profit d'entreprise » [9]. Cette observation de la métamorphose du concept de rente ne peut toutefois se substituer que provisoirement à la définition des rapports de forces et de classes autour de la redistribution des biens réels, autrement dit à la métamorphose des rentiers.

Pour comprendre les effets pervers qui peuvent entraîner tout le système vers l'entropie et la violence, il faut également identifier les « mécanismes de captation de la valeur » et la « désocialisation du commun » comme des opérations politiques élaborées par les nouvelles classes dominantes, ayant la maîtrise des souverainetés des États comme des entreprises transnationales. Les produits financiers complexes à revenus variables, atteignant des taux de rendement naguère classés comme usuraires avant de s'effondrer, marquent ainsi l'apparition d'un type de rente et d'une classe de nouveaux rentiers, totalement déliés de l'économie réelle d'entreprise mais totalement liés aux nouvelles entreprises financières transétatiques qui se développent dans le cadre de la globalisation.

---

9 Carlo Vercellone, « Finance, rente et travail dans le capitalisme cognitif », *Multitudes*, n° 32, printemps 2008, p. 28.

Significativement, à l'automne 2008, le discours ultime des banquiers au bord de la faillite faisait l'éloge de l'« industrie financière », composée d'entreprises « créatrices d'emplois » et « facteurs de croissance » du PIB. Alors même que la prédation par spéculation sur des produits financiers fondés sur des créances insolvables était devenue un mécanisme de distribution d'une plus-value déliée de la surveillance des actionnariats, échappant à la pression vulgaire des ouvriers sur leurs patrons et des acheteurs sur les vendeurs. La distribution aux actionnaires de dividendes sur les bénéfices des entreprises n'était donc plus qu'une partie de la transformation du profit en rente, et ce n'était pas nécessairement la plus juteuse : la répartition sous forme de « parachutes dorés » et de stock-options est devenue l'équivalent d'une rente aléatoire, distribuée sous forme de loterie aux dirigeants de l'entreprise, même menacée de faillite frauduleuse. Aller jusqu'à la faillite, être sauvé par une reprise spéculative provisoire est une stratégie de redistribution prédatrice des actifs, une « rente aventurière ».

Ce syndrome a subsisté après le sauvetage des banques par des crédits d'État laissés à leur libre disposition, aucune législation ne prévoyant des poursuites pénales contre leur mésusage. L'esprit de spéculation avide qui s'était emparé des rentiers et des banquiers a continué à prévaloir dans les dernières phases de bulle et de titrisation des créances à risque, mettant définitivement fin au vieux modèle du rentier tranquille vivant d'emprunts obligataires — celui de la fameuse *aurea mediocritas* (médiocrité de l'or) balzacienne, sans complicité immédiate avec la violence et la création de servitude. À l'inverse, la violence qui accompagne le système globalisé de prédation financière est devenue visible et même exhibitionniste. C'est la violence des pertes d'emploi et des expulsions, celle de la sous-alimentation et de la décomposition des systèmes sociaux de santé, accompagnées de la mise en réseau d'une police répressive préemptive, mise en concurrence avec les polices privées et contaminant les armées par l'effacement des frontières entre missions de répression et de paix. Cette lisibilité du scandale ne facilite pas la définition d'une stratégie de remise sous contrôle démocratique du système.

L'addiction aux profits intenses immédiats. — En tant qu'anthropologue des stratégies, parti en expédition sur le terrain nouveau de la lutte pour la prédation de profits financiers globaux, j'observe donc au sein de l'économie, au début du XXIe siècle, la domination montante des praticiens de l'espace-temps financier sur ceux de l'espace-temps de l'économie réelle de la production. Cette domination passe par la prévalence des décisions se situant dans un temps court dopé par l'électronique, qui était naguère celui du pari des courses de chevaux — mais cette fois sans qu'on puisse renifler les chevaux avant la course.

C'est d'abord chez les *traders* modernes qu'on peut voir comment l'appât du gain se transforme en véritable addiction pour des profits intenses instantanés. Et, derrière eux, il y a l'avidité sans borne des banquiers et des entreprises, des actionnaires et des fonds de pension, qui cherchent à bénéficier d'une rente prélevée sur la croissance globale, même si cette croissance reflète la croissance de l'endettement. Ces addictions de casino cessent d'être fondées sur des profits individuels (même si elles donnent des primes aux salariés spécialisés), pour devenir institutionnelles et très abstraites. L'addiction pour les gains individuels démesurés est désormais une des conditions de la robotisation des nouvelles classes moyennes. Mais elle gagne évidemment aussi les dirigeants qui, bien au-delà des stock-options (dévalorisables), se mesurent à l'importance de leurs « parachutes dorés », garantis en cas d'échec et de licenciement. Les banquiers, jadis réputés vertueux comme des notaires, finissent ainsi par apparaître comme les serviteurs d'une classe de nouveaux riches presque mafieuse — et qui d'ailleurs vit cachée entre paradis fiscaux et paradis touristiques, mais qu'on repère parfois dans les rues à ses 4 × 4 rutilants aux vitres fumées et aux niveaux de vie princiers auxquels elle est attachée.

Contrairement à ce que pourrait faire croire cette incidente, l'enjeu n'est pas de manifester un intérêt particulier pour la psychologie des joueurs, mais de souligner l'importance de l'information dans l'espace-temps des décisions. Les décisions prises dans l'ivresse de la spéculation sur les addictions virtuelles ou réelles de masse, chevauchant une « mathématique financière », ne se substituent pas à l'ivresse des batailles : elles s'y ajoutent. Ces décisions structurent la manœuvre de profit, remise en forme par ceux qui les prennent, capables d'intégrer les données locales du système global et de créer, puis de vidanger, les sources de profits intenses qui prolifèrent comme des gisements semi-aléatoires, décelables par des chiffres publiés ou des délits d'initiés parfois robotisés. Il y a recréation de localisations, instables, dans l'espace abstrait des spéculateurs, mais repérables comme des niches par les *traders* qui les visent et les exploitent à une vitesse électronique.

Les comportements de ces personnels ressemblent alors à ceux des chasseurs prédateurs très archaïques, des chercheurs d'or de la Ruée, ou même des cueilleurs de champignons, qui gardent le plus longtemps possible le secret des bons coins. L'objet de cette chasse ou de cette cueillette n'est pas une prédation simple comme au paléolithique, mais une prédation de profits financiers prélevés indirectement sur l'activité des hommes comme consommateurs et producteurs piégés.

L'opacité des chiffres publics et l'impunité des escrocs. — La supposée transparence des chiffres sur lesquels s'appuient ces décideurs est toujours compensée par l'opacité de certaines réalités qu'ils résument selon des méthodes statistiques et comptables soumises aux décisions techniques des entreprises et des États. C'était ainsi le rôle de la titrisation des *subprimes* de maintenir masquées l'importance et les limites de la bulle de profits intenses liée à la hausse des prix de l'immobilier aux États-Unis, de façon à ce que la violence n'éclate pas prématurément. Quand, prédation faite au sommet de la bulle, les bénéfices principaux avaient déjà fondu dans l'univers sans traçabilité des produits financiers complexes passés en Bourse entre les mains des receleurs innombrables du « marché » financier. Plus généralement, la titrisation des produits complexes a permis de maintenir l'intelligence confidentielle nécessaire à la qualification de la classe des professionnels du profit.

Ces profits produits dans (et par) le monde virtuel de la finance sont bien réels. Leurs bénéficiaires se concentrent dans la classe émergente des nouveaux riches (c'est une tautologie), dont le luxe tapageur était visible par tous — par exemple en Russie, au Chili ou en Islande. L'origine de ces fortunes pourrait être considérée comme une escroquerie si les États en avaient décidé ainsi, en temps voulu. Mais les profits (suivis de pertes) ont été diffusés par les placements médiocres des banques dans des Sicav incontrôlables. Ces profits et ces pertes sont ainsi devenus source de faillites financières, les États n'étant alors convoqués que pour sauvegarder l'existence des banques, finançant ce sauvetage par l'inflation, par l'impôt ou par de nouveaux emprunts, souscrits en partie par ceux qui, ayant accumulé des liquidités, disposaient des moyens d'en tirer à nouveau une rente — c'est-à-dire les banques elles-mêmes.

Lors des premières années de la « grande crise » ouverte en 2007-2008, les États n'ont pas plus été capables de pourchasser les escrocs les plus agiles, qui n'avaient commis aucune infraction formelle et qu'aucune législation ne pourrait rattraper, vu le principe de non-rétroactivité des lois. Certes, quelques *traders* et escrocs sont tombés : ceux se situant au bas de l'échelle des spéculateurs n'ayant détourné que quelques millions de dollars ; ou ceux, plus rares, ayant réussi à tromper leurs pairs les plus éminents en détournant des dizaines de milliards de dollars, comme Bernard Madoff. Cette personnalité insoupçonnable, car président de 1990 à 1993 du Nasdaq (National Association of Securities Dealers Automated Quotations), la Bourse américaine des entreprises des nouvelles technologies, a pu pendant des années escroquer ses amis, honorables hommes d'affaires, par un système appelé « pyramide de Ponzi ». Sa crédibilité était fondée sur sa personnalité, mais aussi sur l'existence de pyramides légales dérivées des *subprimes*. Par le procès de l'escroc, ses victimes ont pu esquiver leurs compromissions avec son système, qui leur avait permis de toucher des dividendes de 15 % l'an.

Mais rien n'a été fait pour apurer ces comptes, car c'était probablement impossible. D'où les troubles sociaux qui ont réintroduit de la violence dans le rapport politique entre les classes sociales.

La délocalisation spéculative. — Ce tableau impressionniste du rapport entre l'économie et la violence à l'aube du troisième millénaire confirme une réalité : le fait qu'on puisse mettre en scène l'accumulation inégale des gains dans une représentation théâtrale du monde (c'est-à-dire dramatisée par un récit à épisodes et des batailles de héros) grâce aux trois concepts transdisciplinaires, ou trois caractères de la *commedia dell'arte* : la prédation, l'addiction et le mensonge.

Mais la prédation la plus moderne, la plus nouvelle techniquement, paraît être la délocalisation spéculative brusque des entreprises, comme menace de mort pesant sur les marchés de main-d'œuvre. La menace de délocalisation agile, visant un abaissement des coûts salariaux, peut être à la fois *ici*, au départ, menace de misère, donc de mort, et à l'arrivée, *là-bas*, promesse de survie améliorée : c'est l'élément d'une manœuvre économique aussi politique et aussi concrète que la carotte et le bâton traditionnels des États, mais l'effet politique est géographiquement disjoint et politiquement hétéroclite. En favorisant une bourgade indienne, on n'apaise pas une bourgade française. Seule l'élite entrepreneuriale peut considérer qu'elle crée globalement plus de bien-être qu'elle n'en détruit, puisqu'elle rapproche la condition du prolétaire indien sorti de la misère et d'un prolétaire français tombé seulement dans la pauvreté, ce qui pourrait passer pour une péréquation caritative s'il n'y avait pas, dans ce déménagement, prélèvement de profits intenses et mort d'hommes.

Mais, avec la crise, la menace de délocalisation agit comme une modalité transitoire de la suppression nette d'emplois. Cette manœuvre ne vise pas l'abaissement du prix des produits au bénéfice des acheteurs, mais la prédation de profits nouveaux ou la consolidation des prédations anciennes pour l'entreprise transnationale, dont la direction est seule à même de penser stratégiquement l'opération. Les manœuvres par délocalisation sont sources de profits, soit par maintien ou hausse des marges bénéficiaires, soit par maintien des investissements, dont la comptabilité reste externe à l'entreprise locale. Addiction par marchés captifs, prédation par délocalisation sont seuls créateurs de puissance. Les profits moyens des PME sont seulement facteurs de survie.

La délocalisation brusque, la fermeture provisoire, la diminution locale des heures de travail sont véritablement des violences nouvelles, des prédations de type nouveau. Ce qui soulève la stupéfaction, c'est qu'elles mettent en scène des mesures à l'exact opposé des politiques de protection des entreprises nationales et de l'emploi, qui sont le devoir du politique dans l'ancienne représentation de la souveraineté nationale. Malgré des mimiques vertueuses et l'apparence d'un désespoir éthique, les gouvernements néolibéraux ne peuvent et donc ne veulent rien faire pour en atténuer l'impact.

Les prédations de plus-value modernes par titrisation, addiction et délocalisation, sous menace d'une répression ubiquitaire et urbanisée, sont comme l'image technique inversée des compétences régaliennes, tombées dans l'oubli : nationalisations des entreprises vitales, autosuffisance alimentaire, protectionnisme des industries nationales créatrices d'emplois. Ces trois prédations modernes dérivent des compétences régaliennes anciennes, tombées entre les mains des entreprises, retirées aux États et globalisables. Il s'agit d'une « prédation systémique », celle d'un système qui cherche, avec une grande agilité qui lui vient de la révolution électronique, à fuir les conséquences sociales des décisions spéculatives par l'échappée qu'autorise la globalisation, et à détruire la médiation politique et sociale des États démocratiques.

Le comble : la prédation par spéculation sur le « pain quotidien »

À l'extrême de cette sanctification de la spéculation par l'addiction-prédation, les hommes constituent également un marché captif en ce qui concerne une addiction primordiale, l'alimentation de survie face à la faim. On peut décrire assez aisément ce niveau d'articulation violence-économie, car on a observé justement en 2007-2008 une spéculation sur le marché des céréales, due d'abord à l'option éthanol ouverte pour le maïs, dans la conjoncture de la hausse des prix des hydrocarbures. Elle disparaîtra ensuite avec la baisse de ces prix, mais l'opération se répétera avec d'autres céréales ou matières premières agricoles (comme le sucre), achetées et stockées (sans être revendues) par des financiers spéculant sur la hausse de leurs cours provoquée par cette cynique organisation de la pénurie.

Si les décisions spéculatives étaient soumises à un droit pénal international analogue à celui qui modère les décisions politiques et militaires, définissant le blocus comme un acte de guerre, spéculer ainsi sur la hausse des prix de la nourriture en bloquant les stocks (ou en les affectant à la « nourriture » des voitures) pourrait être considéré comme un acte de guerre, voire un crime contre l'humanité ou un crime de guerre. C'est presque une première de voir surgir le stockage des blés comme une spéculation parmi d'autres, échappant à l'autorité régulatrice des États.

À partir de l'époque néolithique, les groupes humains élémentaires ont assuré leur survie alimentaire non plus seulement par la prédation (chasse, cueillette ou pêche), mais par l'agriculture, ce qui fondait l'autosubsistance sur un travail permanent, sans nécessité du commerce pour les aliments de base. Le stockage pour prévenir la mort de faim s'est ensuite organisé avec l'invention des États, soucieux de constituer des stocks régulateurs pour affronter les alternances d'années de « vaches maigres » et de « vaches grasses », un procédé politique contrant les caprices des dieux, donc confié aux temples. Mais cette logistique sacrée, l'existence de stocks, a permis aussi de fonder un commerce international des grains et un pouvoir impérial de régulation des famines, porteur à la limite d'une possibilité de génocide — cette ressource politique, qui existait dans l'Antiquité comme un ornement létal du « mode de production asiatique », trouve des équivalents à l'époque contemporaine, comme on l'a vu par exemple avec les millions de morts de la famine dans l'Ukraine soviétique des années 1932-1933.

En séparant nettement l'économie et la chrématistique comme deux disciplines hétérogènes, Aristote pensait pouvoir distinguer l'économie naturelle, qui subvient aux besoins vitaux de la famille ou de la cité, de la spéculation commerciale et financière, qu'il considérait comme « artificielle » et non naturelle [10] (on y reviendra dans le chapitre suivant). Ces deux niveaux économiques se distinguent d'ailleurs toujours dans le vocabulaire ordinaire du discours des hommes d'affaires (l'économie « réelle », l'actionnariat industriel et les « fondamentaux » de la croissance, contre la finance, les bulles spéculatives et les produits dérivés). L'articulation de l'économie réelle à la violence reste la prédation simple, tandis que l'articulation de la finance avec la violence passe par des prédations plus abstraites : les marchés captifs, l'addiction, la délocalisation.

Les manœuvres criminelles des « accapareurs » de grains étaient naguère punies de mort par les rois ou les républiques, qui voulaient conserver le monopole de la menace de mort et devaient donc protection à leurs peuples. Aujourd'hui, le fait de traiter comme des addictions les besoins élémentaires de survie met en forme une relation de captivité générale, à partir d'une demande économique couvrant divers besoins irrépressibles, donc sources de profits intenses : ils peuvent être élémentaires et vitaux (alimentation et logement), ordinaires mais non vitaux (sucreries et épices), voire artificiels et mortels (drogues douces et dures). Mais l'addiction se gère toujours par la menace de disette et doit donc organiser de la violence : violence défensive, pour protéger la source de profit contre des prédateurs rivaux ; et violence offensive, pour l'entretien d'une menace de pénurie qui contribue au maintien des prix élevés tout en réprimant les pillages. Les violences stratégiques, qu'elles soient gérées ou non par des pouvoirs d'État, deviennent alors un facteur de profit chrématistique, s'accompagnant d'une violence socialisée par une classe rentière plutôt que politisée par un pouvoir politique.

À la limite, dans l'univers de la communication et de la publicité où nous vivons depuis quelques décennies, il n'existe plus que des marchés captifs. L'addiction aux marques (de baskets ou de voitures) est devenue une composante essentielle pour la croissance et

10 Aristote, *La Politique*, I, 8-9, 1256a p. 3-5, 1256b p. 27-38, 257b p. 19-25, 1258b.

la stabilisation d'un marché. Mais ce « marché », défini par la liberté du consommateur, est en pratique une représentation stratégique fournie par une idéologie qui présente l'addiction généralisée comme liberté généralisée, alors qu'il s'agit plutôt d'une captivité générale. Cette addiction se gère dans une logistique d'alternance : d'un côté, les flux surabondants approvisionnant les marchés de masse et les chiffres d'affaires en hausse organisant l'addiction à bas prix ; et, de l'autre, les stockages ou les blocus créant pénuries et hausses des prix, deux sources de profits intenses sans relation obligatoire avec les coûts réels de production, dans le temps long, mais en relation avec la menace de mort, dans le temps court.

On considère depuis la nuit des temps cette alternance de la carotte et du bâton comme une manœuvre de l'État, qui joue sur la pénurie comme un besoin compulsif qu'il peut manipuler un temps, comme un dressage, quitte à lâcher ensuite le peuple ainsi dressé dans des luttes violentes, prédatrices et guerrières, extérieures ou internes. Mais on n'avait encore jamais essayé, avant les dernières décennies du XXe siècle, de transférer au secteur privé cette manœuvre de dressage par l'offre conditionnelle de la carotte. C'est pourquoi nous sommes entrés sans politologie adéquate dans l'observation des actes d'une ploutocratie financière transétatique se jouant explicitement des États, tout en utilisant comme outils de gouvernance les anciens savoirs des pouvoirs politiques souverains.

La crise actuelle sera donc l'occasion de vérifier si cette prise de pouvoir est ou non réversible. Cela est d'autant plus important que ce système menace à la fois la démocratie et les droits de l'homme. La réversibilité exigera la construction précise d'une doctrine juridique et d'une législation établissant que certaines coutumes de prédation encore légales soient définies comme des délits ou des crimes caractérisés. C'est ce qu'on va tenter, dans le chapitre suivant, en précisant le déplacement de la frontière entre entreprises classiques et entreprises mafieuses.

4

Criminalisation : l'entreprise financière souveraine, modèle mafieux généralisé ?

Le culte actuel de la décision spéculative rapide comme fondement de la gestion de la production et de la concentration du profit équivaut à une conversion religieuse des élites à une éthique nouvelle. Celle-ci dépend étroitement des possibilités offertes par la révolution électronique qui s'exerce normalement dans la sphère militaire en tant qu'activité visant la destruction, activité plus rapide que la production.

Repenser l'articulation globale violence/économie

Il faut examiner en quoi cette éthique de la décision rapide est nécessairement violente. S'agit-il d'une « militarisation » de la pensée économique ? Ou bien la chrématistique n'est-elle pas précisément cette mise en forme de l'économie imposant une forme militaire de domination politique qui puisse se passer d'hégémonie, au sens gramscien de consensus politique entre classes en lutte ? Traditionnellement, depuis le début du capitalisme marchand, la mise en forme des marchés fut toujours violente et la violence presque toujours « d'État », donc politique. L'État tentait, au moins par l'impôt, de soumettre les entreprises à un prélèvement forcé. L'articulation de la violence « légale » sur l'économie passait alors par le renforcement des impôts et des législations répressives de l'État hobbesien sur son territoire. Mais l'articulation directe hors territoire de la violence sur l'économie par affaiblissement de l'État, qu'on constate aujourd'hui, manque quant à elle de théorie.

C'est pourquoi, dans la période actuelle, il faut tester des propositions transdisciplinaires tenant compte de l'inversion des rôles : comment les entreprises, organisations souveraines autonomes, tentent, au moins par la menace d'évasion fiscale et la pratique de la délocalisation des unités de production, de forcer l'État à les soutenir — par la violence policière, l'abaissement des salaires minimums et le soutien financier aux banques en difficulté. Si l'État, même corrompu, s'y refuse localement, la solution pour l'entreprise souveraine est de reprendre son autonomie dans l'utilisation de la force armée directe (milices mercenaires) ou indirecte (coups d'État, troubles frontaliers, invasions). Cette pratique du coup d'État extérieur en faveur des entreprises nationales établies à l'étranger fut longtemps celle des empires non coloniaux, comme les États-Unis en Amérique latine. Il faut aujourd'hui imaginer que ces stratégies figurent dans l'arsenal de toutes les grandes entreprises transnationales.

Un exposé anthropologique de l'économie mafieuse comme une économie libérale mais violente, se passant de l'appui de l'appareil d'État, devient peut-être un préalable nécessaire à une conceptualisation réaliste de l'économie, passée sous hégémonie de la spéculation financière en échappant à la violence d'État. En effet, comme pour les mafias, les comptabilités internes des groupes financiers transnationaux ne sont pas publiques. On se repose alors sur la comptabilité de la fiscalité des États, bien que, par définition, elle ignore une partie des flux en mouvement.

Sans doute, l'origine violente de la fiscalité d'État (la taille et la corvée à merci du peuple, l'exemption d'impôt de la noblesse militaire a condition qu'elle serve le roi) n'est jamais oubliée, ni des peuples, ni des oligarchies féodales ou financières, ni des monarques ou des frondeurs. Mais ce qui compte dans son régime de croisière, c'est la publicité ou du moins l'objectivité des comptabilités fiscales qui fit des comptes des entreprises un instrument de contrôle rationnel et pacifique du politique, par l'impôt fixé comme une prédation en pourcentage faisant l'objet d'un contrat. Ce calcul est aujourd'hui partiellement en échec, dans la mesure où la force répressive des États n'a plus la possibilité ni la mission d'obliger les entreprises multinationales à livrer leurs comptes sous peine de sanctions, ni à accepter l'application d'une loi qui les y contraindrait stratégiquement. Elles peuvent neutraliser cette poussée étatique par la fuite des capitaux, qu'on appelle aussi « perte de confiance des marchés ». Elles se vantent sans cesse de disposer de cette arme comme si elle leur était donnée par la nature, alors qu'elle résulte d'une inversion du rapport de forces entre deux types d'institutions violentes. Et d'une législation. La pression de l'État fédéral américain sur l'État suisse pour qu'il impose aux banques helvétiques de livrer à Washington le nom et le montant des comptes de citoyens américains repérés comme fraudeurs fiscaux est une nouveauté de septembre 2011.

Pour un contrôle de l'ONU sur les activités belligènes des grandes entreprises souveraines ?

Si l'on admet que certaines entreprises ne sont plus seulement des organisations économiques mais, de plus en plus, des organisations politiques souveraines, souvent délinquantes, il faudra un jour que leurs « comportements » et leurs « programmes » soient soumis à enquête et subissent un diagnostic politico-diplomatique, ou même juridique ; qu'elles deviennent membres de l'ONU ou qu'elles puissent être traduites devant la Cour internationale de justice, comme n'importe quel homme d'État ou chef de gang mis en examen. Voire devant le Conseil de sécurité, comme « fauteurs de guerre en réunion préparant un crime contre l'humanité ». Les entreprises pourraient être sanctionnées sans pouvoir se draper dans le secret bancaire et autres privilèges du « privé », c'est-à-dire du chaos hobbesien.

La protection par un État national des entreprises porteuses de la nationalité des principaux actionnaires, ou même leur protection par le droit international des affaires, cesse d'être légitime. Elles sont désormais ouvertement devenues des organes politiques non démocratiques, sans identité nationale, et qui, en outre, cultivent une définition particulièrement agressive de leur droit à l'irresponsabilité politique à l'échelle écologique, économique et financière mondiale. Elles devraient donc assumer leur rôle d'institutions politiques et s'appuyer sur une charte, qui ne soit pas un recueil de privilèges ou d'arrêts valant jurisprudence protégeant la « corruption » comme fonction macroéconomique globale.

Des ambassadeurs d'entreprises auprès de l'ONU pourraient être désignés, voire siéger dans une assemblée générale ou un conseil spécial, avec une importance et surtout une représentativité plus conséquentes que celles de lobbyistes. L'ONU deviendrait l'Organisation des nations et des entreprises unies (ONEU) dotée d'un Conseil de sécurité des entreprises habilité à réclamer, contre les entreprises voyous ou délinquantes violant les résolutions sanitaires ou écologiques du Conseil de sécurité, des actions éventuellement armées sous le chapitre VII de la Charte et qui seraient menées sous commandement onusien — évidemment pas de l'OTAN. Les entreprises devraient s'acheminer si possible vers des régimes soucieux de coordonner la cohérence technico-économique avec une cohérence sociopolitique. Un conseil syndical transentrepreneurial élu, doté de certains droits politiques et juridiques, est imaginable. Nombre d'entreprises resteraient dirigées par des oligarchies, parfois familiales, mais respectueuses des lois et règlements globaux. Une Constitution démocratique d'entreprise devrait donner le cadre de débats, lois, révolutions, nationalisations, régionalisations ou communisation.

Plutôt qu'un *wishful thinking*, il s'agit là bien entendu d'une simple hypothèse à examiner si l'on pense que, à défaut d'institutions de contrôle, on sera bientôt contraint d'affronter des fuites de type Wikileaks qui ne manqueront pas de s'attaquer au nom de la démocratie, dans le désordre, aux secrets d'entreprise comme elles se sont affrontées aux secrets d'État. Quoi qu'il en soit, il va falloir assez rapidement s'habituer à formuler des questions sans réponses dans ce nouveau champ de la politique, et envisager de dévoiler et sanctionner les silences qui subsistent dans les sanctuaires où se nouent les catastrophes financières et les destructions qu'elles provoquent. On ne pourra plus réagir comme s'il s'agissait de phénomènes physiques naturels, alors qu'il n'y a que des décisions humaines dans la gestion de l'économie financière transnationale.

Aristote contre l'enrichissement sans limites par la spéculation financière

Au lieu d'affirmer qu'« une classe organisant la richesse par une prédation sans limites de profits spéculatifs prend le pouvoir à l'échelle mondiale », on a tendance à dire que « l'avidité triomphe dans les marchés », parce qu'on observe le fonctionnement psychologique des *traders* et des agents de change et la coutume des entreprises de placer leurs liquidités dans des fonds spéculatifs. Mais c'est là une simple tautologie : affirmer que l'avidité pour le gain triomphe à la Bourse, c'est comme dire que le courage devant la mort triomphe à l'armée, ou que la croyance en Dieu triomphe dans le clergé. L'absence de limites au projet de concentration des profits est le corollaire de la suppression des limites nationales, constituant des compartiments autonomes dans lesquels s'organisaient à la fois le politique, l'économique, le social et le militaire.

Pour éviter la faillite des banques et le risque de pertes abyssales pour leurs clients, les États prêtent de l'argent aux banques par des crédits qu'ils sont obligés de couvrir par emprunts, contractés auprès des banques à des taux élevés. Ce système révèle un intérêt commun aux États et aux banques, qui impose l'hypothèse d'un acteur social unique, gérant ce « conflit d'intérêts » entre organismes publics et privés sous forme d'accroissement de la dette publique. Cet acteur unique, c'est ce qu'on appelle une classe sociale.

L'enrichissement sans limites de la classe rentière globale. — Depuis 2007, la tendance du système est devenue apparente : c'est la construction d'une inégalité croissante entre les riches et les pauvres sur la ruine de l'État démocratique, et donc social. La publicité donnée aux quasi-escroqueries, constitutives du système financier « dérégulé », appelait certes une réaction politique. Or bien des responsables politiques se contentent alors d'une condamnation morale, ou même religieuse : la cause de toute cette crise serait l'avidité, le goût du lucre. Mais le goût des élites pour la richesse n'est pas une découverte. Ce qui est nouveau, en revanche, c'est l'absence de limites à cette avidité, brèche désormais ouverte dans les mécanismes du marché, du fait de sa globalisation et de sa gestion électronique, par une suite de décisions politiques. Il faut dire que la suppression des limites dans la possibilité de s'enrichir par l'usure est un tropisme constant de l'économie financiarisée depuis sa naissance.

Aristote, on l'a dit, s'élevait déjà contre l'« art financier » de la chrématistique : « Un droit d'acquisition, suffisant pour assurer une existence heureuse, n'est pas illimité par nature, contrairement à ce qu'affirme Solon dans un de ses vers, qui dit : "Pour la richesse, aucune borne n'a été révélée aux hommes" [1]. » Aristote pensait-il que Solon, qui s'exprimait en vers au VIe siècle av. J.-C., se trompait ? Ou qu'il cherchait à légitimer l'enrichissement illimité des riches, alors qu'il est connu pour être un père de la démocratie ? En réalité, quand Solon affirmait qu'il n'y avait pas de borne *révélée*, il voulait dire « révélée par les dieux », ou par la Pythie de Delphes qui en Grèce parlait en leur nom, et que la borne de la richesse devait donc être fixée par la loi humaine. En tant que législateur antérieur à la démocratie, Solon a ainsi interdit à Athènes qu'on puisse réduire en esclavage un homme libre en prenant ses terres et sa personne en gage pour défaut de paiement. Cette loi fut une garantie contre la précarité de la liberté, organisée par les riches et qui procurait des esclaves sans guerre par la ruine des libres citoyens. C'est ce

---

1 SOLON, 13, 71 (*in* Theodor BERGK (éd.), *Poetæ Lyrici Graeci*, 3e éd., Teubner, Leipzig, 1866).

qu'on a appelé la *seisakthéia*, le « secouement du fardeau » (de la dette). Même si on ne sait pas avec une totale précision en quoi consistait exactement cette réforme, les Athéniens étaient d'accord pour penser qu'elle a été à la base de la démocratie organisée plus tard par Clisthène. Très ancien débat…

« Il existe, poursuivait Aristote, un certain art naturel d'acquérir pour les chefs de famille et les chefs politiques (c'est-à-dire un droit délimité) [2]. […] Mais il existe un autre genre de l'art d'acquérir qui est spécialement appelé, à bon droit, "art chrématistique". C'est à ce mode d'acquisition qu'est due l'opinion qu'il n'y a aucune limite à la richesse et à la propriété. Beaucoup croient, en raison de son affinité avec l'art naturel d'acquérir, que les deux ne font qu'un. […] Seulement l'un est naturel et l'autre ne l'est pas [3]. […] [Depuis l'invention de la monnaie], il y a deux formes de finance : c'est bien de la même chose possédée, la monnaie, qu'il y a usage, mais pas de la même manière. La forme domestique de la chrématistique (la trésorerie courante de la maison) a en vue une fin autre que l'accumulation de l'argent, tandis que la seconde forme a pour fin l'accumulation elle-même. Ce qu'on déteste avec le plus de raison, c'est la pratique du prêt à intérêt, parce que le gain qu'on en retire provient de la monnaie elle-même [4]. »

Aristote pouvait penser qu'il y aurait une autolimitation naturelle à l'enrichissement, alors que Solon semble bien avoir compris, deux siècles avant lui, que sa limitation est nécessairement politique et exige une loi. Mais tous deux pensaient que l'homme est un être vivant naturellement politique, donc producteur de lois. Dans la Grèce antique, comme aujourd'hui, on confondait néanmoins assez facilement l'absence de limites et l'infini. Vue d'une cité grecque, l'absence de limites allait jusqu'aux extrémités de la Terre plate, limitée par l'océan infini, et une limite infinie était presque comme l'infini ; et, vue de la City of London, même si la Terre est ronde, la surface de cette sphère au volume limité est pensée comme

---

2 Aristote, *La Politique*, I, 8, p. 30-35.

3 *Ibid.*, I, 9, 1257a, p. 55.

4 *Ibid.*, II, 20-25.

l'infini sans limites des routes maritimes. Mais l'absence de limites à l'accumulation des richesses dans l'œkoumène sphérique est quand même une limitation, précisément celle que les écologistes nous remettent en conscience : on ne pourra pas exploiter la planète sans limitation, ou on la détruira comme maison de vie.

On ne peut échapper à cette logique de l'autolimitation de l'exploitation que si on substitue à la biosphère un réseau virtuel infini. C'est justement cette substitution qui est advenue quand la sphère virtuelle infinie des marchés financiers s'est emparée de la réalité économique.

Globalisation de la spéculation : profits sans limites. — Les techniques boursières — et les lois — permettent en effet de définir certains gisements de profits comme « purement chrématistiques », en utilisant ici le distinguo d'Aristote entre spéculation et *œconomie*. Ces gisements ne sont plus situés aujourd'hui dans l'espace-temps économique et logistique réel, mais dans le temps rapide de la communication électronique. Un temps de type militaire, avec menaces, prises de risque, décisions héroïques et batailles avec « paiement comptant ». Pour autant, contrairement aux mafias anciennes — corses, siciliennes ou napolitaines —, ces réseaux prédateurs ne sont plus au service des tribus, des villages et des cousins pauvres, mais de la spéculation financière elle-même, considérée comme l'instrument du profit final.

Comme le montre le texte cité d'Aristote, l'extrémisme de la gestion chrématistique de la monnaie, considérée non plus comme moyen d'échange mais comme outil de la spéculation, a été pressenti dès l'Antiquité. Mais c'est bien, aujourd'hui, la globalisation réelle de l'*œconomie* et la révolution électronique qui ont permis la création de ces dettes opaques que sont les produits obligataires complexes. Ils ont rendu la chrématistique capable d'aller jusqu'à l'extrême de sa définition, en tant que prédation infinie de la richesse ne pouvant être modérée, en démocratie, que par la force de la loi.

Dans son extrémisme abstrait, l'art chrématistique rejoint la simplicité de la prédation naturelle, celle du berger qui, dit Aristote, peut aussi devenir les mauvaises années chasseur ou bandit, et qu'il ne condamne pas trop, estimant que c'est par nécessité, délimitée par des besoins vitaux, qu'il est devenu tel. L'idée d'une prédation illimitée de richesses par l'endettement, obligeant un débiteur à travailler toute sa vie et à léguer sa dette (engendrant ainsi de l'esclavage héréditaire par une production illimitée de dettes insolvables), est en revanche condamnée par le philosophe : elle est pour lui contraire à la nature et donc à la sauvegarde des cités démocratiques, dont les besoins doivent rester naturellement limités et dont les profits doivent être partagés. Un principe qui vaut également pour une cité qui grouperait l'humanité tout entière et pour qui l'*œconomie* rejoindrait l'*œcologie*.

La prédation globale peut-elle créer un nouvel esclavagisme ?

En attendant, la prédation globale s'exerce sur des flux de profits intenses tirés de marchés captifs globaux ou locaux. Dans quelle mesure affecte-t-elle le sort des travailleuses et travailleurs qui, dans l'ombre des terribles usines de Chine et des autres « dragons » asiatiques, fabriquent les marchandises bien concrètes à l'origine de ces profits ? Peut-elle créer, à l'échelle globale, un « nouvel esclavagisme » ? On ne peut répondre à ces questions sans références historiques.

Dès le XVIe siècle, la première globalisation précapitaliste, celle des empires espagnol, portugais, britannique et français, a partout répandu la traite des esclaves africains. La conquête du monde entier par les marines marchandes et leur protection par les marines de guerre européennes, luttant contre la piraterie (c'est-à-dire la prédation simple des flux marchands), ont permis que l'accumulation primitive du capital se soit faite sur des flux intenses de produits, créateurs d'addiction, issus des marchés captifs : le commerce des épices. Et, ensuite, ceux aussi du sucre, du café ou du thé, de l'or, du pétrole. Les marines de guerre ont été amenées à organiser la police des mers et des passages obligés de façon à annuler le prélèvement prédateur simple, pour ne laisser subsister que le prélèvement du profit commercial. Et celui des États.

Et puis, sur les itinéraires maritimes et en particulier aux abords des détroits formant des zones de passage obligé, l'esprit de prédation, de prélèvement violent, a pris la forme modernisée de la piraterie contemporaine. La piraterie des détroits de Malacca, qui mobilisa pendant des années les pêcheurs de Sumatra, et celle de la corne de l'Afrique qui contrôle le trafic de la mer Rouge et de Suez, sont des entreprises traditionnelles qui voient le jour comme un sous-produit de la destruction de l'État dans des régions entières où les techniques d'autosubsistance traditionnelle, l'agriculture ou la pêche, ont été ruinées. On peut les qualifier de guerres de banlieues, dans le sens où passent au large des richesses inouïes, sous les yeux des habitants de zones de misère et d'anarchie, ce qui pousse à la création d'entreprises privées très rentables, trouvant même des investisseurs sur le marché financier global [5].

Dans ce sens, la métamorphose engagée par le système néolibéral, avec la destruction des agricultures de subsistance et la normalisation (notamment par les OGM) des entreprises modernes de production de produits de base, vise à transformer la survie alimentaire de l'humanité en une entreprise globale de chantage à l'alimentation, considérée comme marché captif global et addiction primordiale de l'humanité. Cela pourrait être une condition stratégique pour un retour aux types de servitudes symbolisés par les stades distingués par Marx dans l'histoire générale de l'humanité à partir de la constitution de l'État : l'esclavage généralisé (supposé caractéristique du « mode de production asiatique », mais qu'on a pu considérer aussi comme une définition du nazisme voire du stalinisme) ; l'esclavage guerrier de l'antique « mode de production esclavagiste » ; le servage médiéval du « mode de production féodal » ; l'asservissement indirect du prolétariat par l'entreprise capitaliste sous le monopole légitime de l'usage de la force au niveau de l'appareil d'État.

---

5 *Cf.* Éric Frécon, *Pavillon noir sur l'Asie du Sud-Est*, L'Harmattan, Paris, 2008.

L'effacement de la médiation politique d'État, y compris aux niveaux transnational, impérial et global, introduit une multiplicité de configurations de classes dans les sociétés non totalement capitalistes, un afflux de solutions diverses, d'asservissement familial, politique, religieux ou financier, qui échappent à la « pureté » du paradigme marxiste du salariat ouvrier. D'innombrables modes locaux de production ou d'accumulation violents deviennent ainsi partie prenante du mode de production capitaliste globalisé. Celui-ci s'accompagne d'une délocalisation ou d'une ubiquité de la violence prédatrice et d'une privatisation des unités militarisées manœuvrant autour des systèmes de base de l'accumulation inégalitaire du profit. Certains traits d'un retour à l'anarchie féodale et au servage localisé réapparaissent.

Hypothèse : l'exploitation, comme un marché global d'addictions, des besoins élémentaires de survie, naguère placés sous le contrôle modérateur d'un État plus ou moins « protecteur » (même si c'est au sens ambigu de la protection offerte par les souteneurs), mène à des catastrophes globales. Les marchandisations globalisées de l'alimentation, de l'habitat, de l'éducation, de l'emploi mènent pour des raisons spéculatives à multiplier les famines, les sans-abri, les illettrés, les délocalisations et le chômage. Par destruction de la sécurisation du temps long des vies humaines, la version spéculative de la marchandisation des services engendre des psychopathies de masse et prépare activement les conditions d'émergence d'une guerre globale, pulvérisée en versions locales sur l'ensemble des sociétés. Cette « guerre » se chargerait de maîtriser la révolte des différents niveaux d'esclavage confédérés dans la globalisation. C'est en quoi cette anthropologie prospective concerne le débat stratégique.

Il ne s'agit pas ici d'une prophétie apocalyptique sur le modèle de l'œuvre de René Girard [6], mais d'une analyse stratégique des composantes décisionnelles et structurelles de la crise. Avec l'aide de la mémoire historique des crises passées et de la connaissance

---

6 *Cf.* Alain Joxe, « Note sur René Girard, *Achever Clausewitz* (Carnets Nord, Paris, 2007) », *Le Débat stratégique*, n° 95.

des causalités systémiques, cette analyse peut permettre de prévoir et, certainement, d'éviter les destructions promises par cette catastrophe. Cette représentation de l'avenir est d'ores et déjà assez claire pour un certain nombre de mouvements d'opinion, écologistes, communautaristes, socialistes ou religieux, pour qu'il soit possible d'imaginer que le néolibéralisme ne pourra jamais aboutir à cette forme finale : l'addiction généralisée et la répression globale accompagnant un fascisme prédateur sans limites, détruisant nécessairement l'environnement.

Si cette hypothèse peut être considérée comme vraisemblable, ce n'est pas seulement parce qu'elle est souhaitable. Nous verrons dans la deuxième partie du livre qu'elle est soutenue par l'analyse des contradictions insolubles que le système impérial sans nom, le nouvel Hitler invisible, engendre au sein même de l'appareil militaire et policier, chargé d'une répression impossible : il affiche des stratégies et des doctrines contraires aux capacités morales et matérielles des pouvoirs oligarchiques, déployées à grand renfort d'armements sophistiqués qui ne peuvent supplanter l'intelligence politique.

II

Stratégies militaires de l'empire sans tête

La dominance stratégique des États-Unis produit des guerres sans fin : l'entraînement aux guerres anti-insurrectionnelles non clausewitziennes, sous label OTAN, conduit des armées aux guerres civiles et ruine l'avenir de l'Union européenne comme « nord » du territoire des républiques sociales. Dans la configuration actuelle revêtue par la crise, la paix et la sécurité du monde, de l'Europe et de la France paraissent livrées aux aberrations et aux irresponsabilités croissantes de la « gouvernance financière ». Il faut faire le point sur les types actuels de guerres « asymétriques » durables (opposant localement des États forts à des États faibles ou à des « nébuleuses » violentes, comme Al-Qaida), impliquant des pratiques de projection de forces sans buts stables. Et se demander quelles sont leurs finalités cachées ou leur irrationalité totale, afin de maîtriser politiquement la menace latente de guerre générale qu'elles semblent annoncer. Revoir les principaux débats politiques et militaires que ces guerres suscitent depuis le début des années 2000 est l'objectif des chapitres qui suivent.

Réorienter l'avenir dans la crise oblige les démocraties européennes à préparer, plutôt qu'une série de guerres répressives expérimentales, le projet d'une défense du continent, qui protégerait aussi les peuples situés dans son voisinage immédiat des véritables menaces nouvelles. On a vu celles-ci se préciser depuis 2007 avec la crise : ce sont les menaces de troubles sociaux et écologiques graves, capables de provoquer des zones de violence et de famines, voire des guerres civiles ou internationales. Elles sont les conséquences des pratiques illégitimes et irresponsables de la « gouvernance » macrofinancière du monde : ce pouvoir, sans statut ni Constitution, d'une nouvelle classe globale qui, pour défendre la liberté des « marchés », s'appuie partout sur des unités militaires, policières ou contre-insurrectionnelles de divers statuts, public ou privé, national ou impérial.

Nous examinerons d'abord la nature du leadership armé, au service de la croissance des inégalités, qu'ont exercé pratiquement les États-Unis sur les Européens et comment cette fonction impériale s'est aujourd'hui diffusée en Afrique, en Asie et en Amérique latine. Par une redéfinition insidieuse de l'OTAN, par une modernisation autistique de l'arsenal informatisé et par des interventions militaires sans fin au « Grand Moyen-Orient », le système américain semble conduire le monde à une catastrophe. S'agit-il simplement d'une incompétence particulière propre à la présidence de George W. Bush ? Ou doit-on penser, depuis la crise, qu'une stratégie réelle du néolibéralisme financier, qui n'est pas seulement celle des États-Unis, reste inexprimée ? Qu'elle peut conduire, sans paroles, à une nouvelle guerre mondiale ?

Pour répondre à cette interrogation, on décrira les tentatives de réajustement des stratégies, des moyens et des fins politiques dans les guerres en cours. Elles prétendent toutes au succès et elles mènent toutes, même après des réajustements tardifs des moyens et des objectifs, à une forme d'échec : l'impasse de guerres sans fin, c'est-à-dire sans but et sans terme. Ou, au mieux, à la création d'États de violence et de corruption, avec maintien de bases militaires permanentes. Pratiquement, ces conflits aboutissent à l'extension d'une zone de guerres et de troubles locaux qui s'étend de plus en plus, jusqu'à toucher l'Inde et la Chine par le Pakistan, et également l'ensemble de l'Afrique. Ce désastre menace directement l'Europe par le sud, bousculant la « paix européenne », prototype socioéconomique pourtant nécessaire au retour à la prospérité par la démocratie économique.

Comme la crise de 2007, à l'instar de celle de 1929, continue d'évoluer, elle pourrait aboutir à une forme pulvérulente de Troisième Guerre mondiale. On poussera jusqu'au bout l'analyse théorique de l'incohérence des représentations stratégiques dominantes depuis le lancement sous Bush père des guerres du Moyen-Orient, en espérant pouvoir proposer un néoclausewitzianisme lié à la défense d'une éthique démocratique dans l'espace bouleversé de la globalisation. Les révolutions démocratiques qui ont surgi en 2011 dans le Maghreb et le Machrek apparaissent à cet égard comme le début d'un retour vers la démocratie sociale, après l'échec des tyrannies néolibérales. Mais, un an après, on ignore encore si ce mouvement va triompher ou seulement marquer une première étape du refoulement de la gouvernance néolibérale.

L'objectif de cette deuxième partie est enfin d'évaluer les conditions d'un retour à la paix mondiale par le refus d'une redéfinition des armées européennes, et de l'armée française en particulier, comme forces policières répressives, mercenaires des États-Unis ; ou, pire, s'entraînant à la guerre urbaine dans des guerres de banlieues européennes pour le compte d'un pouvoir financier transnational non localisé dont le siège social se trouverait entre Londres, New York et le Golfe. La répression interne pour un maintien de l'ordre usurier, de l'empire des rentiers sans feu ni lieu, a commencé en Grèce et en Grande-Bretagne. Mais l'armée française n'est pas faite pour cela. Même si ce travail répressif est considéré comme une mission pragmatique nécessaire à la survie de certaines entreprises en temps de crise globale, on croit savoir heureusement que, dans nombre de pays européens, les armées s'y refuseraient par fidélité aux missions conformes à la charte de l'ONU et aux principes républicains et de la Déclaration universelle des droits de l'homme.

5

La croissance autistique d'un pouvoir militaire américain global

La définition de la sécurité par la croissance permanente d'un arsenal sans ennemi désigné ressemble à maints égards à la croissance sans limites des profits liée à l'usage de l'endettement usuraire. C'est une ressemblance stratégique, dont on peut donner une définition commune, philosophique ou théologique, celle d'une forme d'*hybris* (en grec, démesure d'un orgueil sans limites). Pourquoi et comment a pu s'imposer la représentation pratique d'une croissance économique et militaire sans limites, symbole d'une domination de classe sur le monde ? On va le voir, c'est parce qu'on estime possible une croissance sans limites du pouvoir que les acteurs de ses moyens financiers et militaires se soutiennent réciproquement dans leur fuite en avant.

L'émergence de l'hyperpuissance américaine à la fin de la guerre froide

Si nous considérons la croissance annuelle de la dette publique américaine depuis les années 1980, on constate que, de moins de 1 milliard de dollars avant Reagan, elle a grimpé à 4 milliards à la fin de l'administration de Bush (père), puis à 10 milliards à la fin de celle de Bush (fils). Cette croissance s'est plutôt modérée sous Clinton et accélérée sous les présidences républicaines, sauf sous Obama où elle a bondi de 10 à 14 milliards de janvier 2009 à août 2010, du fait de la politique de relance de certains services sociaux — Obama ayant été poussé à l'endettement par le Congrès, dominé par la droite républicaine, hostile à l'imposition des riches. Mais c'est bien avec la prise de pouvoir du système financier global sous Reagan qu'a commencé la croissance constante de la dette contractée par les États-Unis vis-à-vis du reste du monde.

Même si les dépenses militaires proprement dites ne sont pas la cause principale de cet accroissement, elles manifestent par leur permanence, planifiée indépendamment de l'existence d'un ennemi stratégique menaçant, une croyance unilatéraliste dans une compétence définitive des États-Unis visant la domination militaire du monde. Cette compétence imaginaire — puisqu'ils perdent toutes les guerres qu'ils entreprennent seuls, même s'ils y entraînent des lambeaux de l'OTAN — découle de la supériorité qualitative qu'ils ont acquise dans une course aux armements permanente, quel qu'en soit le prix.

Le triomphe de l'Occident américain sur l'URSS en 1990 a paru consacrer un leadership militaire mondial. Mais ne s'agissait-il pas plutôt d'une organisation impériale autiste ? Hubert Védrine, alors qu'il était ministre des Affaires étrangères de Lionel Jospin (1998), avait qualifié ce moment de « triomphe d'une *hyperpuissance* », pour signifier quelque chose de précis : l'hyperpuissance est la superpuissance qui perd son rival autodésigné (l'URSS) [1]. Du point de vue stratégique, pendant la guerre froide, l'existence même d'une superpuissance rivale assurait une certaine régulation de la « course aux armements » (devenue, finalement, plutôt « coexistence pacifique ») : l'existence d'un ennemi désigné rendait peut-être fatale cette course et, dans les scénarios de guerre, l'escalade nucléaire, virtuellement, montait aux extrêmes ; mais l'ennemi

---

1 La racine grecque *hyper* n'est pas en soi plus intense que le *super* latin, mais elle a acquis cette connotation jusque dans les cours des écoles primaires. En tout cas, le contenu précis de ce barbarisme (il faudrait dire hypercratie) est seul en question.

concret était aussi un frein : il était inutile de dépasser plus que de raison la puissance militaire soviétique. Par sa faiblesse, celle-ci modérait donc son adversaire. Mais, sous Reagan, le complexe militaro-industriel américain, animé par une logique autonome, a poussé à relancer la course aux armements, dans le but explicite d'épuiser l'URSS économiquement.

Pendant la période comprise entre la présidence soviétique de Gorbatchev et la présidence russe d'Eltsine, la superpuissance, perdant effectivement son rival, a perdu aussi la mesure de la modération de sa propre puissance. Sans le frein-moteur de l'interaction avec l'ennemi, la volonté de puissance est devenue, au sens propre, sans commune mesure. Après la fin de la guerre froide, sous Bush père, l'empire américain se modérait encore, en pratiquant un désarmement coordonné avec la Russie. Puis, sous Bill Clinton, l'hyperpuissance a également tenté de se modérer, par sa contribution à des « processus de paix », tout en lançant des programmes d'armements intensifs, prévoyant l'application de la révolution informatique à l'ensemble des techniques d'observation et de ciblage : c'est ce qu'on a appelé la « révolution dans les affaires militaires » (*Revolution in Military Affairs*), on y reviendra.

Sous les présidences de George W. Bush, faute de tout principe de modération, l'hyperpuissance est devenue un pouvoir militaire autonome et autiste. La démesure dans ce domaine devient alors caricaturale : le président républicain instaure la pratique stratégique d'une course aux armements « contre soi-même », avec l'idée étonnante que, pour rester sûrement sans rival de rang égal (*peer competitor*), il suffit, à partir d'une supériorité réelle au départ, de planifier une modernisation capacitaire capable de neutraliser à terme... les capacités actuelles des États-Unis eux-mêmes. Cette course cherchant à assurer une supériorité sur tout adversaire, à l'horizon de dix ou vingt ans, est construite sur le modèle d'une croissance économique indiciaire qui serait maintenue par la demande, dans une spéculation sur les marchés à terme. En substance : « Mon indice de croissance en capacité militaire étant supérieur à tout autre, je suis ainsi certain de rester à terme supérieur à quiconque. »

L'éthique du business, dans l'économie financiarisée de libre concurrence, semble ainsi avoir contaminé les représentations stratégiques militaires dans le sens d'un optimisme irréaliste fondé sur la croyance en une croissance infinie. On peut relever des indices précis de cette homologie entre l'organisation autistique du « monopole mondial » que tendent à constituer le noyau dur des firmes transnationales et l'organisation globale de la puissance militaire américaine — il s'agit bien, dans les deux cas, d'un phénomène de croissance incontrôlée (au sens biologique ou technique, économique ou financier). Cela se vérifie notamment par trois importants processus institutionnels : 1) l'extension à la totalité de la planète des « zones de compétence » (*areas of responsability*) des grands « commandements régionaux de combat interarmes » (Unified Combatant Commands) des forces armées des États-Unis, processus de longue durée qui a abouti en 2008 et symbolise une compétence universelle dans la projection de forces ; 2) la mise en place d'une dynamique industrielle de modernisation permanente de l'arsenal et de la stratégie, explicitée dans les rapports sur les orientations de la défense soumis au Congrès tous les quatre ans, les *Quadriennal Defense Rewiews* (QDR) ; 3) l'expansion géographique continue de l'OTAN et l'élargissement de ses « partenariats », qui ont insensiblement fait passer le bras armé de l'Alliance atlantique (créée en 1949) du statut d'organisation subsidiaire d'une alliance défensive régionale au statut de coalition virtuelle préemptive globale.

Les ambitions du système et les causes des impasses stratégiques des guerres du Moyen-Orient se placent nécessairement à ces trois niveaux, qui seront abordés successivement dans ce chapitre et dans le suivant.

La construction du système américain des grands « commandements régionaux de combat interarmes »

Au fil des années, entre 1947 et 2007, en soixante ans, les États-Unis ont peu à peu étendu, sur toute la surface du globe, un ensemble de hauts commandements militaires régionaux, les *Unified Combatant Commands* (voir la carte). Cette extension s'accompagne de la disparition progressive de toutes les alliances régionales formées pendant la guerre froide, à l'exception de l'Alliance atlantique. Il s'agit d'un processus progressif et empirique, comme le produit d'abord bricolé, puis systématisé, de l'ambition de Washington à dominer militairement le monde entier. On peut distinguer plusieurs phases dans la chronique de cette expansion militaire.

En 1947, c'est la création de l'Eucom (commandement européen) et du Pacom (commandement Pacifique) : il s'agit alors simplement de maintenir, comme commandements permanents, ceux qui avaient servi à vaincre les puissances de l'Axe et qui englobaient les troupes d'occupation en Allemagne et au Japon. L'Eucom englobe toute l'Europe, Sibérie comprise, et le Pacom couvre toutes les côtes du Pacifique, donc l'Océanie et l'Asie, Chine et Inde comprises.

En 1963, le Southcom (commandement Sud) est créé pour la surveillance de l'Amérique latine, après la crise cubaine des fusées de 1962. Naguère confié seulement à la VIe flotte et aux interventions des *marines*, le marquage opérationnel de la zone est en effet rendu nécessaire par l'accord Kennedy-Khrouchtchev qui scelle la non-invasion de l'île de Cuba, la relation Est-Ouest devenant ainsi « coexistence pacifique » : Washington craint alors une extension des guérillas castristes dans son Sud.

En 1983, s'organise le Centcom (commandement central), couvrant une région comprise entre l'Égypte et l'Asie centrale, y compris l'Irak et l'Afghanistan. Ce commandement est dit « central » parce qu'il a comme « zone de responsabilité » l'essentiel du

**Les « zones de compétence »
des six « commandements régionaux de combat interarmes »
des forces armées américaines en 2012**

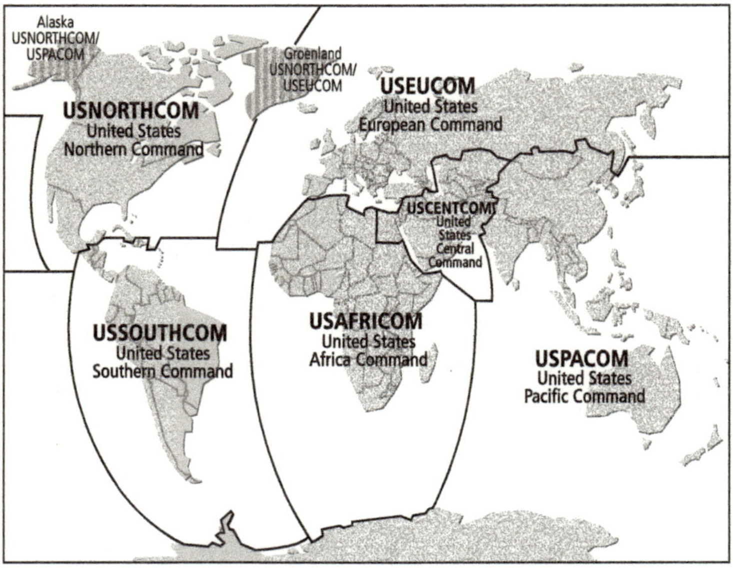

territoire concerné par la Central Treaty Organization (CENTO), créée en 1955 sous égide américaine par l'Iran, l'Irak, la Turquie et le Royaume-Uni, et connue initialement sous le nom de « Pacte de Bagdad ». Le qualificatif « central » de cette alliance antisoviétique était alors justifié par sa situation géographique intermédiaire entre l'OTAN à l'ouest et la SEATO (South East Asia Treaty Organization) à l'est, donc entre les régions contrôlées par l'Eucom et le Pacom. Après le renversement du roi d'Irak par le général « neutraliste » Abdel Karim Kassem, le 14 juillet 1958 (date choisie en l'honneur de la Révolution française), puis la prise de pouvoir par le parti nationaliste arabe Baath, qui quitte le Pacte, l'alliance « centrale » était bien obligée de changer de nom ; elle dura théoriquement jusqu'à la révolution iranienne de 1979. En réalité, elle était finie depuis 1974, quand la Turquie envahit Chypre. Le Centcom est ainsi le premier grand commandement issu de la disparition d'une alliance régionale entre les États-Unis et leurs satellites. Quant à la SEATO, créée en 1954, elle disparaît après la fin de la guerre du Viêt-Nam, en 1977. Mais le commandement du Pacifique (Pacom) a subsisté, avec sa dénomination maritime.

À partir de la disparition de la CENTO, les Unified Combatant Commands américains ne sont plus rattachés à aucune alliance (la seule qui subsiste est l'OTAN, mais elle ne couvre qu'une zone limitée). Les deux derniers-nés, Northcom et Africom, sont de purs commandements américains nés après l'attentat des deux tours. Le Northcom (commandement Nord), installé en 2002, englobe le Mexique, le Canada et les États-Unis : il a été créé par le secrétaire à la Défense Donald Rumsfeld au lendemain du 11 Septembre, pour la guerre antiterroriste et le contrôle du voisinage. L'Africom, créé en 2007 et installé en 2008, au début de la grande crise financière, couvre toute l'Afrique (sauf l'Égypte, rattachée au Centcom). Il a été conçu d'emblée comme un commandement à la fois militaire, sécuritaire et « développementiste » [2].

Les six Combatant Commands régionaux se répartissent donc aujourd'hui sur l'ensemble des territoires terrestres et maritimes du monde. Ils sont complétés par quatre commandements fonctionnels : le commandement des opérations spéciales (United States Special Operations Command) et le commandement des transports (United States Transportation Command), créés en 1987 ; le commandement stratégique (United States Strategic Command), datant de 1992 ; et le commandement des forces interarmes (United States Joint Forces Command), créé en 1999. Ces dix commandements (six combattants et quatre fonctionnels) forment un système, unifié en 2002 par Donald Rumsfeld. Ce système est destiné à tenir prêtes des capacités d'interventions militaires

2 C'est le seul Combatant Command dont le logo ne comporte pas la représentation d'un aigle menaçant, se préparant à piquer sur sa proie ou trônant sur une carte de sa zone de responsabilité. Cette imagerie prédatrice ne figure pas sur l'insigne de l'Africom, qui représente seulement la carte de l'Afrique entourée d'une mandorle de lauriers en forme de bouclier zoulou, par respect pour la Terre Mère de la communauté noire américaine.

opérationnelles unilatérales dans le monde entier. Il n'a plus rien à voir avec les alliances de la guerre froide.

Selon la Constitution, aucun militaire américain ne peut être mis sous les ordres d'une chaîne de commandement dont la tête ne soit pas un officier américain, qui par définition n'obéit qu'au président des États-Unis. Les commandements régionaux de combat interarmes sont bien placés directement sous les ordres du président, le seul commandant en chef. Ce sont à la fois des tableaux d'effectifs et de moyens, des commandements opérationnels interarmes et des états-majors, préparant donc en permanence la logistique et la stratégie d'interventions possibles, par projection de forces, en défense des « intérêts nationaux de sécurité » américains. Leur articulation avec les commandements de l'OTAN n'est qu'une option possible du président et, quand elle intervient, c'est pour que les commandements OTAN soient « techniquement » subordonnés au commandement américain et, par là même, au président des États-Unis.

La mutation des moyens et des fins de la Défense des États-Unis : les Quadriennal Defense Reviews

Le deuxième processus, essentiel, ayant façonné l'organisation de la puissance militaire américaine sur le modèle de l'organisation autistique des firmes transnationales concerne l'industrie d'armement. Les administrations de William Clinton et de George W. Bush ont laissé des traces de doctrines nouvelles dans deux directions modernisatrices de l'espace-temps stratégique : la globalisation de l'espace et le progrès de l'observation aérosatellitaire, du ciblage et de l'action en temps réel, conforté par la révolution informatique. Ces deux mutations sont fondées sur les conquêtes technico-scientifiques de la recherche fondamentale, et non plus sur la définition de la menace d'un adversaire. Elles forment la base de la demande américaine d'armes, orchestrée par un complexe militaro-industriel complètement refondé en l'absence d'ennemi désigné, et qui exige, par deux processus de modernisation continus, une planification de la croissance sans limites préétablies de l'arsenal américain.

D'où l'institution des *Quadriennal Defense Reviews* (QDR) à partir de 1997 : ce sont des rapports prospectifs, sorte de « Livres blancs » sur la défense, périodiques et obligatoires, que l'exécutif doit transmettre au Parlement tous les quatre ans. Ce n'est pas un document budgétaire, mais un indicateur qualitatif des directions de modernisation de l'arsenal et de la grande stratégie. Bien plus que la guerre contre le « terrorisme », homologuée en 2002, c'est cette nouvelle volonté permanente de supériorité absolue que balisent ces rapports périodiques exigés par le législatif, précédés avant 1997 de quelques documents initiaux, d'abord exceptionnels, fournis par le Pentagone [3].

Un premier rapport sur la défense, dit *Bottom Up Review* (BUR), est ainsi déposé au Congrès en septembre 1993. Comme son nom l'indique, ce rapport avait été conçu comme une consultation « de la base au sommet » de la hiérarchie militaire sur ses besoins de modernisation, avec des chances de voir proliférer les demandes malgré l'atmosphère de fin de guerre froide. En quelque sorte une machine à relancer la demande militaire comme on réveille un marché mou par une campagne publicitaire. La BUR renonce à envisager l'affrontement avec l'URSS et se contente d'une hypothèse sur l'ennemi réduite à l'idée de maintenir une capacité de victoire dans deux conflits majeurs, éventuellement simultanés, l'un avec l'Irak, l'autre avec la Corée du Nord. C'est dans ce contexte que l'administration Clinton lance en 1994 le concept général de « révolution dans les affaires militaires » (*Revolution in Military Affairs*, RMA), qui met l'accent sur la « guerre de l'information » en même temps que sur l'importance des « opérations de paix » [4].

---

3 *Cf.* Alain Joxe, « Lectures stratégiques. Néolibéralisme de guerre : la nouvelle QDR 06 », *Le Débat stratégique*, n° 84, CIRPES, Paris, 17 avril 2006.

4 *Cf.* Alain Joxe (dir.), *Le Débat stratégique américain 1994-1995. Révolution dans les affaires militaires, Cahier d'études stratégiques*, n° 18, CIRPES, Paris, 1995.

Mais c'est avec la périodicité obligatoire des QDR que l'élément dynamique permanent devient la clé de la doctrine à la fois logistique et stratégique de la Défense américaine et que ses innovations sont au fur et à mesure imposées à l'OTAN. La première QDR de 1997 reprend les principes de la RMA, à savoir le thème de la guerre de l'information, la nécessité de la supériorité asymétrique et l'accentuation des qualités de *jointness* (« interarméité ») développée dans le document prospectif du Joint Chiefs of Staff (état-major interarmes), *Jointness 2010*, qui prévoit à l'époque l'état futur des forces à un horizon de quinze ans. La Corée du Nord, l'Irak et l'Iran sont mentionnés, les deux derniers surtout en raison de l'hypothèse d'une menace sur le contrôle des gisements pétroliers. L'accent est mis aussi sur le danger que font courir les « États faillis » par leurs conflits internes et leurs crises humanitaires : le document évoque ainsi les cas de la Somalie, de l'ex-Yougoslavie et d'autres États « allant de l'Albanie au Zaïre » comme constituant une catégorie de pays où l'éclatement de troubles locaux est probable entre 1997 et 2015, y compris la menace des flux incontrôlés de migrants que famines et guerres peuvent provoquer.

Dès le début de la présidence républicaine en 2001, le secrétaire à la Défense Donald Rumsfeld promeut le concept de « transformation » permanente, remplaçant celui de « révolution dans les affaires militaires » qui connote un tournant historique daté. La doctrine de la deuxième QDR a eu à peine le temps d'une petite mise à jour entre les attentats du 11 Septembre, le début de la guerre en Afghanistan en octobre 2001 et la publication de la QDR en février 2002. On y relève une tendance à la mise en valeur de la menace terroriste, mais ce deuxième rapport quadriennal reste surtout une représentation de la modernisation de l'arsenal et codifie l'avenir des contrats de recherche et de production des armements nouveaux : il est à l'image de la dynamique du complexe militaro-industriel, qui apparaît plus que jamais comme le lieu d'un keynésianisme militaire planifié, promu autant par les républicains que par les démocrates. Le concept de transformation étant devenu central, cette dynamique doit alors être appliquée aux alliés de l'Alliance atlantique et cela justifie la création, en 2003, d'un commandement spécifique de l'OTAN, l'Allied Command Transformation (ACT) [5].

La troisième QDR de Bush-Rumsfeld (2006) est la seule qui ait été rédigée entièrement sous la direction de Donald Rumsfeld. Elle contient les principes les plus actifs d'une pensée stratégique à la fois autistique et scientiste, imaginant la guerre urbaine informatisée avec déploiement de drones et proposant l'invention théorique de ce que Rumsfeld appelle le « caporal stratégique » : le combattant de base qui tient un carrefour avec un peloton et qui peut devenir le lieu tactique où se joue la victoire ou l'échec stratégique d'un affrontement global. L'esprit du jeu vidéo s'empare alors de l'exécutif, dans une version scientiste et passablement délirante. Comme si le secrétaire à la Défense mourait d'envie de commander à distance directement le caporal stratégique dans un engagement local de la guerre urbaine irakienne...

Ce document reprend l'hypothèse d'un monde extérieur à l'empire et d'un possible affrontement global avec des concurrents de rang égal (*peers competitors*). Dès le début, même si elle n'est pas nommée, on comprend que cela vise surtout la Chine. Mais on comprend aussi que cette hypothèse ne joue pas un rôle central. Car être soi-même la mesure de la course à la puissance, c'est estomper l'intelligence de l'interaction avec le monde extérieur. On s'en aperçoit d'ailleurs pratiquement : avec son ambition mégalomane, la QDR de 2006 est contemporaine de l'année terrible de l'échec américain en Irak, qui aboutira au renvoi de Rumsfeld sous la pression conjointe du Congrès et des militaires. Il est néanmoins difficile, même après son renvoi, de mettre soudain en œuvre une philosophie différente, du fait des effets-retard dus non seulement aux délais de transformation de l'arsenal, mais aussi aux entraînements et aux doctrines d'emploi des forces combattantes intériorisés par une génération de recrues.

---

5 C'est lors de la réunion du Conseil atlantique de Prague, le 19 juin 2003, que l'ACT a remplacé l'ACLANT, commandement atlantique créé en 1952, en charge de la modernisation des moyens des alliés.

La quatrième QDR est rédigée en 2010 par Robert Gates, le secrétaire à la Défense de Barack Obama. Sanctionnant la liquidation des modernismes excessifs de Rumsfeld, elle met l'accent sur l'importance des opérations militaires de stabilisation et de contre-insurrection. Les programmes d'armements sont donc réorientés dans le sens de la doctrine du nouveau manuel d'emploi des forces consacré à la contre-insurrection, conçu en décembre 2006 par le général David Petraeus, engagé en Irak dès 2003 [6], à la fois pour l'armée de terre et pour les *marines* — une première dans l'histoire de la formation au combat terrestre des troupes de ces deux armes (nous reviendrons sur le contenu de cette nouvelle doctrine dans le chapitre 8). La quatrième QDR, c'est la revanche de l'Army sur l'Air Force, avec l'acquisition par l'armée de terre (à l'imitation des *marines*) d'hélicoptères lourds de transport et de combat pour renforcer la mobilité et la protection des troupes, et avec un programme de développement des drones. L'optimisation des « systèmes d'armes » pour la contre-insurrection dans les « guerres asymétriques » implique le développement de coopérations militaires tournées vers la formation à la contre-insurrection au sein des États alliés, poussant au renforcement du « secteur de sécurité ». Malgré une série d'indications manifestant la préoccupation d'Obama pour le respect des droits de l'homme et le multilatéralisme, cette QDR demeure dans la continuité d'une volonté de puissance militaire interventionniste. Et, pour la première fois, elle est accompagnée de deux « mémorandums spécifiques » : l'un concerne le nucléaire, l'autre les missiles balistiques de défense (BMD) en tant qu'armements stratégiques dont la prolifération est à contrôler.

---

6 David H. Petraeus et James F. Amos (dir.), *Field Manual n° 3-24. Counterinsurgency*, Headquarters Department of the Army, décembre 2006. Engagé en mars 2003 dans la guerre en Irak à la tête de la 101e division aéroportée, le général Petraeus a dirigé la coalition militaire en Irak de février 2007 à septembre 2008. De juin 2010 à août 2011, il a dirigé les troupes de l'OTAN en Afghanistan, avant d'être nommé à la tête de la CIA par Barack Obama.

*Années 2000 : la nouvelle paranoïa de l'*imperium *américain*

La succession des QDR, en assurant une consolidation relative des normes stratégiques dans la durée, a permis la modernisation continue des forces armées américaines. Mais elles n'ont pu développer la flexibilité et l'adaptation opérationnelle aux innovations imprévisibles qu'exigent les engagements militaires, toujours asymétriques, proposés par l'actualité. Leur autisme dérive de la disparition d'un ennemi clair et distinct et entrave la naissance d'une pensée stratégique permettant de maîtriser l'interaction avec l'autre en fonction d'un but politique : la tentation d'écraser complètement l'adversaire et non de le vaincre politiquement reste la plus forte.

Au fil des « doctrines » formulées par les QDR, de 1997 à 2010, les signes de la difficulté des dirigeants américains à penser la guerre comme une dialectique du combat s'accumulent dans le lexique utilisé dans ces rapports. Pour eux, par exemple, le « terrorisme » n'est pas une méthode de combat, mais un ennemi en soi. Depuis le règne de Rumsfeld, cette autocratie autiste, qui a pu pousser George W. Bush aux limites de la paranoïa, connote la prétention des États-Unis à être l'unique empire au monde, leur certitude d'être les seuls détenteurs d'un pouvoir impérial universel grâce à leur armement dominant. L'avènement de ce nouvel *imperium* a des causes économiques et des conséquences politiques, qui aboutissent à des impasses systémiques.

Les causes économiques : c'est ce qu'incarne le fameux complexe militaro-industriel dénoncé par Dwight Eisenhower, l'ancien commandant en chef des forces alliées lors de la Seconde Guerre mondiale devenu président des États-Unis de 1953 à 1961. Ce lobby des armements, lié à un lobby technoscientifique, domine la stratégie américaine comme l'économie domine la politique, en la déformant dans un sens nuisible à la cohérence du pouvoir. Les conséquences politiques : c'est l'imposition d'un ajustement constant du dispositif militaire des alliés de l'OTAN (et des

« partenaires » divers) au niveau technique du leader, par l'adoption de normes communes pour que ces armées demeurent militairement compatibles avec un commandement américain, à toutes fins utiles. D'où l'introduction périodique de nouveaux « concepts OTAN ». C'est là une façon, pense-t-on à Washington, de forcer l'appui des alliés aux expéditions américaines et à leurs doctrines d'emploi des forces. Des doctrines souvent inadaptées, on va le voir, aux problèmes de politique sécuritaire, exigeant plus d'intelligence sociopolitique et diplomatique que de sophistication dans l'arsenal.

6

Les nouvelles doctrines de l'OTAN (1999-2010)

Le gonflement de l'OTAN par de nouveaux adhérents a résulté presque automatiquement de la chute du Mur, comme le complément militaire inévitable de la fin du Pacte de Varsovie [1] et le ralliement à l'« Occident » de la plupart de ses anciens États membres par le sas du « partenariat OTAN ». Ce processus a été une opération rapide et presque sans douleur (après la Russie, l'Ukraine et la Géorgie ont été fixées dans le statut de « partenaires de l'OTAN »). Depuis lors, les étapes les plus importantes de la mutation de l'OTAN ont surtout concerné les changements de ses « concepts stratégiques », intervenus comme des ajustements sans cérémonie ou comme des remises en forme solennelles mais toujours liés aux changements de la posture stratégique des États-Unis, suivant en général chaque QDR (en 1993, en 1999 et, en dehors du rythme quadriennal, en 2002, en réaction aux attentats du 11 Septembre, avec l'ouverture de la « guerre mondiale contre le terrorisme » déclarée par George W. Bush). Ce suivisme de l'Alliance n'est pas très étonnant, même s'il est parfois absurde, car les choix stratégiques des États-Unis ont

1 Le Pacte de Varsovie était une alliance militaire conclue en 1955 entre l'URSS et la plupart des autres États du bloc soviétique, en réponse à la création de l'OTAN en 1949.

toujours été critiquables politiquement du point de vue des intérêts des Européens à la paix et à la sécurité dans leur voisinage.

La seule alliance militaire ayant survécu à l'époque de la bipolarité est ainsi le traité de l'Atlantique-Nord et son « organisation subsidiaire », l'OTAN, au prix d'une étonnante mutation : cette « alliance défensive régionale » est devenue, pour l'empire américain, l'instrument principal de gestion de coalitions expéditionnaires pouvant couvrir l'ensemble de la planète. Cette évolution s'est faite par petites touches successives, grâce à l'adoption de nouveaux « concepts » devant coordonner entre alliés le rythme et le contenu des modernisations. Ces concepts se sont succédé sans révision du traité initial, une certaine homogénéisation s'imposant peu à peu aux partenaires des États-Unis au niveau des types d'équipements et de l'entraînement à des manœuvres internationales et interarmes. L'homogénéisation a progressé aussi par l'adoption de divers glossaires techniques, qui, traduits de l'anglais dans toutes les langues, unifient la communication entre alliés sur la base des représentations opérationnelles américaines [2]. Dans l'esprit du droit coutumier anglo-saxon, les États-Unis entendaient ainsi apposer leur marque sur les discours et les pratiques de leurs coalitions sans avoir à formaliser un débat stratégique et politique, ni à renégocier les termes du traité de l'Atlantique-Nord, qui ne peut être modifié qu'à l'unanimité.

Le premier « nouveau concept stratégique » de l'OTAN (1999)

En 1999, un premier « nouveau concept stratégique » annonce la « naissance d'une nouvelle OTAN ». Il est fondé sur l'élargissement par cooptation de nouveaux membres et par des accords de « partenariat » pouvant s'étendre au monde entier. Cet

2 *Cf.* la liste détaillée des « accords de normalisation » (*standardization agreements*) signés depuis les années 1990 (dans des versions datant pour la plupart de 2007 à 2011), disponibles sur le site de l'OTAN, <www.nato.int>.

élargissement suit de près la modernisation américaine, en adoptant à la fois le principe de la modernisation « capacitaire » et celui des « opérations basées sur les effets » (*Effects-Based Operations*, EBO — cette approche étant appelée *Effects-Based Approach to Operations*, EBAO) [3]. Comme on l'a vu, cette évolution, antérieure au 11 Septembre, est propre au complexe militaro-industriel américain, privé d'ennemi désigné depuis déjà neuf ans. Ces deux principes structurants s'inscrivent dans une doctrine qui entend répondre à l'émergence d'une gamme désormais beaucoup plus importante de « menaces asymétriques ».

Cette doctrine privilégie aujourd'hui l'action préemptive, visant à détruire ces menaces asymétriques avant même qu'elles se soient affirmées. Cette tendance n'était pas supposée s'incruster aisément au niveau de l'OTAN, alliance militaire défensive et localisée, conçue pour planifier une riposte à une attaque sur le territoire d'un allié par un ennemi concret, l'URSS et ses alliés du Pacte de Varsovie. La modernisation « capacitaire » qui est à l'origine de la tendance préemptive est née d'une gestion par l'Air Force d'une philosophie du ciblage systémique de l'ennemi virtuel [4] ; le devoir d'explorer toutes les menaces pensables s'étend à toutes les capacités et à tous les arsenaux capables de détruire cet adversaire ou plutôt de détruire cette adversité polymorphe. Le protocole d'expérience technique peut dès lors tenir lieu d'argumentaire politique en faveur de la dissuasion par menaces étagées, du bombardement

---

3 « Énoncé simplement, le concept d'"opérations basées sur les effets" consiste à identifier et à traiter de façon appropriée les capacités essentielles et critiques de l'adversaire, de la façon la plus efficace possible, en vue de produire un effet conforme aux objectifs définis par l'autorité *politique* pour l'opération ou la campagne entreprise. Capitalisant sur la destruction de cibles (ou d'autres effets par le biais de moyens non létaux), les EBAO visent à générer des effets de deuxième ordre, contraignant ainsi les dirigeants adverses à réagir de façon conforme aux objectifs globaux des opérations » (Philippe COQUET, « Opérations basées sur les effets : rationalité et réalité », *Focus stratégique*, IFRI, Paris, octobre 2007).

4 Le colonel David Deptula mentionne les « effets » dans un article de 1995 dans *Defense Aipower Series* : « Firing for effects, a change of the nature of warfare ». En 1996, apparaît l'expression *Effect Based Targetting* et en 1999 l'expression *Effect Based Operations* (*cf.* Philippe COQUET, « Opérations basées sur les effets : rationalité et réalité », *loc. cit.*, p. 33n).

de masse jusqu'au niveau de l'assassinat individuel par des commandos spéciaux. L'opportunité des décisions à engranger de façon préemptive dans la mémoire des mesures imaginables est évaluée par confrontation des effets destructeurs aux effets politiques et stratégiques.

L'innovation conceptuelle n'est évidemment pas dans la mention des *effets*. On a toujours cherché à bombarder pour l'effet produit, physique et psychologique. L'idée « systémique » de l'Air Force, c'est que la précision des frappes peut désormais permettre plusieurs types de destruction, créant des effets combinés sources de catastrophes fondées sur les vulnérabilités d'un système économique et politique moderne : un système complexe de manipulation des forces morales de l'ennemi par des destructions systémiques de l'appareil de pouvoir. C'est l'idée que la finesse des effets des frappes de l'Air Force permet autant d'intelligence politique que l'intervention d'un combattant à terre mesurant sa puissance de feu à la présence d'ennemis combattants et évitant de tirer sur des enfants, des hôpitaux ou des ambassades. Mais la recherche des effets décisifs pourrait conduire aussi bien à définir l'assassinat ciblé de mères de famille à la porte des écoles comme déterminant pour détruire le moral des combattants ennemis.

L'apparente naïveté du propos viendrait du fait que la véritable dynamique, dans cette création de doctrine, c'est d'abord la vente à l'Air Force d'un nouvel arsenal informatisé qui permet d'éviter le déploiement de troupes à terre et les pertes liées à ce type de combat, notamment en guerre urbaine. Nous sommes au lendemain des guerres yougoslaves. Cette approche, bricolée pour l'appui aérien, devient assez rapidement une philosophie générale, car ce qui est en cause, dans la phase suivante, c'est l'informatisation du fantassin, aujourd'hui aboutie, même dans l'armée française, et qui transforme le combattant en un robot surchargé d'appareillages électroniques : un marché très porteur, qui permettra ensuite, dans un nouveau type d'argumentaire, d'éliminer les frappes aériennes et leurs « bavures ».

Le deuxième nouveau concept : guerre hors zone (Prague, novembre 2002)

Le deuxième tournant politico-stratégique de l'OTAN a lieu au sommet de Prague en novembre 2002, même si les décisions prises n'ont pas eu l'honneur d'être considérées comme dignes du titre de « nouveau concept ». Cette fois, au nom de la guerre contre le terrorisme islamiste et sa tête visible Al-Qaida, l'OTAN renforce une évolution vers le « systémique préemptif », mais débouche en outre explicitement vers le « hors-zone ».

Le document publié à l'issue du sommet de Prague s'appuie en effet sur la « globalité » ubiquitaire de la menace terroriste pour contourner la définition de la zone de responsabilité de l'Alliance. L'OTAN entend « relever le défi pour la sécurité des forces, des populations et des territoires de nos pays, *d'où que ces défis puissent venir* » (nous soulignons). Cela signifie évidemment que le lieu d'où surgit la menace contre un membre de l'Alliance fait automatiquement partie de la zone Otan. Comme la menace offensive et l'attaque du 11 Septembre sont issues d'Al-Qaida, dont le siège supposé est en Afghanistan, l'OTAN a le droit de se considérer comme attaqué par l'Afghanistan. Il ne reste dès lors plus grand-chose de la définition défensive du traité de l'Atlantique-Nord : c'est le traité qui apparaît comme un document subsidiaire de l'OTAN.

De Gaulle a dû se retourner dans sa tombe et se féliciter du maintien du retrait de la France hors du commandement militaire intégré de l'organisation. On se souviendra que l'une des raisons de cette décision, en 1966, fut le fait que, pendant la crise des fusées cubaines d'octobre 1962, John Kennedy avait cru bon de mettre en état d'alerte, sans consultation, toutes les forces aériennes nucléaires américaines positionnées sur le territoire français. Le président considéra alors comme une violation du traité cet acte unilatéral qui aurait dû recevoir l'autorisation de l'Élysée, dans la mesure où, d'une part, aucune mesure d'assistance d'un allié n'est automatique au titre de l'article 5 du traité ; et où, d'autre part, Cuba, lieu de la menace d'attaque, ne fait pas partie de la zone de l'Atlantique-Nord, étant située au sud du tropique du Cancer, limite définie par le traité.

À partir de 2002, la guerre d'Afghanistan apparaît dès lors comme une tentative réussie pour entraîner l'OTAN sous commandement américain dans les guerres américaines du Moyen-Orient.

Troisième nouvelle doctrine : l'extension du domaine de l'OTAN (Lisbonne, novembre 2010)

Le projet de « nouveau concept » intitulé *OTAN 2020*[5], publié en mai 2010 par le groupe de travail présidé par Madeleine Albright (avec la participation de deux experts français), devait être soumis pour accord à la réunion du sommet de Lisbonne. Il ne contribuait guère à clarifier la relation OTAN/Union européenne. On remarquait avec quelque surprise que le ton général du projet était celui d'un militarisme conquérant, assez flou mais résolu, et d'une volonté intacte des États-Unis d'apparaître comme maîtres du monde. Malgré quelques inflexions vers plus de consultation, la dernière « nouvelle doctrine » de l'OTAN s'annonçait comme devant être dans la ligne de l'évolution de la pensée stratégique américaine la plus extrémiste. Comme si rien ne devait être abandonné de ce qui avait été pensé au Pentagone et à la Maison-Blanche depuis la fin de l'URSS.

Le document propose en principe un « nouveau concept » supposé remplacer celui élaboré par le sommet de Washington de 1999, où on déclarait déjà la naissance d'un nouvel OTAN, fondé sur l'élargissement par cooptation de nouveaux membres et par des accords de « partenariat » pouvant s'étendre au monde entier. En mai 2010, l'OTAN communique à la presse que le nouveau concept veut « s'adapter aux menaces diffuses d'un monde globalisé ». Mais ce n'est rien de nouveau : ce serait la troisième doctrine OTAN reposant sur cette « vision ». En effet, dans la future « nouvelle doctrine OTAN » du rapport Albright, la « transformation » se poursuit avec

5 *OTAN 2020 : une sécurité assurée, un engagement dynamique*, <www.nato.int/cps/fr>, 17 mai 2010, p. 17.

quelques variantes ; et la modernisation fonctionne sur les mêmes principes que celle de 1999 (définitions capacitaires, EBAO, hors-zone) et reste une tentative d'asservir les moyens européens au char triomphal de l'empire américain. Les alliés doivent toujours prouver leur compétence dans le cadre de la représentation américaine des guerres futures. Le processus cumulatif de représentations, parfois délirantes, et d'échecs politiques et stratégiques « à bavures » (critiqué de l'intérieur par l'Army, comme on le verra) paraît assumé comme un précieux enseignement, un héritage.

Ce style donne à penser que la direction des guerres américaines n'est pas entre les mains des militaires, ni réellement des politiques. Une sorte de culture managériale, à la fois dogmatique et ingénue, sert d'idéologie. Pour le profit net des avionneurs, on y mêle, avec la rigidité probabiliste des jeux de stratégie, les préceptes et les concepts scolaires des *business schools*, datant d'avant les remises en question provoquées par la crise financière. C'est cette culture qui est constamment imposée aux États membres, comme si ce produit composite avait la moindre vertu sécuritaire ou pacificatrice pour l'avenir.

Qu'y avait-il donc de très nouveau dans ce document préparatoire ? Selon une déclaration du secrétaire général de l'organisation au moment de l'ouverture de la session, le sommet de Lisbonne devait donner le jour à une « nouvelle organisation » qui serait fondée par la « refonte du système de commandement [6] » — dans le cadre juridique du système de défense américain, la question du commandement est un sujet très précis. Le préprojet confirmait la tendance : transformer l'OTAN en une sorte de Conseil de sécurité *bis*, purement « occidental », s'octroyant une faculté autonome d'intervention militaire offensive, ou du moins préemptive, dans le monde entier. Seuls les États-Unis, avec leurs six commandements régionaux de combat interarmes couvrant la planète entière, pouvaient entretenir une telle ambition. Malgré la présidence de Barack Obama, on était bien dans la continuité avec l'ère Bush.

---

6 Déclaration d'Anders Fogh Rasmussen, secrétaire général de l'OTAN, *Le Monde*, 16 novembre 2010.

Toutefois, on pouvait penser aussi que l'Amérique avait toujours un grand besoin de l'OTAN. Le commandement européen des États-Unis (Eucom) restant le seul qui corresponde à une alliance, partout ailleurs la dominance militaire des commandements américains s'affirme comme un pouvoir unilatéral. Or, si l'OTAN, en s'élargissant, parvient à sortir des limites de la zone Atlantique-Nord, elle étendrait forcément sa « compétence », par actions préventives ou punitives, vers les zones où seuls sont présents les commandements de combat américains. En somme, si l'OTAN étend la compétence de l'Alliance atlantique au monde entier, elle devient l'instrument permettant de soutenir tous les commandements américains par des coalitions *ad hoc* en cas de nécessité ; le besoin d'autres alliances pour former des coalitions expéditionnaires devient inutile. Devenue l'unique alliance américaine, l'OTAN peut rattacher les projections de forces européennes ou les contributions des partenariats aux commandements de combat, sans qu'on ait besoin même d'en débattre : par un simple déclic technique, le commandement américain prend le commandement ou du moins le contrôle opérationnel (*command and control*) de la mission OTAN, quelle qu'elle soit. Le *command and control*, c'est l'apport technique des États-Unis à l'OTAN, qui manque d'un état-major conjoint opérationnel permanent. Seul le Pentagone est capable de fournir une logistique et une organisation militaire transcontinentale globale « prête à porter ».

Les unités des coalisés peuvent alors être placées si besoin est sous *command and control* d'un ou plusieurs des commandements régionaux américains, convergeant vers la zone d'opérations choisie. C'est ce qui est arrivé dans le cas de l'intervention en Libye en 2011 : au début, il n'y avait en principe qu'un commandement français et britannique, qui se coordonnait avec les Américains. Mais, dès lors que ces derniers y participaient, c'est l'Africom basé en Allemagne qui a pris en pratique, sans qu'on ait eu besoin d'en parler, le *command and control* de la maîtrise du ciel libyen. Les projections de forces de l'OTAN en coalition auraient ainsi toujours pour commandant en chef virtuel le président américain.

Telle est bien la dynamique globale : c'est un aménagement qui vise à étendre les compétences de l'OTAN partout dans le monde. Elle se fait par une méthode propre à l'esprit du droit coutumier anglo-saxon : sans révision de la définition politique fondatrice du traité, mais aboutissant insensiblement à sa « violation consensuelle » par la compétence technique et le monopole du commandement américain dans certains domaines. Ce type de remodelage du traité est nécessaire pour éviter une révision exigeant ratification par les Parlements. Ce serait donc l'équivalent d'un coup d'État militaire anticonstitutionnel si l'OTAN était la force armée d'un État démocratique.

Où se trouve donc le point nouveau, rénovateur, du concept « OTAN 2020 » ? L'effort de communication médiatique, destiné à compenser la perte de prestige de l'institution, est chaleureusement réclamé par le préprojet. Mais la propagande ne suffit pas. Il faudrait une décision plus marquante. C'est bien une question de commandement qui est posée à l'ère électronique. D'où la déclaration liminaire du secrétaire général à la veille de Lisbonne, à la fois précise et ambiguë, sur le projet de réforme du commandement et la présence, dans le projet de Mme Albright du mois de mai, d'un point précis sur ce sujet.

Lisbonne : le commandement, réforme du principe du consensus ?

Pour interpréter la réunion de Lisbonne, il faut comparer le document préparatoire de Madeleine Albright, publié en mai, qui rassemble tous les desiderata américains, et le court communiqué final de douze pages supposé synthétiser la nouvelle doctrine. En effet, dans le rapport Albright, le nouveau concept proposé à propos du commandement s'attaque au principe décisionnel du « consensus ». Ce qui n'a guère été remarqué, car cette tentative n'apparaît plus dans le document final.

Quel est le sens stratégique du principe du consensus dans l'Alliance ? Aux termes de l'article 5 du traité de l'Atlantique-Nord, la décision d'entrée en opérations en cas d'agression contre un État membre est entre les mains des États démocratiques membres de l'Alliance, décidant par consensus, et donc tous dotés d'un droit de veto. Faute d'unanimité, l'OTAN en tant que telle ne peut pas s'engager. Chaque État reste donc en ce cas libre de fixer le niveau et les modalités militaires de son engagement solidaire, militairement relatif, à se porter à l'aide de l'État membre qui demande assistance, en principe seulement s'il est attaqué. Cet article 5 est bien la trace d'une répugnance pour l'automaticité d'un engagement solidaire précis. Mais la source de cette limitation, à l'époque du traité, ne vient pas du souhait des États européens de maintenir leur souveraineté de défense : elle se situe dans l'engagement historique des États-Unis à ne signer jamais aucun accord d'alliance contraignante (*no entangling alliance*, selon le discours du 4 mars 1801 du président Thomas Jefferson), par peur d'être entraînés dans les guerres européennes.

À leur naissance, les États-Unis sont en effet un État faible, et les monstres révolutionnaires et impériaux qui s'agitent en Europe sont alors les leaders du monde. Aujourd'hui, les rôles sont inversés. L'objectif américain est donc de modeler, à travers l'OTAN, une Alliance atlantique qui crée des obligations contraignantes, évidemment pas pour les États-Unis devenus maîtres du jeu, mais pour les États européens devenus plutôt « pacifistes ». Toute l'histoire des « nouveaux concepts » de l'OTAN découle ainsi d'un travail obstiné pour rendre l'Alliance atlantique contraignante pour les Européens. Cette inversion des rôles est devenue beaucoup plus évidente depuis l'effondrement de l'Union soviétique. Si la solidarité contrainte ne peut plus être d'origine politique, comme pendant la guerre contre le nazisme ou la guerre froide, les États-Unis cherchent, depuis les années 1990 et surtout après 2001, à créer à petits pas une contrainte technico-militaire sous prétexte d'une technicité entièrement nouvelle, qui imposerait la « décision en temps réel » découlant de la révolution électronique et de la menace du terrorisme ubiquitaire. C'est ce pas qui aurait dû être franchi à Lisbonne, au niveau des principes.

Préconsensus électronique ?

Sur ce point précis, dans un recoin « administratif » du rapport Albright relatif aux « procédures de décision » [7], on recommandait en effet que la règle absolue du consensus soit limitée en cas de décision urgente. Le rapport préconisait explicitement que le secrétaire général introduise une « réforme administrative » afin de : « déterminer comment, pour les questions moins cruciales, les Alliés pourront faire valoir leurs préoccupations *sans aller jusqu'au veto* » (nous soulignons) ; et (point 4) d'« établir le principe selon lequel l'exécution des décisions arrêtées par consensus ne saurait être retardée parce qu'on souhaite réexaminer ces décisions *à des niveaux inférieurs* avant leur mise en œuvre ». Et il ajoutait que « l'Alliance devrait envisager de déléguer préalablement certains pouvoirs *au secrétaire général ou aux chefs militaires de l'OTAN* [nous soulignons], sur la base de règles d'engagement agréées, afin qu'ils puissent réagir dans une situation d'urgence, comme une attaque de missiles ou une cyber-attaque ». L'argumentaire embrouillé à souhait met donc en scène un « scénario à double détente » qu'il est nécessaire de détailler pour comprendre l'intention américaine (voir encadré).

Le document qui fut présenté à Lisbonne ne préconisait donc aucune stratégie réellement nouvelle mais, vu l'importance des débats sur le bouclier antimissile, il y eut bien une tentative de remise en question d'un des principes politiques fondateurs de l'Alliance, le droit de veto de chaque membre. Bien que le veto ait perdu son sens pour les États-Unis, maîtres de toutes les « capacités » normalisées de l'OTAN, il a regagné au contraire un sens nouveau pour les Européens : ceux-ci pourraient vouloir l'utiliser pour freiner des salves ou des projections de forces du leader dont ils n'approuveraient pas la mise en œuvre, et qui mettraient en danger la sécurité européenne plus que la sécurité américaine en impliquant tout l'OTAN en Europe.

---

7 *OTAN 2020*, *op. cit.*, chapitre 4 : « Les questions politiques et organisationnelles », point 4 : « Les procédures décisionnelles », p. 36-37.

Situations d'urgence : le scénario Albright de la double détente

En mai 2010, le rapport Albright *OTAN 2020* proposait que l'Alliance aura délégué, par consensus préalable dans diverses consultations, certains pouvoirs de décision au secrétaire général de l'OTAN et/ou « aux chefs militaires de l'OTAN » dans certains cas d'attaques. Et il prévoyait le scénario type suivant :

— le système d'alerte détecte une attaque menaçant un des alliés par missiles ou une cyber-attaque ou un autre cas (mentionné dans la liste des cas prévoyant la délégation de décision d'engagement au commandement militaire ou au secrétariat général politique) ;

— dans ce type de cas, la riposte serait automatique, aucune consultation ni aucun vote n'étant nécessaires : l'ordre de riposte serait lancé par l'« exécutif » militaire de l'OTAN (instance qui, en réalité, n'existe pas, puisque le seul « exécutif » de l'organisation est le Conseil atlantique : cela impliquerait donc de créer un exécutif de l'OTAN, toujours par consensus) ;

— en cas de « révolte » des « instances subalternes » (situées au niveau politique ou militaire national), qui renâcleraient à mettre en œuvre la riposte automatique car elles souhaiteraient réexaminer son opportunité, alors le commandement désigné d'avance aurait le droit ou le devoir de passer outre.

Ce « double clic » est nécessaire parce que le « simple clic » est visiblement une violation du traité. La double détente doit donc découler d'une adhésion préalable, par consensus unanime du Conseil atlantique, à l'idée d'une décision d'urgence par délégation, qu'on ne pourrait pas freiner en cas de scénario réel : la légitimité de la délégation de souveraineté que représente la première décision acquise par consensus précodé entraîne l'adhésion unanime à la non-correction de tir en temps réel. Comme il n'est pas prévu que le secrétaire général ni aucun général de l'OTAN puissent recevoir des pouvoirs souverains d'entrée en guerre par délégation permanente des gouvernements signataires du traité, la double instance du scénario est destinée à rassurer sur la légalité de la décision de riposte précodée.

Quant au chef militaire de l'OTAN qui n'existe pas, on voit bien que le seul chef qui risque de se trouver dans la situation

> d'agir ou de suspendre l'action, c'est le commandement américain et, derrière lui, le président des États-Unis, chef des armées. Il serait en droit d'agir comme chef de l'État américain, cherchant à couvrir son autorité impériale par un consensus vague qui ne lui interdirait pas de mettre en branle toute la structure de l'OTAN.

L'abandon d'autonomie décisionnelle était demandé aux alliés par l'OTAN sous prétexte d'une technicité contraignante pesant sur la décision en matière d'attaques surprises de missiles, un domaine techno-stratégique dont les États-Unis se veulent totalement maîtres. En fait, le document préparatoire du Conseil de Lisbonne véhiculait l'essentiel de l'approche philosophique et stratégique des États-Unis, une vision néolibérale des relations entre la guerre et l'économie, entre l'armée et la police, entre un objectif de transformation permanente de l'arsenal et un but politique d'intervention globale « préemptive ». Mais le passage sur la réforme du commandement, cherchant la disparition du principe du consensus, n'a pas été retenu. Il a en tout cas été éliminé sous la forme visible qui aurait exigé nécessairement l'unanimité, s'agissant d'un changement fondamental du traité. Un ou plusieurs États auraient donc voté contre s'il y avait eu vote, ce qu'on a voulu éviter. Mais le projet américain n'a certainement pas disparu pour autant et devrait resurgir plus tard sous une forme ou sous une autre.

Malgré quelques inflexions multilatéralistes, dues au président Obama, vers plus de consultations — placées sous l'article 4 du traité —, l'accumulation même de ces consultations pourrait constituer l'ébauche d'une réforme stratégique contraignante. En effet, on se consulte pour fixer d'avance des critères communs de cessions éventuelles de souveraineté en situation d'urgence et on arrive peu à peu à un consensus sur des procédures d'urgence techniques : ces conversations tendent ainsi à se substituer à une révision du traité, qui devrait normalement faire l'objet d'une signature avec débat public et ratification. C'est ce que tentent d'obtenir les États-Unis.

Pour remplacer cette tactique glissante d'érosion de la souveraineté sur le point crucial de l'entrée en guerre, une autre école d'emploi des forces devrait sortir de la pensée stratégique propre à l'Europe en tant que « zone interétatique pacifiée ». Il faudra refuser que l'Union européenne soit considérée par l'OTAN comme une organisation subalterne, utile pour son savoir-faire dans les guerres asymétriques et le maintien de la paix, de même que l'ONU ou la Russie. Ces trois entités étaient en effet félicitées comme des « partenaires utiles de l'OTAN », selon les termes stupéfiants du pré-projet *OTAN 2020*, exhibant une gouvernance impériale qui ne correspondait d'ailleurs plus à la réalité du leadership des États-Unis.

La représentation de l'empire militaire autiste, son organisation par les commandements militaires, la modernisation des QDR, l'imposition des principes de la stratégie et du commandement américain à l'Alliance de l'OTAN : tout cela a des effets en rétroaction sur les représentations, les savoir-faire, les entraînements et les mentalités militaires de toutes les armées occidentales. L'OTAN a poussé à un début d'homogénéisation des cultures militaires, alors que la diversité du monde plaidait plutôt pour une imagination stratégique plurielle. Cette culture militaire systémique standardisée constitue d'ailleurs un lieu semi-autonome d'hégémonie sur les alliés bien plus que sur l'ennemi évanescent ou disparu. C'est à ce niveau que s'accumulent aussi les causes des conduites politiques et idéologiques aberrantes, qui mènent aux impasses politiques sur le terrain.

C'est ce qu'on va analyser plus précisément en examinant les opérations menées dans les guerres d'Irak et d'Afghanistan. Leur échec est trop évident pour que la conduite militaire américaine produise de l'influence politique au sens positif habituel de ralliement à la représentation politique du monde du vainqueur. Mais elle produit des effets économiques. On décrira ce processus avec soin dans le chapitre suivant, car il est aussi le cadre de l'engagement de la France dans la guerre d'Afghanistan.

7

La guerre sans politique, cause des échecs militaires récurrents

Ce que révèle l'examen de la pratique militaire de l'« empire », en l'occurrence des États-Unis et de l'Europe dans les Balkans, d'Israël et des États-Unis au Moyen-Orient, c'est toujours une inadéquation fondamentale entre objectifs politiques proclamés des guerres qu'il engage (*peace keeping*, maintien de l'ordre ou guerre contre-insurrectionnelle) et les moyens militaires et politiques déployés. On cherche évidemment à comprendre pourquoi elles se présentent avec cette incohérence au départ. Et pourquoi les corrections, toujours tardives, qui interviennent pour tenter de réparer l'erreur politique initiale aboutissent en général à la création d'un nouveau chaos.

Ces guerres commencent parfois comme des processus de paix parrainés par l'ONU, avant de devenir des conflits longs et obstinés. Mais pourquoi n'y a-t-il pas de politiques dont ces guerres soient la continuation ? La question renvoie à l'origine des actions d'un système d'alliance et de commandement sans programme politique ni ennemi clairement identifié. L'échec militaire des États-Unis suscite ainsi plusieurs interrogations, que l'on peut repérer en amont ou en aval des opérations qu'ils ont lancées depuis l'effondrement de l'ennemi soviétique. Plus généralement, l'incohérence stratégique entre moyens et fins, manifeste dans chacune de ces entreprises, pourrait-elle servir à masquer la cohérence paradoxale des résultats obtenus, le plus souvent favorables aux valeurs destructives des transnationales bénéficiant du néolibéralisme de guerre — celles qu'on peut référer à cet « Hitler non visible » d'Elias Canetti, placé comme le non-guide de ce non-avenir ?

Trois questions générales sur l'autonomie des États-Unis

On doit donc s'interroger sur trois aspects majeurs de la pratique militaire de l'empire : 1) le rôle politique réel des États-Unis (sont-ils une « puissance impériale globale » ou leur armée n'est-elle que le « mercenaire » du système néolibéral global qu'ils s'imaginent diriger ?) ; 2) la question logistique (devenue modernisation permanente), serait-elle déconnectée de la recherche des moyens nécessaires aux expéditions guerrières de l'empire ? ; 3) les doctrines d'emploi des forces (l'inefficacité militaire des ajustements tardifs, par réemploi de recettes doctrinaires dont les militaires américains paraissent friands), ne sont-elles pas plutôt une « qualité positive » dès lors que ces ajustements justifient de nouveaux contrats d'armements ?. Ces trois questions se posent à chaque tournant de l'histoire récente du système stratégique global, à chaque défi lancé par l'éclatement de conflits donnant aux États-Unis l'occasion de tester leur leadership.

L'Amérique mercenaire du système néolibéral global ? — En 1991, la première « guerre du Golfe », exactement contemporaine de l'effondrement du système soviétique, a été l'occasion de se demander si le gouvernement des États-Unis d'Amérique n'était pas alors devenu le mercenaire d'un système de domination anonyme post-guerre froide, promoteur de la globalisation financière mondiale. Cette guerre fut en effet entièrement payée par les alliés, et même au-delà : tout compte fait, Washington en tira un bénéfice net, car les coûts prévus de l'opération (environ 90 milliards de dollars), financés par les alliés (notamment le Japon et l'Allemagne), dépassèrent les coûts réels du fait de la brièveté de la campagne victorieuse [1]. Après la guerre du Golfe, les contributions alliées aux nouvelles guerres du Moyen-Orient, *de jure* non obligatoires, sont toutefois restées relativement faibles.

Reste qu'il n'était pas normal que les Chinois et les Arabes payent les guerres extérieures des États-Unis en achetant des bons fédéraux du Trésor : il aurait été préférable que les alliés de l'OTAN fournissent au moins des soldats. Mais, à l'époque, on considérait encore que l'OTAN n'était pas faite pour cela. Le caractère anormal du financement extraordinaire de l'appareil répressif mondial est donc officiellement devenu un secret d'État, même si c'était un secret de polichinelle. Dès les années 1990, les dirigeants des riches États arabes (au premier rang desquels l'Arabie saoudite) et de la Chine ont accepté de payer les Américains pour services rendus au monde néolibéral, source de leur prospérité. Quant aux dirigeants européens, plutôt que d'affirmer une politique autonome, ils ont choisi, comme les Russes et les Chinois, de cotiser à leur manière, en acceptant discrètement la spécialisation des États-Unis en matière militaire et policière dans l'arène mondiale, par une tolérance longue à l'égard de leur endettement qui vaut bien celui de l'Europe.

L'adéquation de l'arsenal. — Pour autant, le nouvel arsenal produit par les transnationales du complexe militaro-industriel américain (avec la participation active des entreprises d'armement israéliennes) est-il adapté aux guerres entreprises à l'initiative de Washington ? Quels intérêts précis les États-Unis défendent-ils par leur politique de sécurité dans le monde ? Depuis le début des années 1990, la relation entre doctrine de développement économique du système libéral et doctrine d'emploi des forces engagées sur le terrain n'a pas pu être articulée comme doctrine militaire d'un « empire occidental » fondateur d'ordre et de stabilité : il s'agit

---

1 Alain Joxe, *L'Amérique mercenaire*, *op. cit.*, chapitre 4, « L'ordre comptable : les comptes du mercenariat », p. 373-398.

plutôt d'un empire créant et entretenant le désordre [2]. Un empire sans victoire, sauf si son succès est à définir par la promotion du désordre. Comment expliquer ce résultat paradoxal ?

En fait, la modernisation permanente de la puissance militaire qui se joue en trois moments clés (théorie, arsenal, opérations) ne parvient pas fournir une garantie de supériorité opérationnelle conduisant à la victoire politique. Il existe, presque en permanence, une déconnection entre l'état de l'arsenal, l'entraînement des troupes et la doctrine d'engagement des forces. Ce désajustement surgit concrètement lors d'une décision d'entrée en opérations extérieures, parce que la technologie finit par constituer le « lieu de la seule stratégie dominante », niveau technique d'explication parfaitement identifié. Ce problème est soulevé avec toute la précision nécessaire par de nombreux experts militaires, en France (voir encadré) comme aux États-Unis.

Les ajustements tardifs de stratégie et de tactique sont-ils irrattrapables politiquement ? La grande stratégie américaine, l'arsenal et les pratiques militaires en opérations se sont plusieurs fois modifiés au cours de ces années. Le problème permanent serait que l'ajustement de la pensée stratégique globale à la production d'un arsenal nouveau, d'une part, et l'ajustement de l'arsenal aux guerres concrètes menées contre des adversaires concrets, d'autre part, devraient constituer des questions préalables, à résoudre avant l'envoi des troupes. Mais elles ne sont envisagées que bien après, les rectifications intervenant *a posteriori*, après que les échecs ont fourni des enseignements ; mais aussi après que les « bavures » ont provoqué des diagnostics politiques hostiles de la population, qui décrédibilisent définitivement tout le discours stéréotypé initial sur la démocratie et les droits de l'homme.

La doctrine d'emploi des forces. — La ruine de l'objectif politique est due alors en apparence à une erreur du système de production d'armement et du travail des théoriciens du

---

2 Alain Joxe, *L'Empire du chaos*, *op. cit.* ; mais depuis 2005, bien d'autres raisons permettent de nourrir une telle définition.

Général Desportes : la technologie finit par devenir stratégie par elle-même [a]

Dédaigneuse de l'aspect fondamentalement dialectique de la guerre, l'idée du candidat Bush est simple : « La meilleure façon de maintenir la paix est de redéfinir la guerre selon nos propres termes. » Sa vision, qui est une vision technique, est celle de la domination par la destruction : « Nos armées doivent être capables d'identifier des cibles grâce à toute une variété de moyens puis de les détruire presque instantanément par toutes sortes d'armes, des missiles de croisière à l'artillerie à longue portée [b]. » Progressivement, se crée ainsi l'idée d'une nouvelle surpuissance invulnérable, facilement utilisable dans l'espace vide unipolaire, puisqu'elle est justement libérée des contraintes de la multipolarité. En quelque sorte, pour la surpuissance unique, la perception de la supériorité technologique vient élargir la liberté de manœuvre politique et militaire. La mécanique politique d'intervention se construit en aval : les opérations futures seront, en toute probabilité, rapidement réglées, en particulier si elles sont menées sur le mode préemptif. [...] À partir de janvier 2001, la guerre réseau-centrée devient la seule base de réflexion, de planification opérationnelle et de conception des systèmes de forces. Elle ouvre de nouvelles perspectives à la politique extérieure américaine. La dérive intellectuelle a été de construire un adversaire virtuel renvoyant systématiquement à la guerre de l'information. [...] On recherche et on finit par croire à l'existence ou au retour probable d'un *peer competitor* génétiquement proche, c'est-à-dire d'un champion adverse qui accepterait le combat dans le champ clos de la haute technologie, au détriment de l'adversaire réel, celui qui s'adapte et qui évite.

a. Général Vincent Desportes, directeur du Collège interarmées de défense, « Face aux réalités, fin de la RMA et révolution des doctrines militaires américaines », Colloque « Démocraties », Palais du Luxembourg, 10 octobre 2009.

b. Discours de George W. Bush à La Citadelle, 23 septembre 1999 ; il reprendra cette idée plusieurs fois, en particulier à l'occasion du baptême du porte-avions *Ronald Reagan* le 4 mars 2001 et à l'Académie navale le 25 mai 2001.

combat et des praticiens des doctrines d'emploi de forces. C'est une inadéquation grave, puisqu'elle porterait à la fois sur la logistique (l'afflux des forces nécessaires pour prévaloir sur l'ennemi dans le cadre des buts de guerre recherchés) et sur la définition tactique et stratégique de la guerre (clausewitzienne). La doctrine d'emploi des forces exige normalement en amont une politique de défense. Les critiques militaires ont abondé, du côté de l'armée de terre américaine elle-même, presque dès le début du conflit afghan puis du conflit irakien et, ensuite, avec l'extension à partir de 2008 du conflit « AfPak » (pour « Afghanistan et Pakistan » ; voir *infra*, chapitre 9). Ces critiques ont donné lieu à des réajustements, toujours tardifs. On peut adopter des modes de combat épargnant les populations, mais on ne peut plus persuader les populations que l'occupant est là pour les libérer ; c'est une raison d'échec stratégique, donc politique. On peut suivre cette question dans toutes les guerres de projection de forces du Moyen-Orient au long des présidences américaines successives.

Une dérive « culturelle » ?

Aux trois niveaux énumérés (théorie, arsenal, opérations), la question semble appeler une réponse unique qui serait de type culturel. Finalement, on se contenterait de souligner l'incapacité des Américains à penser la conquête coloniale, ce mélange de violence absolue et d'installation conviviale avec le colonisé : ils ne savent pas faire. Est-ce que cela ne serait pas, dans un sens, tout à leur honneur ? Est-ce que cela cacherait, en fait, un savoir-faire réducteur de pionnier génocidaire archaïque (chasser tous les Indiens et prendre leurs terres) ? Ou, au contraire, un savoir-faire de la domination commerciale et financière futuriste, qui les préparerait à s'éloigner complètement d'une conquête territoriale et à devenir potentiellement des impérialistes modernes, voire postmodernes ? Des gestionnaires de taux d'intérêt ? Mais tout se passe comme si la machine critique, très efficace, des militaires, qui n'ont aucune raison de vouloir mourir pour rien dans des pays barbares, ne pouvait pas conclure.

S'il existe une science stratégique, ou même seulement un bon sens militaire, il faut admettre que la cohérence de ces trois aspects — théorie, arsenal, opérations — y est toujours problématique. L'arsenal, la logistique, c'est le moment solide de la stratégie : la matérialité comptable des moyens. On peut en tout cas s'y fier pour certains effets plus solidement que sur le combat, qui dépend pour moitié de l'adversaire. C'est un problème permanent et instable. Les méthodes d'ajustement du long terme virtuel de la planification au temps moyen réel de la guerre et au court terme du combat, dit « temps réel » des opérations, sont souvent inadaptées. Et, surtout, la supériorité logistique écrasante du dominant expéditionnaire suscite chez l'ennemi une imagination créatrice qui est nécessairement une source de surprises. Dans ces conditions, la part inévitable de bricolage tactique exige du « génie stratégique » chez les officiers du rang encadrant les troupes « projetées ». Or ce produit-là n'est pas disponible sur demande dans la culture managériale, caractéristique de la stratégie américaine, sous-informée sur l'ennemi asymétrique et comptant fermement sur un appui aérien rapide et performant en cas d'engagement.

L'intelligence stratégique investie dans le combat tactique procède, au-delà d'une connaissance culturelle des habitants du lieu, d'une culture militaire intégrant l'intelligence politique des combats. Les stratégies ne peuvent être fixées d'avance comme des recettes aboutissant à un produit consommable. Leur efficacité dépend d'une interaction avec la stratégie adverse. Leur succès exige donc une intuition ou une connaissance anthropologique de l'ennemi réel ou même une hypothèse sur l'ennemi imaginable, indispensables pour éviter des erreurs initiales, irréversibles, comme le fut le génocide indien qui hante encore les westerns. Il est vrai que la conquête impériale n'est plus à l'ordre du jour. Mais, alors, quelle est la définition du succès, s'il n'est ni militaire, ni politique, ni religieux : est-il purement policier, purement financier ?

Dans les Balkans comme en Asie centrale, au Moyen-Orient comme aux portes de l'Inde, l'absence de connaissance anthropologique du terrain apparaît comme un facteur d'explication des faillites militaires américaines. Certes, l'allié impérial fidèle, le

Royaume-Uni, cherche toujours à améliorer l'expédition américaine par son savoir culturel et historique sur les espaces-temps antiques, médiévaux et renaissants qui font du patchwork de la route des Indes un résumé de l'histoire humaine ; mais l'allié fidèle se heurte à l'obstination moderniste de l'autocratie américaine. Celle-ci croit en effet à l'importance absolue d'un arsenal totalement supérieur à celui de l'ennemi et, aussi, qu'il existe une sorte de science militaire pouvant se ramener à des recettes dont l'efficacité aurait été prouvée par l'histoire des guerres. Dans la pratique, on n'arrive pas à admettre que les stratégies sont victorieuses au coup par coup, car la victoire découle du combat, donc de la dialectique de l'interaction avec l'ennemi, dans des affrontements qui sont toujours inédits, donc imprévisibles.

Dès lors, le scénario est en général le suivant : au vu de l'insuccès (ou des conséquences nuisibles pour le ralliement des populations) des manœuvres et de l'arsenal sur catalogue engagés en première phase dans différents conflits (bombardement de Belgrade au printemps 1999 ; début de la guerre d'Afghanistan en 2001 ; orientation « *Shock and Awe* » — « Choc et effroi » — de l'offensive sur Bagdad en mars 2003), le commandement américain s'efforce de corriger le tir après autocritique, en adoptant des stratégies et tactiques différentes, elles aussi tirées de l'histoire des guerres passées. Outre que ces changements de doctrine interviennent tardivement, ils sont également inefficaces, précisément parce que les dites doctrines ont dû leur succès, historiquement, à l'effondrement (momentané) de la volonté de l'ennemi de poursuivre le combat — et cette composante du succès ne se reproduit jamais à l'identique et ne dépend pas mécaniquement de l'arsenal.

La croyance américaine en l'efficacité de l'arsenal est donc bien un acte de foi. Plus généralement, l'efficacité d'une opération ne peut être appréciée sur ses effets, comme le prétend la doctrine dominante, qu'avec le recul historique, *post factum*. C'est toute la conception de l'approche des *Effects-Based Operations* (EBAO) qui participe en fait de l'auto-intoxication par un modèle publicitaire commercial : le bon fonctionnement de l'appareil, l'*effet*, serait garanti d'abord par le sérieux technique du discours commercial, comme un aspirateur aspirant conformément au cahier des charges affiché. Mais l'ennemi est bien différent de la poussière inerte : il est capable de manœuvrer sournoisement, laissant par exemple passer l'envahisseur et contre-attaquant sur ses arrières (comme le fit le Hezbollah au Liban face à l'armée israélienne en juillet 2006).

Et nous voilà retombés dans le stéréotype qui veut que l'Amérique ne marchande qu'en position de monopole et donc ne connaisse qu'une seule manœuvre, l'exigence de la reddition sans condition face à la supériorité des moyens. Les défauts militaires américains [3] seraient dès lors les suivants :

— l'absence d'intelligence stratégique investie dans le combat tactique, qui entraîne une perte de pensée de l'interaction ;

— la croyance que la science militaire comporte le recours à des recettes ayant fait leurs preuves ;

— la foi dans l'intégration totale des tactiques dans un *système* stratégique, de type « ligne Maginot », qui entraîne en général des vulnérabilités systémiques catastrophiques ;

— la croyance que la supériorité absolue en armement permet d'exiger la reddition sans condition, évidence qui n'exige pas de réexamen.

Avec ces quelques hypothèses, nous pouvons examiner maintenant quelles ont été les modifications successives des doctrines d'arsenal et de combat mises en œuvre depuis l'effondrement de l'ennemi soviétique. Et quel est le bilan des moments successifs de l'autocritique et de la « correction de tir » effectuées par le commandement politico-militaire américain, qui semblent toujours avoir été effectuées à contretemps, donc trop tôt ou plutôt trop tard.

---

3 Il y a sans doute quelque injustice à définir ces erreurs de jugement comme des défauts militaires *américains*, alors que les défauts de perception politique interviennent dans toute guerre coloniale (comme par exemple les erreurs de jugement des armées françaises, expliquant leurs défaites dans leurs guerres coloniales, mais dans une tout autre époque, sans électronique).

L'ajustement clintonien : le « tout aérien, zéro mort » des guerres yougoslaves

En 1993, Clinton accède comme président au pouvoir de commandant en chef en croyant à une modernité faite de supériorité aérienne absolue et d'une capacité d'exiger sous cette menace toute décision favorable aux intérêts des États-Unis. Et cela sans engagement terrestre et donc pratiquement sans pertes humaines. L'ajustement tardif de Bill Clinton à la réalité nouvelle des guerres de sécession de l'après-guerre froide, en Bosnie et au Kosovo, est le premier moment d'une série d'ajustements qui balise l'entrée de la culture managériale dans l'ère électronique, par le canal d'une pensée du ciblage précis propre à l'Air Force.

Bien entendu, les Américains ne furent pas les seuls à être pris de court par le conflit « intercommunautaire » en Yougoslavie, mobilisant une violence d'allure archaïque. François Mitterrand lui-même n'a rien trouvé de plus précis pour expliquer ses désajustements politiques que d'afficher son respect des Serbes, parce qu'ils avaient été d'extraordinaires résistants pendant la Seconde Guerre mondiale : pour lui, la source du malheur actuel résidait dans l'histoire de la guerre nazie. Mais ses prises de position dans le conflit ignoraient les complexités de cette histoire, en particulier le rôle charnière joué par la Bosnie dans la constitution de la Résistance comme « nationale » et non pas « nationalitaire » (voir *supra*, chapitre 1).

Avec l'effondrement de l'URSS, des formalisations « capacitaires » de la recherche de supériorité absolue sur l'« ennemi terroriste » ont été fournies aux États-Unis par les arsenaux de la révolution électronique. Le Pentagone a cherché alors à imposer la *pax americana* sous contrôle de l'Air Force. Les États-Unis ont ainsi marqué la fin de l'URSS par la guerre du Golfe de 1991 : victoire aérienne, refoulement des envahisseurs du Koweït, refus d'y ajouter la conquête terrestre. Mais la formule ne permit pas de fixer une victoire définitive sur Saddam Hussein : il aurait fallu passer à l'invasion terrestre, comme le général Norman Schwartzkopf le laissa entendre par une remarque — « j'aurais volontiers poursuivi jusqu'à Bagdad » — qui lui valut des sanctions. Cette remarque était en effet déplacée, car le but de guerre n'était pas de libérer l'Irak de la dictature du parti Baath, mais la libération du Koweït. La guerre du Golfe fut donc un succès classique, une « guerre juste » de type westphalien : un cas à archiver...

Ensuite, la stratégie du « tout aérien » se révéla une impasse dans les Balkans, justement parce que le but politique de l'empire avait changé. On était à la fin de l'affrontement avec les États-nations jacobins tiers-mondistes réglant tardivement leurs comptes avec l'impérialisme anglo-saxon. L'heure était venue, pour l'empire global néolibéral, de présider à l'autodépeçage de tous les États fédéraux, de préférence sans guerre. Après avoir échoué en Bosnie à dissuader les forces serbes d'assiéger Sarajevo et de massacrer les populations de l'enclave de Srebrenica, placée sous protection des troupes de l'ONU, on renonça à l'épreuve de force sous prétexte qu'il aurait fallu un nombre incroyable de divisions pour maîtriser les milices, les artilleurs et les snipers. Pourtant, selon bon nombre de casques bleus, les Serbes, avant tout artilleurs, n'étant pas formés comme des combattants, on pouvait aisément battre sur le terrain les troupes et les milices des assiégeants et libérer les populations bosniaques de la menace de génocide qui pesait sur elles. Mais restaurer le mini-État fédéral de Bosnie n'était nullement à l'ordre du jour.

Washington a cru, plus tard, pouvoir suspendre l'offensive « jacobine » serbe contre la population du Kosovo en improvisant des frappes ciblées sur Belgrade. L'absurdité des modes d'intervention américains, succédant à la paralysie des interventions de l'ONU, a alors suscité des critiques militaires à la fois chez les Français et chez les Anglais, partisans d'actions terrestres précises pour s'opposer aux exactions contre les populations civiles sur le terrain : pour paralyser l'opération serbe de déportation des Albanais, il aurait fallu en effet mettre des hommes à terre au Kosovo, forçant ainsi l'armée serbe à concentrer des unités, donc à devenir militairement vulnérable. Au contraire, mêlée aux populations civiles qu'elle tentait d'expulser en masse par des raids de terreur contre les villages et des convois de trains militaires, l'armée serbe était évidemment invulnérable à des opérations aériennes qui eussent frappé les victimes qu'on cherchait à protéger des massacres.

Pourquoi, dans ces conditions, le président serbe Slobodan Milosevic a-t-il soudainement cédé le 3 juin 1999 ? À cette question, le politologue français François Heisbourg répondait trois jours plus tard, devant la commission de la Défense du Sénat [4], en alignant quatre facteurs qui avaient « commencé à converger au cours des quinze à vingt derniers jours » précédant la décision de céder : l'inculpation de Milosevic par le tribunal pénal international de La Haye le 18 mai avait eu pour effet d'empêcher la communauté internationale de céder à la tentation de recommencer à négocier avec lui ; le « lâchage » de Milosevic par le négociateur russe Viktor Tchernomyrdine (désavoué plus tard par d'autres responsables russes), qui a dû éroder son moral ; l'annonce par les pays de l'OTAN de la mise en place de 50 000 hommes en Macédoine ; les actions terrestres de l'UCK (armée de libération du Kosovo), qui commençaient à entrer en synergie avec les frappes de l'OTAN. Heisbourg déplorait donc que la préparation d'une présence à terre de troupes de l'OTAN n'ait pas été planifée en relation avec la décision de frappes. Des mouvements tactiques terrestres de l'UCK, qui menaçait de bloquer une des routes reliant la Serbie au Monténégro, obligèrent en effet les Serbes à concentrer quelques troupes en dispositif de combat, qui subirent des pertes importantes, étant devenues des cibles vulnérables des salves de l'Air Force. Cet épisode parut décider le gouvernement de Belgrade à accepter les conditions de la communauté internationale.

Mais une pression terrestre beaucoup plus importante existait aussi de façon latente : divers contingents européens s'étaient

---

4 Intervention de François Heisbourg dans le débat à l'issue de la présentation du rapport Villepin (*cf.* Xavier DE VILLEPIN, sénateur, « Les premiers enseignements de l'opération "Force alliée" en Yougoslavie : quels enjeux diplomatiques et militaires ? », Commission des Affaires étrangères, de la Défense et des Forces armées, *Les Rapports du Sénat, 1998-1999*, n° 464, p. 86-87).

groupés en Macédoine et en Albanie et leur mise en action, destinée à remplir l'espace kosovar dès le départ des troupes serbes, aurait dû être accélérée dès le début des frappes et préfigurer ainsi un plan plus offensif. On préféra laisser passer deux mois de frappes inutiles et les massacres de la population kosovare se poursuivirent, alors qu'ils auraient pu être arrêtés plus tôt si la menace d'intervention terrestre avait été concrétisée. Il faut néanmoins ajouter que l'action contre la Serbie en défense des Kosovars l'a emporté grâce à l'amorce d'un tournant critiquant déjà la stratégie du « tout aérien » et du « zéro homme à terre, zéro mort » de Clinton. C'est ainsi que François Heisbourg a pu déplorer le refus de l'Alliance de préparer d'emblée les moyens d'une action terrestre au Kosovo.

L'accord franco-britannique de Saint-Malo du 4 décembre 1998, donc à l'issue de la guerre bosniaque, avait en effet esquissé l'idée d'une nécessaire autonomie des représentations militaires et sécuritaires des pays européens : il paraissait ainsi marquer le véritable point de départ d'une Europe de la défense, qui aurait été réellement fondée sur un savoir-faire stratégique protecteur des populations civiles, dans les projections de forces de type « casques bleus ». Une sorte de reconversion du savoir-faire colonial en son contraire, ou du moins en une version non conquérante du protectorat — formule permettant d'examiner, sans arrière-pensées prédatrices, si c'est un but politique de guerre imaginable pour un État qui se voudrait au service des résolutions de l'ONU.

Mais le rapprochement franco-britannique s'est révélé sans lendemain : il n'a pu amorcer une politique d'intervention plus fine que les bombardements lors de la guerre du Kosovo, pratique qui marquait dans les faits l'enterrement au moins provisoire de la « conversion » du savoir-faire colonial en savoir-faire humanitaire. Et les crises postérieures à celle du Kosovo n'ont pas vu les États européens chercher à remettre sérieusement en cause le leadership américain, autrement que par le refus de certains d'obéir aux appels insistants à participer pleinement aux deux guerres du Moyen-Orient. Dans le cas de la France, cette abstention a tenu en Irak, mais pas en Afghanistan, où Paris a cédé à la demande américaine de passer de la définition onusienne de la mission française à sa définition otanienne, c'est-à-dire américaine, pour une participation pleine et entière aux opérations de guerre.

La tendance de l'alliance européenne à l'autonomisation et à la promotion de ses capacités manœuvrières, qui se confirmait mollement entre 1998 et 2002, a donc été interrompue de façon décisive par les pressions américaines exercées, à partir du 11 Septembre, sur les membres de l'OTAN pour empêcher l'apparition d'une doctrine de défense européenne propre. Ce freinage fut confirmé par l'action qui accompagnait l'expédition vengeresse décidée contre l'Afghanistan des Taliban, coupables d'héberger Ben Laden, et surtout ensuite, lors de la décision américaine de repartir en guerre contre l'Irak en 2003. Là aussi, on va vérifier le fait que les États-Unis engagent leurs guerres de manière erronée et font ensuite des corrections importantes, mais trop tard pour produire sur la définition politique du conflit un effet à même de permettre le ralliement de la population.

La surpuissance en moyens empêche donc qu'on se pose vraiment la question des fins, car, d'une certaine façon, les armées globales ne peuvent pas être militairement vaincues, écrasées, par les insurrections locales. Mais, comme ces armées ne peuvent pas non plus être victorieuses, elles pourraient bien préférer poser autrement la question des *moyens* et celle des *fins* de la guerre ; et les poser chaque fois à la société des nations et des peuples, plutôt qu'à la société des entreprises et des banques. Car, il faut y insister, les armées ne sont pas nécessairement favorables aux guerres, ni aux guerres sans « limites » ni à une guerre mondiale sans « fin », et la posture éthique et professionnelle des armées est importante pour l'avenir de la démocratie comme rapport de forces sociales et comme paix civile.

8

Les guerres de George W. Bush

Le 20 mars 2003, l'offensive américaine en Irak commence comme une guerre « rumsfeldienne ». Contrairement à l'intervention militaire en Afghanistan, c'est une mutation par rapport à la guerre onusienne purement aérienne héritée de Clinton, qui avait « injustement » laissé survivre Saddam Hussein en Irak, comme auparavant Radovan Karadzic en Bosnie et Slobodan Milosevic en Serbie — et qui avait, en Afghanistan, rapidement chassé les Taliban du pouvoir. Donald Rumsfeld, secrétaire à la Défense de Bush, avec l'appui du vice-président Dick Cheney, veut restaurer un droit « impérial » des États-Unis à l'action terrestre conquérante, clairement distinct du droit de vengeance contre Al-Qaida homologué par l'ONU. Il tente toutefois de mêler les deux missions pour brouiller les pistes.

Premier ajustement stratégique de Bush : réintroduire le combat terrestre (guerre d'Irak, 2003-2006)

C'est pourquoi, pour cette guerre en Irak, Washington ne demande finalement rien à l'ONU et proclame le droit du système américain à agir de manière autocratique pour la défense de ses intérêts, par les moyens qu'il décide de mettre en œuvre. La France et l'Allemagne, franchement hostiles à cette nouvelle guerre, furent tournées en dérision par Rumsfeld : il traita par le mépris les deux États de la « vieille Europe » en faisant remarquer que le centre de gravité de l'avenir s'était désormais déplacé vers la « nouvelle Europe », celle des États de l'ex-bloc soviétique qu'il entendait créditer d'un aventurisme juvénile, propre à leur soudain ralliement démocratique à l'économie de marché, qui les rendait « semblables à des Américains » ; comme si, « nés une seconde fois », à la manière des évangéliques d'extrême droite, ils étaient revêtus par là d'une sorte de grâce divine. N'insistons pas, mais cette dimension a bien existé dans le délire particulier régnant sous la présidence de George W. Bush.

L'école stratégique de Rumsfeld. — Rumsfeld prônait un style nouveau de guerre. La victoire initiale totale contre l'État baathiste d'Irak fut mise en œuvre par l'opération portant le nom de code *« Shock and Awe »* (« Choc et effroi ») ; c'est aussi le nom d'une doctrine d'emploi des forces prévoyant la destruction initiale extrêmement brutale de toute capacité et volonté de résistance de l'ennemi et la pulvérisation de toute négociation. Après le fracas de la campagne éclair aéroterrestre de vingt-sept jours, la dissolution totale de l'armée et de la police irakiennes, le licenciement des fonctionnaires et le jeu sur la division en trois « communautés » (sunnite, chiite et kurde), renforcé par la Constitution fédérale imposée par Washington, ont créé dans le pays une situation de chaos qui correspondait bien à une volonté initiale de détruire l'État baathiste, même si celle-ci contredisait l'objectif de libération du peuple irakien. Lequel aurait impliqué en bonne logique de préserver les cadres techniques d'une nation instruite et organisée.

Le chaos est déterminé par les destructions radicales du début et il est irrattrapable. Cette guerre restait entièrement privée de *juste cause*. La violence extrême du choc initial avait été justifiée par le prétexte de l'imminence d'une bombe atomique irakienne et d'une collusion entre Saddam et Al-Qaida ; or ces deux raisons d'entrer en guerre reposaient sur de faux renseignements. Sur ce point, un épais rapport du Pentagone du début mars 2008 a effacé toute ambiguïté. Mais ce n'était pas vraiment une révélation, car, dès le début, les observateurs internationaux savaient que les motifs avancés par Washington pour convaincre l'opinion nationale de la nécessité d'envahir l'Irak étaient de simples mensonges. Dès lors, on comprend mieux le caractère fondateur de l'extrémisme de la doctrine stratégique de l'administration Bush Jr, qui cherchait une remise en forme de l'usage des armes dans les deux guerres ayant suivi les attentats du 11 Septembre. Même si cet extrémisme a produit deux échecs politico-militaires, selon les normes anciennes, il a été fondateur d'un système, car il a prouvé qu'on pouvait se passer de l'ONU, violer les usages internationaux par des mensonges ne trompant que les masses et détourner toutes les procédures par des actes unilatéraux irréversibles. C'est ce projet fondateur que confirme la chronique des événements lors des dix-sept mois ayant précédé l'invasion de l'Irak.

L'absence de statut onusien de la guerre contre l'Irak (chronique 2001-2003). — La deuxième guerre d'Irak est bien liée aux attentats du 11 Septembre, le président Bush ayant voulu immédiatement profiter de l'événement pour en faire la base d'une mise en accusation globale de l'État irakien, avec plus de vivacité et d'insistance qu'il ne mettait à punir les Taliban afghans, visiblement bien plus compromis comme hôtes de Ben Laden. Dès l'attentat, Bush a demandé une enquête des services pour savoir si Saddam n'était pas maître d'œuvre dans le complot d'Al-Qaida. Et, très vite, des rapports et témoignages d'experts ont formellement exclu cette possibilité. Pourtant, la guerre d'Afghanistan a été lancée en riposte aux attentats du 11 Septembre sans que la pression menaçante sur l'Irak ne soit jamais suspendue.

L'Irak était à l'époque soumis, depuis la guerre du Golfe, à quantité de sanctions et de contraintes de l'ONU, notamment à des inspections destinées à vérifier que les clauses de désarmement auxquelles il était assujetti étaient bien appliquées. Or Bagdad créait quelques difficultés aux inspections de l'ONU. Mais c'était pour obtenir la levée du blocus économique, et l'attitude des

Nations unies était en train de devenir plus bienveillante à l'égard d'un pays dont la population apparaissait comme « suffisamment punie » pour sa guerre contre le Koweït. Le 26 novembre 2001, le président Bush avait évoqué l'éventualité d'une intervention militaire contre l'Irak s'il refusait le retour des inspecteurs des Nations unies. Mais, le 29 novembre, les pays arabes mettaient en garde Washington contre la tentation de « frapper l'Irak ou tout autre pays arabe dans sa lutte contre le terrorisme ». Et, le 30, le Conseil de sécurité votait une première résolution allégeant les sanctions et prolongeant jusqu'en mai 2002 le programme « Pétrole contre nourriture », qui contournait en partie le blocus au profit de l'approvisionnement pacifique de la population civile.

Le 5 décembre, l'Irak annonçait qu'il refusait un retour des inspecteurs onusiens déclenché sur ordre des États-Unis, arguant que seule l'ONU avait le droit de décision en la matière. Le 6 février 2002, il acceptait finalement ce retour des inspecteurs ; et, le 15 février, il plaidait devant le Conseil de sécurité pour qu'il empêche la nouvelle guerre américaine en préparation. Mais c'était déjà bien tard.

En janvier 2002, George W. Bush avait en effet prononcé le fameux discours sur l'« Axe du Mal », visant trois pays accusés de soutenir le terrorisme et de chercher à acquérir des armes de destruction massive : la Corée du Nord, l'Iran et l'Irak. C'était la formalisation de la « stratégie » construite par le trio Bush-Cheney-Rumsfeld, visant à donner à un prétendu ennemi global une sorte d'épaisseur stratégique réelle : les États de l'Axe du Mal chercheraient à pousser partout l'offensive du terrorisme, sans risquer de représailles sur leurs bases territoriales puisqu'ils disposeraient prochainement de la dissuasion de boucliers nucléaires protecteurs. Ce paradigme « préemptif » ne devait rien — et ne voulait rien devoir — à l'ONU : c'était, simplement et très brutalement, la déclaration de guerre sans fin de l'« empire autiste » contre l'Axe du Mal.

Cette représentation à usage interne avait certes été renforcée par les attentats du 11 Septembre, mais elle n'a jamais été acceptée comme un élément de realpolitik par la « communauté internationale » qui se reflétait dans l'ONU. La tentative américaine de rameuter l'institution des Nations unies n'a pas fonctionné, malgré diverses campagnes « techniques » comme l'affaire des images satellites prouvant prétendument que l'Irak installerait de nouvelles infrastructures sur un ancien site nucléaire : elles ont été clairement écartées par les experts de l'AIEA.

Le 8 mars 2002, le secrétaire général de l'ONU a amorcé l'organisation de la reprise des inspections acceptée par l'Irak et qui devait suspendre l'invasion. Mais, le 10 mars, l'hebdomadaire britannique *The Observer* révélait que les États-Unis avaient déjà demandé au Royaume-Uni de mettre sur pied un corps expéditionnaire de 25 000 hommes pour participer à l'invasion à venir ; et, le 4 avril, Tony Blair affichait une attitude menaçante, évoquant un renversement par la force de tout régime menaçant la sécurité internationale.

Le même mois, à la suite d'une série d'attentats kamikazes en Israël, le gouvernement d'Ariel Sharon réoccupait toute la Cisjordanie et massacrait, par destruction au bulldozer et enfouissement sous les décombres, des habitants de certains quartiers de Jénine. Saddam Hussein décida alors de manifester sa solidarité avec les Palestiniens en suspendant toutes les livraisons de pétrole pour obtenir le retrait de Tsahal. La Russie condamna la réaction de Bagdad, en dépit du fait qu'elle avait toujours maintenu son hostilité au déclenchement d'une guerre contre l'Irak, à moins d'une nouvelle résolution du Conseil de sécurité autorisant expressément l'usage de la force militaire. Sur cette même position, la France et l'Allemagne représentaient avec la Russie une sorte de consensus européen « continental ».

Mais le projet américain de liquidation violente du régime irakien était clairement devenu irréversible : le 17 juin 2002, le *Washington Post* révélait ainsi que le président Bush avait demandé à la CIA d'employer tous les moyens nécessaires pour renverser et même tuer Saddam Hussein. Les préparatifs militaires, politiques et psychologiques se sont donc poursuivis du côté américain pendant toute l'année 2002, orchestrant à usage interne le thème de la complicité avec Al-Qaida et, en direction de l'ONU, celui du projet irakien d'armement nucléaire.

Le 16 septembre 2002, le gouvernement irakien acceptait le retour sans condition des inspecteurs de l'ONU, retournement diplomatique confirmé le 18 par un discours solennel à New York. Dès le 17, le secrétaire d'État Colin Powell demanda une nouvelle résolution de l'ONU, prévoyant une attaque militaire en cas de contournement du désarmement. Mais Pékin, Moscou et Paris se déclarèrent satisfaits de la volte-face irakienne, considérant comme inutile une nouvelle résolution. Le préprojet de résolution américano-britannique préconisant l'action armée n'avait donc aucune chance de passer au Conseil de sécurité, vu ces trois veto potentiels.

C'est pourquoi, le 10 octobre 2002, la Chambre des représentants américaine a autorisé, à la demande de la Maison-Blanche, par 296 voix contre 133, le recours à la force contre l'Irak, y compris sans l'aval du Conseil de sécurité. Les préparatifs se poursuivirent ensuite ouvertement, malgré d'importantes manifestations contre l'entrée en guerre dans de nombreux pays, y compris aux États-Unis. La reprise de l'inspection systématique par l'ONU, décidée le 20 janvier 2003, a produit un premier rapport, le 27 janvier, et un second, le 14 février : tous deux écartaient la présence en Irak d'armements génocidaires clandestins.

Il se peut que l'événement politique le plus notoire à l'ouverture de la campagne ait surpris complètement les États-Unis : le 4 mars 2003, le Parlement turc rejeta une motion visant à autoriser le déploiement, en Turquie, des troupes et des matériels prévus pour l'invasion du Kurdistan irakien. Un signe grave de désaccord qui a marqué le début du détachement turc de l'alliance inconditionnelle avec les États-Unis. L'armée turque avait sans doute donné informellement son feu vert, pensant venue l'heure de l'écrasement du Kurdistan irakien, mais l'État jacobin turc ne souhaitait pas apparaître comme le serviteur d'une invasion terrestre devant détruire l'État jacobin irakien, et qui pouvait être vue aussi comme visant la libération des Kurdes.

Au dernier moment, l'invasion du Kurdistan a donc dû se transformer en une opération aéroportée. Le compte à rebours était bel et bien commencé et la guerre ne pouvait plus être arrêtée. Au cours du mois de mars, le groupe franco-russo-chinois a confirmé son veto virtuel dans plusieurs rencontres bilatérales. Les États-Unis ont renoncé alors définitivement à un vote explicite du Conseil de sécurité en faveur de l'invasion. Et, le 20 mars 2003, ils déclenchaient unilatéralement l'opération « Iraqi Freedom ». Le Parlement turc vota alors, du moins, l'ouverture de l'espace aérien aux avions américains.

Les leçons du premier ajustement rumsfeldien. — Quelles conclusions tirer de cette chronique ? Dès le début, les États-Unis étaient fermement décidés à agir sans l'ONU, montrant ainsi qu'on était entré dans une nouvelle période. Ce n'est qu'après coup qu'ils ont récupéré un « statut onusien » pour la guerre, par la résolution 1483 du 22 mai 2003. Ce texte levait les sanctions contre l'Irak — celles datant de la guerre du Golfe de 1991 — et entérinait la prise de contrôle du pays sous un mandat accordé à la principale puissance occupante, associant ainsi l'ONU à la mise en place d'un processus politique de refondation d'un État *ex nihilo*, jusqu'à des élections et à la formation d'un gouvernement. L'ONU restait donc importante comme chambre d'enregistrement.

Pour nombre d'observateurs, la suppression totale de l'armée et de l'administration irakiennes parut sur le moment une aberration sociopolitique — ce qu'elle fut également au plan stratégique. Mais, dans la vision américaine, elle était d'une certaine façon un préalable nécessaire à la réintégration de l'Irak dans un processus onusien : pour l'équipe Bush-Rumsfeld, l'ONU devait se porter garante des intentions démocratiques d'une force militaire d'occupation ayant pris en charge avec violence la totalité de la souveraineté sur le territoire irakien. Par son extrémisme, la volonté américaine de réduire l'ennemi à merci induisait certes des destructions militaires, politiques, sociales et juridiques à une échelle qui n'était plus tout à fait celle de l'« intérêt des États-Unis d'Amérique », et qui débouchait sur le chaos... Mais elle parvenait ainsi à transformer l'ONU en une organisation subsidiaire de l'« empire sans nom » qui est né alors.

Les étapes suivantes auraient dû procéder de la logique onusienne de protection et de reconstruction — la résolution 1546 du 7 juin 2004 a reconnu la légitimité du gouvernement provisoire irakien. La perspective d'élections et du départ des occupants exigeait en effet d'aboutir à un autre statut, qui ressemblerait à terme davantage à celui de « protectorat ». Mais la persistance du militarisme à outrance et le retour, en guerre urbaine terrestre, à la stratégie de destruction totale de l'ennemi ont débouché, dès 2006, sur une impasse politique et militaire. Celle-ci était étroitement liée à la pratique opérationnelle de l'Air Force, renforcée par l'utilisation des doctrines de combat des *marines* et autres troupes de choc ; et par des actions de guerre dont la violence et les « bavures » dénotaient à la fois la profonde méconnaissance du terrain politique et une volonté de détruire, en même temps que le tissu urbain, toute l'identité citoyenne. Bref, l'Irak restait au stade du chaos [1].

Cette capacité terrifiante de l'arsenal et des actions américains est alors devenue comme la caricature de leur *imperium*, moins du fait des massacres et des tortures, actions criminelles inévitables de toutes les conquêtes coloniales, qu'à cause de leur incapacité à produire un nouvel ordre transitoire — donc l'impossibilité de créer à terme la démocratie. Pour de nombreux Irakiens, après l'incendie de la bibliothèque de Bagdad dès mars 2003, les Américains sont apparus « comme des Mongols » : après avoir tout détruit, ils ne pourraient que repartir. Les méthodes américaines firent ainsi passer en quelques semaines le corps expéditionnaire du statut de libérateur à celui de conquérant-occupant barbare. Et, pourtant, ces méthodes ont ouvertement perduré, on l'a vu, jusqu'en 2006, année où la pensée stratégique de Rumsfeld a connu son expression dogmatique la plus aboutie, celle d'un « néolibéralisme de guerre [2] ». Reposant entièrement sur la supériorité technologique et le perfectionnisme systémique permanent, cette représentation a conduit à des aberrations tactiques et à des échecs stratégiques sur

1 Sur cette représentation de la guerre d'Irak, voir notamment Kenneth Brown (dir.), *L'Irak de la crise au chaos. Chroniques d'une invasion*, Ibis Press, Paris, 2004 (préface de Stéphane Hessel). Et pour l'analyse détaillée des phases militaires et des considérations stratégiques inspirées par cette guerre, *cf.* Michel Goya, *Irak, les armées du chaos*, Economica, Paris, 2008 (préface du général Vincent Desportes).

2 Alain Joxe, « Lectures stratégiques. Néolibéralisme de guerre : la nouvelle QDR 06 », *loc. cit.*

le terrain où, par des effets mécaniques, les opérations produisaient le chaos terroriste qu'elles étaient supposées combattre [3].

Même du côté du parti démocrate, la confusion dans la perception de la situation était telle qu'un homme aussi influent que le futur vice-président Joseph Biden n'envisageait guère d'autre perspective que la tripartition communautariste du pays — inspirée de l'exemple « positif » de Dayton en Bosnie, disait-il en mai 2006, ce qui impliquait l'acceptation des massacres intercommunautaires et la ségrégation jusque dans les villes [4]. À l'instar de ses homologues républicains, l'idée de « recette efficace » s'imposait donc à Biden, plutôt que celle d'une analyse stratégique de la situation concrète (voir encadré p. 148).

Le second réajustement tardif de Bush : les trois sources du surge *(l'« afflux » de troupes) en Irak en 2007*

Après trois ans de guerre et l'échec manifeste subi en Irak, la situation exigeait une correction de tir stratégique, d'abord politique, puis militaire. Mais la chronologie montre une hiérarchie inverse. À l'origine, il y a en effet d'abord la pression des militaires de terrain, avec la production d'un nouveau manuel d'emploi des forces terrestres, valable à la fois pour l'armée de terre et pour les *marines* (ce qui est une totale innovation). Cosigné pour l'Army par le général David Petraeus, qui y a travaillé pendant toute l'année 2005, et pour les *marines* par le général James Amos, ce manuel intitulé *Counterinsurgency Field Manual* [5] circule dès juin 2006 sous

---

3 « La responsabilité du chaos international actuel semble bien partagée entre unilatéralisme, prolifération et terrorisme » (Pierre Conesa, *Les Mécaniques du chaos. Bushisme, prolifération et terrorisme*, L'Aube, La Tour d'Aigues, 2007, p. 15) ; *cf.* également Michel Goya, *Irak, les armées du chaos*, *op. cit.*

4 *Cf.* Joseph R. Biden Jr et Leslie H. Gelb, « Unity through autonomy in Iraq », *The New York Times*, 1er mai 2006 ; et Alain Joxe, « Israël en Palestine et au Liban et guerre d'Irak : l'unilatéralisme impérial et les guerres asymétriques », *Le Débat stratégique*, n° 87, septembre 2006.

5 David H. Petraeus et James F. Amos (dir.), *Counterinsurgency Field Manual (n° 3-24)*, The U.S. Army/Marine Corps, Washington, décembre 2006.

L'esprit de « recette » chez Joseph Biden en 2006 : pour une tripartition de l'Irak de type bosniaque

Dans une tribune publiée par le *New York Times* le 1er mai 2006, une version *soft* du projet de tripartition de l'Irak était préconisée par le sénateur Joseph Biden, futur vice-président de Barack Obama, alors principal élu démocrate de la commission des Affaires étrangères du Congrès. S'inspirant explicitement de la tripartition bosniaque, il déclarait : « Il y a dix ans, la Bosnie était dépecée par le nettoyage ethnique et menacée de disparition comme pays unique. Après bien des hésitations, les États-Unis se sont fermement engagés dans les accords de Dayton qui ont maintenu l'intégrité du pays, en le divisant paradoxalement en fédérations ethniques, permettant même aux musulmans, Croates et Serbes de conserver des armées distinctes. [...] Après dix ans de paix relative, ils ont commencé l'an dernier à renforcer leur gouvernement central en démantelant leurs forces armées. Maintenant, l'administration Bush, en dépit de ses profondes erreurs de jugement stratégiques en Irak, a une occasion similaire. »

Biden constate alors que les efforts de l'administration Bush pour doter l'Irak d'un gouvernement fort aboutissent à un échec et constituent une mission impossible. Dans ces conditions, selon lui, l'Irak devrait être divisé en trois régions — kurde, sunnite et chiite — bénéficiant d'une large autonomie : « Il est de plus en plus manifeste que le président Bush ne dispose d'aucune stratégie pour la victoire en Irak. En fait, il espère éviter la défaite et transmettre le problème à son successeur. » Cette division « huntingtonienne » de l'Irak en trois cultures adverses créerait, selon Biden, les conditions du maintien d'une présence militaire minimum et d'une médiation prolongée des États-Unis : « Certains diront que cette évolution vers un régionalisme fort déclencherait des opérations de nettoyage confessionnel. Mais c'est exactement ce qui se passe déjà, à une échelle croissante, se justifie-t-il. Les États-Unis retireront leur contingent d'ici 2008, à l'exception d'une petite force antiterroriste. »

forme d'un « projet final ». La poussée militaire s'accompagne la même année d'une pression du Congrès, émanation d'un groupe de travail bipartisan conduit par les parlementaires Lee Hamilton et James Baker (groupe dit « Hamilton-Baker »), qui se réunit depuis le début de l'année et publie en décembre 2006 un rapport extrêmement critique sur la situation irakienne [6].

Tout cela précipite la décision du président, en janvier 2007, de lancer une nouvelle opération, fondée sur un renfort en effectifs intitulé *surge* (afflux, contraire du reflux). Ce plan prenait appui sur les recommandations d'un influent *think tank* néoconservateur, l'American Enterprise Institute for Public Policy Research (AEI) [7] — on y reviendra. Il s'agissait d'envoyer des renforts importants permettant plus de nuances dans les opérations sur le terrain urbain et des manœuvres de division locale de l'ennemi par ralliement de fractions communautaires. C'est donc sur la pratique de la négociation dans la manœuvre politique de la guerre urbaine que la doctrine de contre-insurrection du général Petraeus, le rapport Hamilton-Baker et le *surge* du président Bush se sont tous trois articulés stratégiquement, se séparant ainsi de l'extrémisme délirant de Donald Rumsfeld — lequel fut poussé à démissionner le 18 décembre 2006.

À la grave crise militaire de la fin de l'année 2006, sur le terrain irakien, s'ajoutait en effet la crise politique du gouvernement de Nouri al-Maliki. Le désarroi du président Bush a paru ouvrir alors enfin un espace à l'idée de paix. L'objectif de la paix a semblé recouvrer un statut clausewitzien, comme but politique (*Zweck*) que poursuit toute guerre [8] — « on ne fait la guerre que pour parvenir à

---

6 James A. Baker III, Lee H. Hamilton et *alii*, *The Iraq Study Group Report. The Way Forward, a New Approach*, United States Institute of Peace, <www.usip.org>, Washington, 6 décembre 2006.

7 « L'American Enterprise Institute for Public Policy Research (AEI) est un *think tank* conservateur propatronal extrêmement influent, fondé en 1943 par Lewis H. Brown. Il promeut la libre entreprise capitaliste et parvient avec succès à placer ses hommes à des postes gouvernementaux importants. C'est la base principale d'influence pour un grand nombre de néoconservateurs » (Center for Media and Democracy, <www.sourcewatch.org>).

8 Clausewitz distingue le but politique (*Zweck*) de l'objectif proprement militaire (*Ziel*).

la paix », rappelait déjà saint Augustin il y a quatorze siècles [9]. Le *surge* est le troisième ajustement militaire américain (tardif) de l'après-guerre froide, prônant le retour à une stratégie plus politique, donc en principe plus pacificatrice que mortifère. Ce tournant mérite de ce fait d'être analysé minutieusement dans ses diverses composantes. D'autant que, produit sous Bush, il a continué à être considéré par l'administration Obama, installée en janvier 2009, comme la source d'un concept stratégique valable pour les deux champs de bataille d'Irak et d'Afghanistan.

On doit poser la question clairement : s'agissait-il d'un tournant américain vers le retour au politique comme lieu d'une compréhension du social, ou bien demeurait-on en réalité dans la vision néolibérale de penser l'adversaire comme un criminel et la stratégie comme un livre de recettes policières — et non pas comme le fruit d'une connaissance de l'interaction de deux sources de décisions contraires, que la démocratie seule peut empêcher de pointer partout vers la guerre ?

La pression des politiques : le rapport Hamilton-Baker de décembre 2006. — Commençons, par principe, par la pression des politiques, bien que celle des militaires ait été première. En mars 2006, à l'initiative du représentant républicain de Virginie Frank Wolf, le Congrès a créé un « Irak Study Group » chargé de rédiger un rapport bipartisan sur la situation en Irak, avec propositions politiques à la clé. Ce groupe de travail était constitué, sous la double présidence de James Baker (républicain) et de Lee Hamilton (démocrate), de dix membres désignés par le Congrès. Son rapport, publié le 6 décembre de la même année, est accablant quant aux erreurs commises sur le terrain [10]. Trois « blocs » de significations sont repérables dans le texte du rapport, où surgissent au fil de la lecture soixante-dix-neuf recommandations, méthode visant sans doute à adoucir la cohérence très critique de l'ensemble.

---

9 Saint Augustin, *lettre* 189.

10 James A. Baker III, Lee H. Hamilton et *alii*, *The Iraq Study Group Report*, *op. cit.*

Le premier bloc est une description critique, quasiment catastrophique, de la situation politique, militaire et économique de l'Irak [11]. Les États-Unis ont totalement échoué à maîtriser une situation où se mêlent : un soulèvement antiaméricain « sunni-baathiste » ; des agissements terroristes des infiltrés d'Al-Qaïda ; une guerre civile entre chiites et sunnites ; une opposition radicale entre « autonomie des provinces locales » (chiites de basse Mésopotamie et Kurdes en haute Mésopotamie) et maintien d'un pouvoir central fort, au moins à Bagdad, avec partage au sommet des ressources du pétrole. Dans ce cadre critique, le rapport prend position contre l'idée même d'une division du pays en trois « ethnies » fédérées : « Chiistan » au sud et Kurdistan au nord comme zones pétrolières, le « Sunnistan » restant impossible à définir. Le texte préconise donc le maintien de l'exploitation du pétrole sous contrôle fédéral et critique fondamentalement la Constitution, qui prévoit l'autonomisation possible, après référendum, de certains groupes de provinces.

Le rapport critique également, d'une manière particulièrement cruelle, les résultats de la dernière grande opération conjointe de reprise en main de Bagdad, dite « Forward Together », menée du 14 juin à la fin août 2006. Elle prévoyait de réduire nettement la violence, déchaînée à Bagdad depuis l'attentat de février 2006 qui avait frappé la grande mosquée chiite Al-Aksaï à Samarra. Résultat : la violence urbaine a augmenté de 45 % d'août à octobre 2006. Avant chaque opération répressive locale, les « violents », c'est-à-dire les milices communautaires armées « défensives », quittaient en effet la zone d'intervention définie et y revenaient après. Aucune zone « nettoyée » ne pouvait être conservée sous contrôle, du fait de la défaillance, de la corruption ou de la communautarisation de la police irakienne, supposée tenir le terrain après le retrait des troupes de la coalition.

Sur tous ces points, les causes d'échec sont précisées sans complaisance par le rapport Hamilton-Baker : erreurs politiques, erreurs stratégiques, impasses tactiques, faillite économique — liée

11 *Ibid.*, « Recommendation 5 », p. 36 ; § 3 : « Dealing with Iran and Syria », p. 37 ; « Recommendation 9 », p. 37.

à la corruption générale et aux détournements des fonds des contrats de reconstruction par les sous-traitants privés. Le rapport apparaît comme un réquisitoire impitoyable : non seulement le gouvernement irakien est bien un lamentable fantoche, mais en outre l'armée américaine est piégée par les erreurs politiques et stratégiques de la version Rumsfeld de la modernité militaire. Le soldat, transformé en robot électronique, producteur de bavures en guerre urbaine, n'a plus aucune qualité humaine lui permettant de tenir le terrain. Et, de plus, on manque d'effectifs.

Le deuxième bloc du rapport suggère une démarche diplomatique macrostratégique. Une proposition est faite aux deux ennemis régionaux, l'Iran et la Syrie, dans le cadre d'un « Irak International Support Group » à créer comportant tous les voisins du pays, de bien examiner le contexte du désordre irakien et d'étudier une position (encore virtuelle) des États-Unis qui consisterait à affirmer : « Tout va si mal, que nous, États-Unis, Iran et Syrie, même si nous sommes des adversaires, avons intérêt à redéfinir un intérêt commun, à savoir que l'Irak ne sombre pas dans le chaos total. » Le rapport déclare clairement qu'« il n'existe pas de solution militaire à ce conflit [12] ». Si l'Irak s'effondrait totalement dans la guerre civile à trois camps, avec l'explosion intercommunautaire et la purification ethnico-religieuse généralisée, la Syrie et l'Iran, en tant qu'États voisins encore « ordonnés », auraient à en subir les conséquences déstabilisantes. Les États-Unis offriraient dès lors un cadre international large où restaurer la stabilité de la région, y compris par la résolution du conflit israélo-arabe (Liban, Syrie et Palestine), en négociant avec les forces politiques qui reconnaissent le droit d'Israël à exister et en excluant toute poursuite de l'aide au Hezbollah et au Hamas [13].

Cette proposition était certes philosophiquement à l'opposé de l'unilatéralisme militant de George W. Bush, mais elle ne modifiait guère les principes de la solution des problèmes israélo-palestinien et libanais. Elle préconisait un retour à une diplomatie qui, renonçant au pur usage de la force, n'en était pas moins une proposition

---

12 *Ibid.*, § 4, « The wider regional context », p. 39.
13 *Ibid.*, « Recommendation 14 », p. 39 et 15, p. 40.

« impériale ». Le message adressé à l'« environnement des États », plutôt qu'à la « société des nations », était en substance le suivant : « Nous, Empire américain, fabriquons en Irak un désordre intercommunautaire qui pourrait s'étendre à tout le Machrek et détruire la stabilité nécessaire à la gestion des flux pétroliers. Or nous tous, États pétroliers, firmes pétrolières et Empire américain, conservons un intérêt commun au retour au calme. Une grande coalition des États de la région doit donc nous aider à sortir du guêpier plutôt que de chercher à nous enfoncer dans le chaos. »

L'Irak Study Group n'évoquait aucunement les limitations à toute diplomatie générale de paix au Proche-Orient imposée par l'alliance inconditionnelle avec Israël. Pas plus qu'il n'évoquait le problème insoluble d'une diplomatie englobant tout l'environnement de l'Irak, mais excluant le Hezbollah chiite et le Hamas sunnite du champ de la négociation, par extraction de la réalité des acteurs d'un antiaméricanisme religieux et armé. C'était d'une naïveté finalement toujours aussi brutale qu'inefficace. Le petit appel à l'aide des auteurs du rapport, demandant que les États-Unis puissent quitter l'Afghanistan en laissant leurs alliés « finir le travail » [14], restait donc sans aucune modestie ; et il ignorait de surcroît le potentiel conflictuel propre à la guerre afghane, avec ses prolongements pakistanais vers l'Inde, la Chine ou l'Asie centrale.

Le troisième bloc de questions abordé par le rapport de Hamilton et Baker était d'ordre politique : il suggérait que la justification de la présence américaine en Irak devrait passer de celle d'une conquête avec installation d'une administration sous mandat des États-Unis (que le Conseil de sécurité avait refusé de prendre sous sa responsabilité) à celle d'un protectorat agréé par l'ONU. D'où un ensemble de recommandations appuyant des réformes dont la réalisation serait laissée à la souveraineté irakienne restaurée. Cette révision structurelle de la présence militaire américaine préconisait logiquement une diminution de ses effectifs sur le terrain. Et, en même temps, elle prévoyait la généralisation d'un mode d'affectation directe, aux unités de l'armée et de la police irakiennes, de militaires

14 *Ibid.*, « Recommendation 18 », p. 42.

américains et de la coalition, comme adjoints de commandement, combattants, techniciens ou formateurs. Cette mutation s'accompagnerait de la recommandation expresse d'intégrer aux forces militaires la police locale, dépendante alors du ministère de l'Intérieur irakien — un corps corrompu, communautarisé et inefficace. Ces transformations faciliteraient l'émergence d'un nouveau statut pour le maintien de l'Irak sous occupation militaire, mais évoluant vers un régime d'appui technique à une force armée en voie de transformation contestable en appareil d'État, sous protectorat américain militaire et policier agréé par les Nations unies.

Ce qui reste particulièrement américain dans ce rapport, c'est la croyance dans les « recettes », aussi présente chez les « civils » que chez les militaires. Ses suggestions attestent bien, en effet, d'une croyance dans la possibilité de passer des massacres à la Bugeaud au protectorat à la Lyautey, comme si les guerres n'étaient pas des processus historiques à mémoire longue et qu'on puisse tout remettre à zéro en nettoyant le laboratoire pour engager une nouvelle expérience ayant fait ses preuves. La sollicitation de la Syrie, de l'Iran et des autres pays pour constituer un hypothétique Irak International Support Group était ainsi une demande naïve de contribuer globalement au rétablissement de l'ordre par un accord diplomatique — visant à promouvoir un jeu semi-coopératif entre plusieurs types de partisans d'une restauration policière des États, lancée en effaçant tout le passé politique (objectif rendu définitivement obsolète par les soulèvements démocratiques arabes de 2011).

Mais, dès décembre 2006, dans une déclaration à CNN, le président irakien Jalal Talabani rejetait le rapport, qu'il considérait comme « très dangereux pour la souveraineté de l'Irak » parce qu'il recommandait une loi autorisant la réintégration de milliers de fonctionnaires de Saddam Hussein dans les services publics — opération qui aurait probablement été utile à la remise en route des technostructures nationales. Il est probable toutefois que l'obstacle le plus grave à l'instauration d'une authentique souveraineté irakienne — pourtant préconisée par l'Irak Study Group — était l'impératif formulé dans le chapitre introductif de son rapport et dans sa proposition n° 63 de « continuer la guerre d'Irak jusqu'à ce que les compagnies pétrolières américaines se soient vu reconnaître un accès légal à tous les champs pétroliers irakiens [15] ».

La pression des militaires : le *Field Manual* du général Petraeus et ses références coloniales françaises. — Un deuxième facteur important — et peut-être principal — du tournant (tardif) de la stratégie américaine en Irak en 2007 a été la publication en décembre 2006 par le Pentagone du *Counterinsurgency Field Manual* des généraux David Petraeus et James Amos (ce dernier du corps des *marines*), prônant un changement de la doctrine d'emploi des forces [16]. Étonnamment — surtout pour un lecteur français —, ce « manuel » est pétri de la culture coloniale française. Dans les années 1960, les théoriciens de la guerre d'Algérie étaient considérés aux États-Unis comme des auteurs cohérents et brillants de la théorie de la guerre anti-insurrectionnelle. Et, dans une surprenante continuité de la culture militaire américaine, leurs travaux constituent près d'un demi-siècle plus tard une source encore considérée comme la meilleure pour compenser l'échec irakien par des recettes sûres et pour reconstruire par la suite la stratégie afghane.

Dans une première « version finale » de ce document doctrinaire, diffusée le 16 juin 2006 et retirée des archives par la suite, figurait ainsi en exergue de son introduction une citation ambiguë de David Galula (en anglais), définissant une « doctrine » militaire non pas comme le résultat d'un compromis élaboré par tous les individus composant une organisation, mais plutôt comme un art cybernétique, supposant l'autorité centrale d'un pouvoir exécutif fort plutôt qu'un consensus national : « Avant tout, une doctrine est d'abord la réponse pratique au problème de canaliser tous les efforts dans une direction unique [17]. » L'œuvre de ce colonel

15 Antonia Juhasz, « It's still about oil in Iraq », *The Los Angeles Times*, 8 décembre 2008.

16 David H. Petraeus et James F. Amos (dir.), *Counterinsurgency Field Manual*, *op. cit.*

17 « Si les membres individuels des organisations partageaient le même esprit, si chaque organisation fonctionnait selon un modèle unique, le problème serait résolu. N'est-ce pas précisément ce que devrait être l'objectif d'une doctrine cohérente, bien comprise et partagée ? Avant tout, une doctrine est d'abord la réponse pratique au problème de canaliser tous les efforts dans une direction unique » [« If

français, ayant servi en Kabylie pendant la guerre d'indépendance algérienne, était restée largement méconnue en France, mais elle était appréciée de longue date par les militaires américains. Elle avait trouvé chez eux un grand écho après la publication initiale en anglais, en 1963, de son livre *Contre-insurrection* par la Rand Corporation (*think tank* jouant depuis 1945 un rôle majeur dans l'élaboration des doctrines militaires du Pentagone) — lequel ne fut traduit en français qu'en 2008, à la suite de cette résurrection américaine des théoriciens français des guerres coloniales [18].

À l'époque, le travail de Galula n'était que l'une des formalisations de la fameuse « doctrine de la guerre révolutionnaire » (DGR), théorisée très officiellement au sein de l'armée française et aux plus hauts sommets de l'État, à la fin des années 1950, pour faire face aux insurrections anticoloniales en Indochine, au Cameroun ou en Algérie, par des « officiers intellectuels » comme les colonels Charles Lacheroy ou Roger Trinquier [19]. Très schématiquement, le principe clé de la DGR était de combiner deux modes incompatibles d'action militaire dans l'empire colonial français face aux soulèvements anticolonialistes de l'après-guerre : le premier objectif (humaniste et affiché) consistait à « gagner les cœurs et les esprits » de la population — dans la tradition de Lyautey et de Gallieni —, à la fois par l'« action psychologique » (propagande) et par des initiatives sociales, comme si on était au début de la conquête ; le second (criminel et clandestin) visait à isoler et à éradiquer les

---

the individual members of the organizations were of the same mind, if every organization worked according to a standard pattern, the problem would be solved. Is this not precisely what a coherent, well-understood, and accepted doctrine would tend to achieve ? More than anything else, a doctrine appears to be the practical answer to the problem of how to channel efforts in a single direction » (*Field Manual 3-24, Final Draft. Not for Implementation*, 16 juin 2006)].

18 Lieutenant-colonel David GALULA, *Contre-insurrection. Théorie et pratique*, Economica, Paris, 2008. Galula, capitaine d'août 1956 à août 1958 à la tête de la 3ᵉ compagnie du 45ᵉ bataillon d'infanterie coloniale, se distingua dans le Djebel Mimoun, en Kabylie, par la mise en application de techniques de contre-insurrection apprises dans ses expériences antérieures (en Chine, dans les Balkans, en Indochine et aux Philippines), qui lui permirent d'éliminer un temps l'insurrection dans ce secteur.

19 Colonel Roger TRINQUIER, *La Guerre moderne*, La Table ronde, Paris, 1961 (rééd. Economica, Paris, 2008).

éléments subversifs « contaminants » par des moyens « chirurgicaux » (torture systématique, exécutions extrajudiciaires, quadrillage et déplacements de populations, etc.). Déjà à l'époque de la guerre d'Indochine et de la guerre d'Algérie, la contradiction stratégique entre la recette de Gallieni-Lyautey et celle de Trinquier-Lacheroy était doublée d'une absurdité politique majeure, puisque le communisme, présent au Viêt-Nam, n'était pour rien dans le soulèvement national algérien.

La fin de l'empire français était d'ailleurs à l'ordre du jour du gaullisme — même si l'indépendance de l'Algérie a pris du temps. En 1960, le général de Gaulle (président de la République depuis 1958) se résolut ainsi à mettre à l'écart les principaux officiers théoriciens de la DGR, parce qu'ils étaient au cœur des menées antirépublicaines de certains chefs de l'armée française prêts au coup d'État pour garder l'Algérie française — et maintenir un régime antidémocratique et fascisant sur une partie du territoire national. La DGR a alors été éliminée des horizons stratégiques de l'armée, en même temps que l'empire, au profit de la dissuasion nucléaire « du faible au fort » qui recadrait la défense face à l'adversaire soviétique et au champ bipolaire de la menace globale (dont celle d'un protectorat des États-Unis).

Pourtant, peu après cette mutation française, grâce notamment aux travaux de David Galula, la DGR est devenue une référence pour l'armée américaine, alors engagée dans la guerre du Viêt-Nam [20]. Et, depuis, cette référence théorique, qui servit aussi aux dictatures latino-américaines soutenues par Washington dans les années 1960 et 1970, est toujours restée présente dans la mémoire des stratèges américains. C'est pourquoi, plus de quarante ans plus tard, on retrouve dans le *Field Manual* du général David Petraeus, de façon explicite, la référence au versant « action psychologique » de la DGR. La continuité de l'esprit de « recette » de l'école américaine explique ainsi que ces contributions théoriques s'appliquent

20 C'est sur ses fondements que fut conduite en 1969 la terrible « Opération Phoenix », qui fit plus de 20 000 morts (*cf.* Marie-Monique Robin, *Escadrons de la mort, l'école française*, La Découverte, Paris, 2008, p. 254).

désormais aux guerres du Moyen-Orient. Dans l'interview de Petraeus servant de préface à la tardive édition française de *Contre-insurrection*, le traducteur souligne que, pour Galula, « contrairement à la guerre conventionnelle au cours de laquelle le principal enjeu est la puissance respective des adversaires, toutes les actions de contre-insurrection doivent avoir pour but la protection de la population indigène ». On reconnaît là une des traditions de son arme (l'infanterie de marine) et de l'héritage de Joseph Gallieni, celle d'un colonialisme conquérant offensif et néanmoins « éclairé » (jusqu'à un certain point) par l'humanisme républicain et par le défi lancé aux régimes violents et féodaux subsistant dans les zones considérées « à pacifier » par les conquérants coloniaux. Dans cette optique, si l'on veut conquérir une population, il faut la protéger contre ses anciens maîtres dont elle a été « libérée » par la République.

Mais, même sans répéter l'édit romain de Caracalla [21] en accordant la citoyenneté de l'empire aux Algériens d'hier ou aux Irakiens d'aujourd'hui, cette formule est toujours restée une impasse. Ce discours conquérant colonial, quelles qu'en aient été, au XIXe siècle et jusqu'à la Première Guerre mondiale, la sincérité idéologique, la pertinence stratégique, voire la légitimité populiste, ne pouvait en effet contrer efficacement les soulèvements anticolonialistes après la déchéance des systèmes coloniaux en Indochine ou en Algérie. Et, du côté français, on sait désormais depuis plusieurs générations que la vision politique affichée par la DGR n'avait déjà, dans l'Algérie coloniale, plus aucun sens quand on prétendait habiller de démocratie la répression militaire de type policier : la motivation avancée de « lutte politique contre le communisme » se trompait simplement d'ennemi. Cette référence a encore moins de sens aujourd'hui, s'agissant des expéditions de reconquête néo-impériale sponsorisées par les conservateurs américains dans l'après-bipolarité. Car ces expéditions n'ont plus pour but de conquérir et de protéger les populations, ni de leur permettre de

21 En 212 après J.-C., cet édit de l'empereur Caracalla, accorda la citoyenneté romaine à tous les hommes libres de l'Empire romain qui ne l'avaient pas encore.

construire elles-mêmes de vraies démocraties : « libérer » les peuples de leurs tyrans ne constitue plus le but politique, il s'agit simplement de les pousser à rejoindre la globalisation capitaliste en se soumettant aux lois du libre marché [22].

Paradoxalement, la révérence du général Petraeus pour l'école française manifeste donc un respect pour un but de guerre archaïque, la conquête coloniale, la modernisation traditionaliste à la Lyautey, qui n'a rien de commun avec les buts de guerre sans politique des présidences néolibérales américaines. Si on n'admet pas qu'une stratégie militaire doit se définir par rapport à des buts politiques et si on en fait un art technique fondé sur l'idée que les « indigènes » ne comprennent pas les enjeux des interventions militaires qu'ils subissent, on développe forcément une représentation policière de la guerre — une définition infrapolitique de la répression, fondée sur la croyance en l'imbécillité, sinon de l'adversaire, du moins de la population qui le soutient. C'est ce qui arrive à tout lecteur de Galula qui souhaiterait en faire un théoricien égal à Clausewitz. L'éloge que lui rendait en 2008 le préfacier de l'édition française de son livre montre ainsi que le manque de culture historique du discours américain de la guerre produit surtout de la confusion, conduisant à faire l'éloge de Galula comme « un excellent théoricien et un brillant acteur de la contre-insurrection », un « policier perspicace ». Alors que, comme ses pairs de l'époque, il n'a remporté des succès, un temps, qu'en tant que militaire de la coloniale connaissant et comprenant (peut-être) certains aspects de la Kabylie — et que, comme les autres, il a perdu stratégiquement la guerre d'Algérie. Du moins Galula croyait-il au but politique de guerre : conserver l'Algérie dans la République.

À la fin des années 2000, l'intérêt renouvelé des stratèges américains pour les anciens théoriciens français de la répression contre-insurrectionnelle a donné lieu en France à des études militaires

---

22 Le manuel de Petraeus a pourtant été naïvement loué par une certaine gauche anglo-saxonne, qui a salué l'idée qu'il ne fallait pas massacrer les civils si on voulait les rallier politiquement. Et cette adhésion relative s'est poursuivie sous Obama, dont cette gauche a espéré qu'il pourrait donner un vrai sens « humaniste » aux thèses de Petraeus.

descriptives sur la question, qui ont au moins le mérite pédagogique de décrire cette étrange résurgence [23]. Mais il faut réaffirmer que la généralisation des tactiques de la DGR, avec les meilleures intentions policières du monde, aboutit nécessairement à l'enfer de l'impasse stratégique : ce fut le cas en Algérie pour la France coloniale tardive et pour les États-Unis au Viêt-Nam. Et cela vaudra ensuite pour les États-Unis en Irak, en Afghanistan et ailleurs, tant que la libération d'un peuple sera considérée comme relevant d'un accouchement aux forceps de son adhésion à l'économie de libre marché, suivi de sa mise en couveuse électronique dans la douceur financière de la globalisation néolibérale.

Le *surge*, ou l'afflux des forces dans le cas irakien. — La nouvelle doctrine COIN (contre-insurrection) du général Petraeus, adossée au rapport Hamilton-Baker, préconisait d'en finir avec les erreurs stratégiques et politiques liées à l'emploi indiscriminé des assauts urbains brutaux et des frappes aériennes touchant durement la population civile au lieu de la protéger. Cette réforme « galuléenne » fut engagée en Irak dès février 2007, sous les ordres de Petraeus, promu commandant en chef de la Multinational Force-Iraq (MNFI). Elle fut soutenue par l'afflux de nouveaux effectifs (*surge*), décision stratégique de George W. Bush élaborée, parallèlement aux travaux de Petraeus, avec divers groupes de travail, dont le plus important n'était pas strictement militaire. Comme on l'a déjà évoqué, ce tournant avait été proposé par un *think tank* néoconservateur bien connu, l'American Enterprise Institute, dont le rapport fut présenté au président le 14 décembre 2006 par son auteur Frederick Kagan, réputé être l'inventeur du *surge*. Ce rapport expliquait « comment les États-Unis pouvaient vaincre en Irak et pourquoi la victoire [était] la seule issue acceptable ». Préconisant un « afflux de forces destiné à sécuriser et à protéger des zones critiques dans Bagdad », il admettait la nécessité

---

23 Bertrand VALEYRE et Alexandre GUÉRIN, *De Galula à Petraeus. L'héritage français dans la doctrine américaine de contre-insurrection, Cahier de la recherche doctrinale,* Centre de doctrine d'emploi des forces/Ministère de la Défense, Paris, mai 2009.

d'augmenter les effectifs sur le terrain de la guerre urbaine, afin de pouvoir maintenir dans le temps et dans l'espace les équilibres sécuritaires locaux nécessaires à la pacification.

Mais, dominé par l'idée de victoire, le projet comportait une aile offensive d'un autre ordre, annoncée en janvier 2007 par George W. Bush dans une émission de télévision intitulée « The New Way Forwards ». Le projet de *surge*, expliqua-t-il alors, consistait à mobiliser 20 000 hommes de troupe supplémentaires, soit cinq brigades, destinées en grande partie à agir à Bagdad. En outre, il prévoyait une augmentation des effectifs par l'allongement de la période de mission en Irak de la plupart des soldats de l'armée de terre. Mais, surtout, il annonçait un renfort de 4 000 *marines* en soutien d'une opération engagée dans la province d'Anbar, « où des terroristes d'Al-Qaida se sont rassemblés et où des forces locales ont commencé à montrer une volonté de les combattre » : « Nous n'avons pas repoussé Al-Qaida de ses zones de sécurité en Afghanistan seulement pour la laisser installer de nouvelles zones de sécurité dans un Irak libre. » Bush inscrivait ainsi le *surge* irakien dans la guerre punitive lancée contre Al-Qaida en Afghanistan, opération publicitaire qui visait à brouiller l'entendement du peuple américain. Et qui laissait présager l'impossibilité de transformer d'un coup le corps expéditionnaire et les contingents de *marines*, formés au combat à tuer, en partisans humanistes subtils de la construction démocratique à partir de l'adhésion de la population aux troupes d'occupation.

Cette opération permit l'expulsion des quelques réseaux d'Al-Qaida et amena une certaine reprise en main de la sécurité dans les villes irakiennes. Mais ce fut surtout grâce à un rapprochement politique avec certaines fractions de la Résistance sunnite nationaliste, voire anti-islamiste, qui restait cependant antiaméricaine : ces groupes décidèrent alors d'en finir avec l'intromission de commandos d'Al-Qaida dans le chaos irakien et d'assurer, avec la garantie américaine, le retour d'une légitimité localisée des groupes « sunnites baathistes », les seuls ne pouvant réclamer une partition géographique aussi claire que celle souhaitée par les Kurdes du Nord ou les chiites du Sud. Au lendemain de ce succès localisé, la

Petraeus sauveur de l'Irak [a] ?

Si quelqu'un peut sauver l'Irak, c'est David H. Petraeus, le dernier des généraux du style « on va y arriver ». Installé à Bagdad depuis le début du mois, il a commencé à retrousser ses manches avec son équipe. La question posée pour les livres d'histoire est la suivante : sera-t-il, par ses connaissances et son volontarisme, l'alchimiste capable de fusionner les éléments d'une stratégie moribonde et d'effacer la plus grande erreur des États-Unis depuis la guerre du Viêt-Nam ? Ou bien un succès en Irak exige-t-il davantage que ce qui est humainement possible ? Nombre des plus ardents partisans de Petraeus redoutent que sa nouvelle affectation corresponde à une mission impossible. [...]
Petraeus est presque le seul chef militaire important qui maîtrise pleinement à la fois la théorie et la pratique de la guerre contre-insurrectionnelle. Au cours de ses deux premières missions en Irak, il a établi une sécurité relative et a accéléré les réformes économiques et politiques dans les provinces de Mossoul et Ninive ; et il a ensuite pris en charge l'entraînement par la coalition des troupes irakiennes. Il a intégré les leçons de ces expériences directement dans le nouveau manuel de contre-insurrection, le *Field Manual 3-24*, dont il a supervisé l'élaboration. Ce manuel vise à amener l'armée à penser autrement la conduite de la guerre. Et c'est pourquoi, en tant que directrice d'un centre des droits de l'homme, j'ai soutenu ses efforts en codirigeant le séminaire de révision de la doctrine et en aidant à la mise en forme du manuel. [...]
Pour vaincre, dit le manuel, il est indispensable d'assurer avant tout la sécurité et le bien-être de la population civile — le centre de gravité de ce type de guerres. Les forces contre-insurrectionnelles doivent s'intégrer à la population en acceptant plus de risques physiques pour les soldats et en utilisant d'autres outils : l'argent, l'assistance humanitaire et la construction de projets [de développement] sont des instruments très importants pour l'issue du combat proprement dit.
La nouvelle stratégie du président Bush intitulée *surge* semble apparemment coïncider avec l'approche « contre-insurrectionnelle » de Petraeus : assurer la sécurité des populations et permettre au gouvernement local de fonctionner. Mais, si on

compare les deux stratégies, on ne peut tirer qu'une conclusion : l'une ne découle pas de l'autre. Le plan Bush est entravé par trois déficiences principales : trop peu de forces contre-insurrectionnelles alliées et irakiennes ; insuffisance des efforts américains de promotion des réformes économiques et politiques ; institutions irakiennes corrompues ou inadéquates (*feckless*). La stratégie du gouvernement a certes changé, mais pas les éléments sur lesquels elle s'appuie. Même si le général demande à sa chaîne de commandement de pallier ces manques, il est peu probable qu'elle y parvienne durablement.

a. Extraits d'un article de Sarah Sewall, « Petraeus in the field. He wrote the book. Can he follow it ? », *The Washington Post*, 25 février 2007.

question s'est rapidement posée de savoir si cet équilibre pourrait subsister après l'inévitable retrait des troupes américaines. Le succès final de la stratégie du *surge* en Irak n'était donc absolument pas garanti et nombre d'observateurs estimaient que le troisième tournant stratégique était intervenu trop tard pour constituer le fondement d'un équilibre durable. Tel était le cas de l'influente universitaire Sarah Sewall, alors directrice du Carr Center for Human Rights Policy et future conseillère du candidat démocrate Barack Obama en 2008 (voir encadré).

9

Les fins de guerre de Barack Obama

Pour évaluer la stratégie d'Obama, il faut d'abord un effort d'évaluation « théorique » qui tende à dépersonnaliser le tournant entre les deux présidences. Dans la phase « retour à l'action militaire terrestre » lancée par Bush, l'ajustement stratégique tardif du tournant « Petraeus contre Rumsfeld » intervient sans doute trop tard en Irak pour obtenir une victoire, mais assez tôt pour donner à son successeur la faculté de se retirer d'Irak avec l'apparence d'un succès relatif. Ce tournant, on l'a vu, a été pris en mobilisant trois logiques politico-militaires distinctes, hétérogènes (Hamilton-Baker/Petraeus/*surge*). C'était un tournant difficile à prendre, surtout parce que ni une culture militaire nouvelle ni des entraînements adaptés, étrangers à la tradition des *marines* ou de l'Air Force, n'avaient eu le temps de s'imposer concrètement aux unités combattantes comme aux commandements régionaux (Centcom) et fonctionnels (Special Operation Command, SOCOM) ou aux pratiques de coordination des trois armes (USAF, USMC, US Army).

En outre, le but de la guerre d'Irak « mainmise des compagnies américaines sur le pétrole irakien » n'avait été abandonné par aucun des trois courants qui sponsorisaient la mutation stratégique. L'unité des trois sources de la mutation reposait toujours sur une valeur commune sincèrement « prédatrice », le même facteur d'unité que dans la phase antérieure, peu compatible avec le syndrome « constructeur » Lyautey-Gallieni. En Afghanistan, l'application de la doctrine galliéniste du *surge* était encore plus délicate à mettre en œuvre : elle se heurtait au fait que le but de guerre n'y était même pas unifié par un programme « prédateur pétrolier » exigeant de l'État central. Deux buts de guerre s'affrontaient sur la frontière pakistanaise : la vengeance contre Ben Laden, placée *de facto* sous la responsabilité de la CIA et du SOCOM plutôt que sous commandement militaire normal ; et la défense des droits de l'homme et de la femme, essentielle au niveau des missions de l'ONU, à l'origine de la présence des contingents de la coalition, en particulier de la France, et fondamentale au niveau de la présence symbolique et technique de l'OTAN, qui ne pouvait militairement défendre jusqu'au bout qu'un projet démocratique.

Conclusions théoriques sur les trois premiers ajustements tardifs

Dans cette configuration, sans refaire toute l'histoire des deux guerres, cinq remarques s'imposent d'abord pour éclairer la complexité de l'articulation théorique des buts de guerre, des doctrines d'emploi des forces, des pratiques de combat et des rapports avec la population locale.

1) Sans une vision politique réelle, il est impossible de transformer une pratique intelligente de la conquête militaire coloniale (Gallieni, Lyautey) en système défensif du colonialisme décadent (Galula, Trinquier), puis en syndrome policier d'une répression transnationale du désordre n'impliquant même plus la pacification. Espérer pouvoir convaincre une population locale, par ces transitions doctrinaires artificieuses, de l'issue heureuse de l'invasion, c'est bien là un glissement absurde qui ne résiste pas à une critique clausewitzienne, celle du bon sens.

2) Au long des ajustements de la grande stratégie américaine qu'on a relevés plus haut, la prédominance du « douhettisme » de l'Air

Force [1], transcrite à tous les niveaux d'opérations, est bien un des facteurs de continuité communs aux présidents successifs et il explique l'inadéquation de l'*imperium* américain à la production politique de paix. Dans ce contexte, certains se sont faits les avocats d'un démembrement complet de l'US Air Force (voir encadré). Divers lambeaux de la force aérienne seraient alors intégrés comme forces d'appui aux unités combattantes terrestres, en vue d'assurer la définition des nuances du ciblage et des frappes sous responsabilité du commandement opérationnel terrestre, réputé connaisseur du terrain.

3) Cette *interarméité* étant déjà le propre du corps des *marines*, qui possède depuis longtemps sa propre aviation d'appui, on sait bien, dans ce cas, qu'un tel dispositif n'est pas en soi une garantie de réforme des traditions de combat les plus brutales. La critique des performances négatives de l'Air Force n'implique donc pas que l'autonomie de l'armée de terre en moyens d'appui aérien produirait une adéquation supérieure des tactiques aux objectifs dans des opérations de paix. Elle pourrait avoir aussi pour conséquence politique d'éloigner l'action terrestre elle-même d'une intelligence politique du terrain : la disponibilité d'une aviation d'appui pourrait influencer l'armée de terre en la « douhettisant ».

L'important, dans une telle mutation, serait de la fonder sur une évolution *politique* de la pensée militaire de l'action à terre, qui privilégierait stratégiquement et politiquement la protection des populations dans les missions de *peace building* et de guerre urbaine. Cette orientation — appelons-la démocratique — ne peut venir que d'un pouvoir politique qui voudrait lancer de véritables opérations libératrices. Il ne s'agit donc pas d'une question militaire, mais d'une définition politique du but de guerre.

---

1 Le général italien Giulio Douhet (1869-1930), théoricien de la guerre aérienne, préconisait le bombardement à haute altitude pour la destruction des centres vitaux économiques de l'ennemi, mais également le bombardement direct des populations civiles pour briser leur moral. Ses théories, développées dans *Il dominio dell'aria* (1921, revu en 1927 ; traduit partiellement en français en 1932 sous le titre *La Guerre de l'air*, puis intégralement en 2007 sous le titre *La Maîtrise de l'air*), étaient appréciées par Mussolini. Elles ont été mises en œuvre, après sa mort, par les fascistes italiens et allemands dans la guerre d'Espagne (à Guernica). Les théories de Douhet ont eu une influence déterminante sur les doctrines contemporaines de l'US Air Force.

Abolir l'Air Force [a] ?

En août 2007, on a appris que des officiers de l'armée de terre britannique en Afghanistan avaient demandé qu'on mette fin aux frappes aériennes américaines dans la province de Helmand, parce que ces frappes y tuaient de trop nombreux civils. En Irak, selon l'étude des pertes civiles causées par la guerre, publiée par la revue médicale de renommée internationale *The Lancet* [b], les frappes aériennes avaient été responsables de quelque 13 % de ces pertes, soit entre 50 000 et 100 000 morts. L'US Air Force est-elle vraiment adaptée au monde de l'après-11 Septembre, un monde dans lequel la mission militaire des forces armées américaines met davantage l'accent sur le contre-terrorisme et la contre-insurrection ? Pas très bien. Même le nouveau manuel de contre-insurrection dont l'auteur est pour partie le général David H. Petraeus relève très précisément que l'utilisation excessive de l'arme aérienne dans un conflit anti-insurrectionnel peut mener au désastre. [...] Ce que l'Air Force sait faire de manière autonome, le bombardement aérien, n'est pas adapté à la guerre moderne ; ce qu'elle sait bien faire — les missions d'appui tactique — pourrait être bien mieux géré par l'armée de terre et la Marine. Il est temps d'en finir avec l'Air Force.

a. Extrait de l'article de Robert FARLEY, « Abolish the Air Force », *The American Prospect*, <www.prospect.org>, 22 octobre 2007.
b. *Cf.* Gilbert BURNHAM, Riyadh LAFTA, Shannon DOOCY et Les ROBERTS, « Mortality after the 2003 invasion of Iraq : a cross-sectional cluster sample survey », *The Lancet*, 11 octobre 2006 ; Gilbert BURNHAM et *al.*, « The human cost of the war in Iraq : a mortality study, 2002-2006. A supplement to the October 2006 *Lancet* study ».

4) Les militaires, engagés dans les guerres de répression sans fin, peuvent en effet devenir critiques des orientations politiques élaborées par le pouvoir civil comme conduisant à des situations militaires sans issue. C'est un peu ce que révèle le nouveau *Field Manual* de Petraeus. Les militaires peuvent professionnellement se rallier aux directives politiques et aux missions de *peace building*. Mais cela peut aussi mal tourner si les buts de guerre sont inchangés et si l'exigence de l'intelligence politique du terrain s'affaisse dans l'armée de terre, grâce à l'illusion de finesse que donne l'emploi en temps

réel des drones et autres robots, et des hélicoptères lourds de combat formant la cavalerie de secours du type western : plus rien ne pèserait alors du côté militaire en faveur d'une critique des guerres sans fin avec bavures.

La tradition destructrice unilatéraliste de l'Air Force date certes de la Seconde Guerre mondiale, mais ses racines vont chercher plus loin, dans l'esprit *hit and run* des cavaliers et des *marines*, dans la tradition génocidaire de la conquête de l'Ouest et dans la domination de l'Amérique latine par l'irruption côtière et portuaire et les coups d'État, parfois sous-traités, comme au Chili en 1973, aux forces aériennes locales. Sur cette question de l'Air Force, le débat stratégique et tactique *apolitique* de type behaviouriste anglo-saxon est en tout cas allé jusqu'au bout. Mais il faut compter avec le fait que ce démembrement de l'arme aérienne est presque impossible à imaginer, en raison du poids du lobby militaro-industriel qui soutient cette arme comme moteur de la modernité technico-militaire : un obstacle « économique ».

5) La critique formulée très nettement dans l'armée américaine elle-même fut donc bien celle de l'absence d'un but politique de guerre clairement défini, seul à même de conditionner rationnellement les objectifs militaires et leur coordination aux actions économiques et culturelles ayant une signification politique. Les chefs de l'Army ont plusieurs fois, respectueusement, demandé à l'exécutif de bien vouloir fixer en Irak des *interagency objectives* (objectifs interministériels), c'est-à-dire des buts politiques de guerre ayant un contenu économique et social, seul moyen de qualifier les succès tactiques ou stratégiques — et d'abaisser le taux de suicides chez les vétérans du *nonsense*.

Mais, de ce côté, ni le recours hors contexte historique aux doctrines de Galula ni le *Field Manual* de Petraeus n'apportaient une réponse. Les actions militaires des États-Unis (comme celles des pays européens qui les accompagnent) n'affichent rien de semblable à une tradition coloniale et n'imposent qu'un glissement absolu vers une culture policière, pour le triomphe de laquelle ils ne peuvent former ici ou là qu'une police militaire corrompue, la corruption faisant partout partie de la version pauvre du néolibéralisme.

À l'issue de ces remarques, une première conclusion s'impose : on doit définir les guerres « bushistes » comme « anticlausewitziennes ». Il est tout à fait cohérent que les guerres déclenchées par le néolibéralisme de guerre soient dépourvues de buts *politiques* au sens clausewitzien : elles se fondent sur des buts glissants, ondoyants comme les cours de la Bourse, car il n'y a pas de buts politiques sans politique sociale localisée et la fin des politiques sociales est ouvertement souhaitée par l'école néolibérale. Il lui restera à dire, pour aller jusqu'au bout de la liquidation de Clausewitz, que les tactiques sociales deviennent des buts de guerre purs ; et on sursautera devant cette énormité qui proclame implicitement la légitimité de toutes les guerres comme guerres civiles soumises à intervention impériale, détruisant l'État et créant toutes les variétés possibles de chaos ploutocratique néolibéral.

L'empire n'a plus besoin de buts politiques de guerre (*Zweck*), mais seulement de buts militaires de guerre (*Ziel*) — cette remarque elle-même manifeste que la survie de la théorie clausewitzienne est utile, ne serait-ce que pour la simple description critique des guerres de l'empire global. Mais alors à quoi peuvent bien servir ces guerres ? On ne peut l'évaluer qu'en observant leur fin, la forme de leur résultat.

Le nouveau président Obama, même en tentant de s'en dégager, ne pouvait que s'inscrire dans la logique du néolibéralisme de guerre de ses prédécesseurs républicains, alors que nombre d'observateurs entretenaient en 2008 l'illusion d'une prochaine rupture enfin « démocratique ». Nous avons vu comment Petraeus s'en tirait en Irak : grâce au *surge*, une réintégration des sunnites anti-Al-Qaida dans une coalition pouvant former avec les chiites et les Kurdes un ensemble tricommunautaire « stable ». Mais cette formule a explosé le jour même du départ des troupes américaines en décembre 2011. Examinons maintenant la sortie de guerre d'Afghanistan, telle qu'elle se présentait au début 2012.

L'accumulation des buts complexes : une guerre polysémique sans but majeur

La chronique des dix années de la guerre d'Afghanistan est plus grave encore que celle de la guerre d'Irak, dans la mesure où elle s'est déroulée sous mandat de l'ONU et avec l'engagement explicite de l'OTAN. Certes, cet engagement a été surtout technique, n'impliquant nullement un appui politique massif des Européens. Cette guerre de « démocratisation » aurait cependant pu être l'occasion, malgré la définition « vengeresse » de la mission première des forces américaines, de déployer une intelligence diplomatique particulière : on aurait pu imaginer d'avoir comme objectif de s'esquiver après avoir « suffisamment vengé » les attentats du 11 Septembre, avant que dix ans se soient écoulés, en profitant du fait qu'on n'avait pas dans ce cas à conserver des sites pétroliers et autres objectifs économiques — tout au plus un itinéraire de pipe-line. Comme on l'a vu, tel ne fut pas le cas, tant la logique des guerres sans fin avait imprégné les esprits des stratèges républicains du néolibéralisme de guerre. Cette agilité fut impossible du fait également que l'ONU elle-même portait témoignage d'un but de guerre devant aboutir à la sauvegarde des droits de l'homme et de la femme contre l'islamisme attribué aux Taliban (et qui imprégnait de fait la société patriarcale pachtoune). Ce devoir humanitaire remplissait en même temps la case de la vengeance contre le terrorisme global et celle du narcoterrorisme : la ruine de la paysannerie par la guerre, poussant à la culture du pavot comme ultime ressource exportable, transformait l'Afghanistan en une « Colombie de l'héroïne », pays doublement maudit puisque doté d'une « narcoguérilla islamiste ».

Certes, le retournement tardif de la doctrine militaire des États-Unis vers la doctrine Petraeus s'est poursuivi à partir de 2008 en Afghanistan, prenant la forme de la demande adressée aux Européens de s'engager plus avant dans les deux guerres (Irak et Afghanistan), sous des conditions stratégiques plus proches de leurs points de vue. Mais, comme il n'était pas question de remettre en cause la domination du commandement militaire américain, c'était aussi une tentative pour forcer les armées européennes « valables » à contribuer aux deux guerres, quelles qu'en soient les fins, et à rallier l'entreprise finale de la négociation et du retrait, quel qu'en soit le contenu politique. Il fallait en même temps maîtriser le rapport complexe de l'armée pakistanaise avec Al-Qaida et Ben Laden et utiliser la référence OTAN, pour la promotion de cette alliance, comme un organe capable de faire face à la nécessité de former des coalitions d'urgence pour des expéditions de maintien de l'ordre américain dans le monde entier.

C'était certainement trop demander à cette guerre, qui est devenue une *guerre à tout faire*, un lieu d'expérimentations de plusieurs types dont on peut se demander non seulement si elles servent les intérêts de la France, du Royaume-Uni, du Canada ou de l'Allemagne, mais même si elles servent réellement ceux des États-Unis, ou uniquement ceux du système mondial de gestion de la violence ubiquitaire et de promotion d'un armement répressif informatisé moderne.

Guerre AfPak et surge *:* *du général McChrystal au retour de Petraeus*

L'équipe d'Obama a pensé, malgré tout, que la stratégie de Petraeus — et même l'application de la recette irako-bosno-kosovare, selon Joe Biden (devenu vice-président des États-Unis) — permettrait de viser, en Irak comme en Afghanistan, au moins un succès « démocratique intercommunautaire » à même de sauver suffisamment les apparences pour envisager un retrait des troupes qui ne ressemblerait pas à la débandade du Viêt-Nam. Il n'en était pas moins difficile d'imposer la recette irakienne en Afghanistan, où Obama a concentré d'emblée ses efforts sur la recherche d'un certain succès politique et sur la victoire sur Ben Laden. Les différences profondes entre les sociétés irakienne et afghane s'opposent en effet à tout transfert d'une recette stéréotypée, qu'elle soit issue des stratégies coloniales ou des crises de l'après-guerre froide. C'est à cette considération critique qu'il faut donner ici quelque place.

Dès son discours inaugural de janvier 2009, Barack Obama n'annonçait aucune rupture véritable ; en affirmant la priorité accordée à la « guerre AfPak », nouvelle appellation de la guerre d'Afghanistan, il reconnaissait l'effacement de la frontière poreuse entre les zones tribales afghane et pakistanaise, mais ce n'était vraiment pas nouveau par rapport aux pratiques de la présidence Bush. Cela signifiait seulement qu'il espérait qu'une grande coalition internationale allait comprendre l'intérêt de mettre fin à cette guerre et accepterait de l'aider en ce sens. Il maintenait la définition EBAO des opérations en zone AfPak, en modérant seulement, à partir de la doctrine de Petraeus, l'utilisation indifférenciée des drones et des frappes aériennes contre les concentrations de population civiles suspectes, de façon à diminuer les dommages collatéraux en guise de préalable à une négociation plus humanisée.

C'est dans ce contexte que le *surge* avait semblé un acquis valable pour la nouvelle administration Obama. En Irak et en Afghanistan, les deux *surge* avaient été confiés depuis avril 2008 par l'administration Bush au général Petraeus, nommé à la tête du Centcom. Dès le 18 février 2009, Obama, qui maintint Petraeus à ce poste, annonçait le lancement d'un *surge* afghan : un renfort de 8 000 *marines* devait arriver sur le terrain vers la fin avril, 4 000 soldats supplémentaires, en été, dans le Nord et 5 000 dans le Sud, soit 17 000 hommes de renfort pour une offensive contre les zones talibanes les plus actives (notamment au sud dans la province de Kandahar). Le commandement de cette nouvelle phase est revenu au général Stanley McChrystal, nommé en juin 2009 par Obama à la tête de l'International Security Assistance Force (ISAF), organe chargé depuis 2001 des opérations de l'OTAN en Afghanistan.

La perspective d'un échec de cette stratégie, mise en œuvre loyalement par McChrystal mais ralentie par le rythme de l'afflux des renforts, a conduit ce dernier à dénoncer l'incapacité de l'entourage d'Obama à comprendre l'importance d'un envoi rapide des renforts pour bien assurer l'impact politique du tournant. Cette critique a abouti en juin 2010 à son limogeage (lequel parut presque accidentel), provoqué par la publication, qui fit scandale, d'une longue interview critique accordée par lui-même et ses collaborateurs au magazine *Rolling Stones* (dans la salle d'attente d'un aéroport, où tout le monde était bloqué par l'éruption de cendres d'un volcan islandais) [2]. Il fut alors remplacé d'urgence par Petraeus, soudain rétrogradé du commandement du Centcom au commandement de l'« AfPak War » pour appliquer lui-même en Afghanistan sa doctrine rodée en Irak.

Les médias américains qui reflétaient le point de vue stéréotypé de l'opinion républicaine firent alors l'éloge de la translation de cette doctrine qui « avait fait ses preuves » en Irak tout en défendant McChrystal. « Le *surge* irakien doit maintenant être retaillé sur mesure pour l'Afghanistan », titrait ainsi en octobre 2009 l'éditorialiste de la feuille néoconservatrice *The Washington Examiner* : « Beaucoup de gens à Washington paraissent incapables de former une simple phrase comme "le *surge* a bien marché en Irak". Ils ont donc du mal à apprendre leur leçon et à l'appliquer, avec les ajustements nécessaires, à l'environnement très différent de l'Afghanistan. Et pourtant, certaines leçons sont à la fois claires et simples. Le rapport du général McChrystal sur la situation en Afghanistan est une tentative sérieuse pour y mettre en application un changement de stratégie comparable [3]. »

Le 1er décembre 2009, le président Obama annonçait finalement une relance du *surge* par l'envoi de 30 000 hommes supplémentaires au cours des six prochains mois. Mais il fixait également la date du retrait définitif d'Afghanistan à 2014.

Le non-rôle de la France. — Même si l'ensemble de l'orientation nouvelle avait été communiqué aux alliés et approuvé, sous Bush, lors du sommet de l'OTAN à Bucarest, en avril 2008, et bien qu'elle fût conforme au cours nouveau impulsé par Petraeus en Irak par son *Field Manual*, on sait bien que, sur le terrain, tout est dans le détail et dépend de l'application d'une

---

2 Michael Hastings, « The Runaway General », <www.rollingstone.com>, 22 juin 2010.

3 Kimberly Kagan, « Iraq "surge" should be tailored for Afghanistan », *Washington Examiner*, 11 octobre 2009.

stratégie par les hommes de terrain et de leur capacité à faire preuve sur ordre d'une intelligence politique des combats tactiques.

Une parenthèse s'impose ici sur le rôle de la France. Seize mois après l'avènement d'Obama, le retour de la France au sein des commandements militaires intégrés de l'OTAN (lors du sommet de Strasbourg-Kehl d'avril 2009) et sa participation décidément militaire à la guerre d'Afghanistan pouvaient laisser penser qu'un savoir-faire particulier, reconnu aux casques bleus français, pourrait contribuer à apaiser l'hostilité populaire irrépressible des Afghans envers tous les envahisseurs armés. Le *Field Manual* du général Petraeus, on l'a vu, avait promu l'école de Gallieni et de Lyautey et inspirait donc d'en haut, par sa doctrine, la gestion des deux guerres dans un sens plus humain, visant à éviter les « bavures ». La France, qui s'était à l'origine chargée surtout d'assurer, sous mission de l'ONU, la sécurité de la reconstruction de l'État afghan, pourrait-elle peser dans le sens d'une amélioration de ces programmes, qui sombraient depuis le début dans la corruption et les détournements de fonds ? Était-il possible d'influencer le commandement opérationnel purement américain vers des tactiques plus informées et des objectifs politiques et économiques plus clairs ? Tel ne fut pas le cas, comme l'analysera en juillet 2010 (au lendemain de l'éviction de McChrystal) le général Vincent Desportes, ancien commandant du Centre de doctrine et d'emploi des forces et alors commandant le Collège interarmées de défense, dans une interview au *Monde* : « C'est une guerre américaine, dans laquelle la France n'a pas droit à la parole [4] » — ce que tous les observateurs avertis avaient d'ailleurs bien compris.

L'autonomie des opérations spéciales et la mort de Ben Laden. — En même temps que ce *surge* chaotique, l'intensification des opérations américaines en territoire pakistanais, qui correspondait bien à l'orientation symbolisée par le nouveau nom de la guerre AfPak et qui n'avait rien à voir avec l'OTAN ni avec le

4 Nathalie Guibert, « Général Vincent Desportes : "On ne peut pas faire la guerre contre le moral des soldats" », *Le Monde*, 2 juillet 2010.

surge, démontrait que les États-Unis, et en tout cas leurs services spéciaux, restaient les responsables autonomes de l'ensemble de la guerre et que l'influence des Français ou des autres membres de la coalition était pratiquement inexistante sur le plan stratégique.

Quand enfin, en 2011, l'administration Obama décida d'en finir avec Oussama Ben Laden, dont le séjour au Pakistan (très probablement sous protection d'une partie des services spéciaux pakistanais) se prolongeait sans que la CIA et le Special Operation Command parviennent à aucun succès dans leur traque du « cerveau » présumé des attentats du 11 Septembre. Cette traque s'est terminée le 2 mai 2011 par son assassinat ciblé, ce qui a évidemment exigé une sérieuse reprise en main des services de renseignements, car ceux-ci n'obéissaient plus clairement ni au président ni au commandement militaire du Centcom. Si bien qu'Obama a opéré un mouvement très particulier, en nommant à ce moment-là le général Petraeus à la tête de la CIA (il est entré en fonction en septembre 2011), tandis que son prédécesseur, Leon Panetta, était nommé secrétaire à la Défense en juillet 2011. Ces mouvements ne peuvent se comprendre qu'en faisant l'hypothèse d'une série de contradictions graves au niveau des services, qui avait été jusqu'à troubler l'ordre et la discipline des organes spécialisés de l'exécutif. Il ne faut pas être grand clerc, en effet, pour comprendre que nommer un « militaire fidèle » à la tête des services de renseignements civils (la CIA) et nommer un spécialiste de la CIA à la tête de tout l'appareil militaire (donc des services spéciaux du SOCOM) sont des mesures qui révèlent une reprise en main à la suite d'une crise grave de la discipline des services.

La promotion de l'OTAN par la guerre d'Afghanistan

On saura sans doute un jour si Ben Laden n'a pas été laissé tranquille dans sa retraite pakistanaise par l'administration Bush, intéressée à maintenir en vie l'ennemi universel qui lui avait permis de promouvoir à la fois la politique de gouvernance insécuritaire et l'outil stratégique de l'OTAN comme système global de projection de force hors limites. Ce qui est sûr, c'est que la guerre d'Afghanistan a servi à la promotion de l'OTAN autant que celle-ci a servi à la promotion de la guerre d'Afghanistan, et que l'Organisation du traité de l'Atlantique-Nord vise à devenir le Conseil de sécurité postiche non pas de l'empire américain, mais plutôt de l'empire américain *global* cherchant à dominer l'ONU, restée une société des États-nations.

Pourquoi l'OTAN s'exhibe-t-elle en Afghanistan, alors que sa présence n'est pas nécessaire militairement et qu'elle ne correspond pas politiquement à l'unanimité requise pour une opération militaire atlantique consensuelle ? Il ne faut pas se poser la question en termes militaires et stratégiques, car les Américains y sont clairement les seuls maîtres du jeu. Mais, du point de vue des entreprises transnationales, cet exercice militaire confirme la définition de cette organisation comme une firme d'assurance globale. Ce n'est pas l'Afghanistan qui tire avantage de la présence de l'OTAN, mais l'OTAN qui tire avantage de sa présence en Afghanistan. Cette option vise à transformer progressivement l'OTAN en une fabrique de coalitions à vocation globale, pouvant organiser des guerres expéditionnaires dans le monde entier en créant l'apparence d'un consensus politique et militaire unifié par une doctrine américaine de l'ordre mondial intitulée, pour l'OTAN, « concept stratégique de l'OTAN ».

Les buts des opérations conduites sous l'égide de l'OTAN se sont multipliés jusqu'à couvrir, par l'éventualité d'interventions extérieures, une liste hétéroclite de menaces et de risques possibles, dont la nature « militaire » n'est pas obligatoire même s'ils promettent des troubles politiques et sociaux [5] : sabotage cybernétique, changements climatiques (montée du niveau de la mer, pénurie d'eau, sécheresse), terrorisme, violations des droits de l'homme,

5 Source : « The world's leading insurance market », Conférence organisée conjointement par l'OTAN et le Lloyd's of London, 1er octobre 2009 (cité par Diana Johnstone, *Le Monde diplomatique*, 18 novembre 2009 : compte rendu d'une conférence organisée par Les Amis du *Monde diplomatique* à Nice sur « L'OTAN du Kosovo à l'Afghanistan : guerres sans frontières »).

génocide, trafic de drogue, États faillis (*failed states*), piraterie, migrations, déclin probable de la production agricole, contrôle des sources d'énergie. Par sa pratique d'« assureur », liée ouvertement aux garanties de tous les risques imaginables pour l'économie mondiale, l'OTAN acquerrait donc la compétence et la cohérence d'un traité d'alliance militaire sécuritaire, bien différent de la Charte de l'Atlantique-Nord, sans qu'on ait besoin de réécrire et de signer un nouveau traité, avec les difficultés prévisibles en matière de débats et de ratification. Cet objectif d'une OTAN dominant l'ensemble des tâches de l'ONU et de l'Union européenne en matière de sécurité a été clairement conçu et organisé dès la présidence de Bill Clinton, même si la philosophie militariste et « préemptive » qui soutient ses objectifs date de celle de George W. Bush. C'est un processus continu, mené à bien à partir du Pentagone et de l'idée de transformation de la modernité militaire par homogénéisation des normes OTAN. Il s'est donc poursuivi sous la présidence Obama, avec des nuances mais sans rupture de philosophie politique et militaire.

En mars 2011, l'OTAN est parvenue à imposer sa marque sur la guerre de Libye, dans une intervention par frappes aériennes sur mandat de l'ONU qui paraît reproduire les impasses des guerres yougoslaves, mais dans un rôle « protecteur » des populations civiles réprimées par l'armée de Kadhafi. Cette intervention est l'exemple même de la lente transformation de sa mission initiale. Son intervention en Libye n'a plus aucun rapport avec la défense des États signataires du traité contre l'agression de leur territoire. L'affirmation de son nouveau rôle s'appuie désormais aussi « virtuellement » sur l'issue possible de la guerre d'Afghanistan et ses suites.

Les causes de l'impasse stratégique de la puissance militaire américaine

Malgré l'héritage pesant de George W. Bush, tout aurait dû changer avec l'élection de Barack Obama et c'est un fait que la mutation annoncée au cours de la campagne électorale n'a pas eu lieu au rythme attendu ; elle a même continué à s'embourber sur des points spécifiques. Au printemps 2011, Obama a restauré le statut du territoire de rétention de Guantanamo au lieu de fermer cette prison, symbole de la « guerre contre le terrorisme », comme il avait promis de le faire au cours de sa campagne électorale. Et, trois ans après son arrivée à la Maison-Blanche, le processus de paix en Palestine-Israël est toujours au point mort et les reculs américains face aux pressions du gouvernement israélien subsistent comme si l'Oncle Sam était *tenu* par M. Netanyahou.

Une doctrine de la « non-victoire ». — Cette paralysie est frappante. Elle exhibe une sorte de « doctrine de la non-victoire » ou de l'« insuccès permanent » de la principale puissance mondiale. Le président américain a paru s'être incliné devant le poids du capitalisme financier, reculant notamment sur son projet intérieur de sécurité sociale universelle. Et, par là même, il a perdu une partie de ses appuis populaires et de l'autonomie politique que lui avait donnés sa victoire. Certes, il est parvenu à faire payer British Petroleum pour sa pollution du golfe du Mexique et il s'est engagé bien plus résolument que l'Union européenne dans un processus de régulation des professions financières. Mais ce n'était pas suffisant pour élaborer, dans le même temps, des doctrines militaires pertinentes, c'est-à-dire comportant un but politique : le retour à la paix, ou même l'« extension de la démocratie » et le respect des droits de l'homme. L'élection d'Obama par le peuple américain paraissait présager un retour à la temporalité du vivant, à la politique sociale. On le voit s'embourber dans l'impasse stratégique qui révèle la robotisation de la puissance militaire et financière du système monde.

Quand, début 2011, ont soudain éclaté les révolutions démocratiques du monde arabe, la stratégie américaine en était arrivée, depuis quelques années, à formuler des doctrines d'emploi des forces sans buts politiques, mais seulement « sécuritaires », dans les conflits asymétriques qui constituent toutes des expériences totalement catastrophiques, menées et dirigées par les commandements américains ou leurs partenariats dictatoriaux dans la « zone de responsabilité » du Centcom qui couvre le Grand Moyen-Orient.

Les évolutions des doctrines d'emploi des forces, fixant missions et moyens, sont causes d'éventuelles incohérences, du fait, on l'a vu, de la non-conformité entre les buts politiques, les arsenaux en transformation permanente et les savoir-faire militaires considérés comme légitimes, qui restent fixés par l'enseignement et l'entraînement sur le terrain pendant des périodes incompressibles. Mais, plus généralement, aucun but politique visant au ralliement d'une population ne peut plus désormais faire partie d'une stratégie exclusivement dominée par la préservation des profits du secteur privé.

Des guerres menées au nom des performances de l'arsenal. — Devant cette incapacité de changement de stratégie militaire et politique des États-Unis, on peut parler de psychorigidité, mais ce n'est pas le simple produit d'une tradition d'arme, qu'elle soit fondée sur l'Air Force ou les *marines*, ou d'une culture politique ancienne. Cette rigidité est liée, d'une part, à la permanence du poids politique de l'industrie militaire en tant qu'industrie « de pointe » et, d'autre part, à l'idéologie du libre marché, de la concurrence entre entreprises interdisant la souveraineté des démocraties sociales. La branche des technologies militaires de pointe, très innovante et agile, est aussi le seul lieu de planification à long terme de l'industrie qui ne soit pas lié aux aléas du marché, mais à la continuité d'une demande d'empire plutôt que d'État : celle de moyens de répression violente. Fondée sur la surveillance et le ciblage précis, l'alliance entre le Pentagone et le lobby de l'armement est au cœur de l'aspect stalinien (planificateur autoritaire, militariste sans nuances et répressif hors la loi) du néolibéralisme de l'empire américain, qui n'a plus d'ennemi à sa taille, et de l'empire des usuriers globaux, qui n'a plus de définition politique à proposer comme morale du profit.

Le « caporal stratégique » robotisé de Rumsfeld, combattant le « voltigeur héroïque », terroriste archaïque, est une image assez réaliste de la guerre asymétrique sans fin. Les échecs stratégiques récurrents des guerres « impériales » américaines ont donc une cause systémique générale : la fameuse « révolution dans les affaires militaires » (liée aux mutations de l'arsenal modernisé par l'électronique ; voir *supra*, chapitre 5). Depuis son officialisation en 1994 sous Clinton, cette RMA a produit plusieurs générations de modernisation d'arsenaux, fruits d'ajustements stratégiques successifs. Ces ajustements ont modifié le rapport entre l'arsenal électronique et la doctrine d'emploi des forces, par des correctifs souvent tardifs par rapport aux expériences des unités et visant toujours à améliorer l'efficacité des systèmes d'armes (en innovant sur la finesse de l'information, la rapidité de l'intervention et du ciblage, la destruction en temps réel), plutôt qu'à modifier les doctrines en tirant les leçons des échecs politiques dérivant d'erreurs tactiques et stratégiques. Et cela alors même que le niveau des ressources techniques de l'adversaire n'a pas changé depuis la destruction de l'armée « soviétique » de Saddam Hussein en 1991 : il est demeuré centré sur la solidarité de la population, l'usage de la kalachnikov, l'agilité du voltigeur et les attentats à la voiture piégée ; le seul progrès récupéré par l'adversaire a été le recours au téléphone portable en guerre urbaine (pour surveiller les systèmes de surveillance ou faire exploser des bombes à distance). C'est pourquoi, en Irak comme en Afghanistan, la modernisation militaire américaine n'a abouti qu'à former des armées archaïques et corrompues formées de recrues mercenaires, souvent pauvres et illettrées, déserteurs potentiels, ou des armées « communautaires » vouées à organiser la guerre civile permanente.

La permanence de l'hégémonie doctrinaire de l'Air Force, dont les chefs militaires sont de longue date les plus ardents promoteurs des nouvelles technologies de guerre, est donc la trace d'une impuissance plus générale du gouvernement américain à échapper à la tentation de la destruction ciblée, en temps réel, grâce à la révolution informatique. D'où le paradoxe, lourd de conséquences, que cette prééminence de l'urgence planifie sans cesse une « guerre éclair de longue durée ». Cela pourrait passer pour un oxymore, mais la contradiction est dans les faits plus que dans les mots : elle réside dans les capacités mêmes de l'arsenal nouveau. Il faut donc l'assumer, au nom du libre marché de la violence. C'est ce que George W. Bush avait fait en proclamant, en vertu des performances de l'arsenal fabriqué par le complexe militaro-industriel américain (et israélien), une guerre antiterroriste asymétrique de trente ans.

Transformer partout les armées en polices ou restaurer la démocratie. — La guerre sans but politique menée contre une population, dont les prototypes contemporains sont fournis par celles conduites par Israël en Palestine ou par les États-Unis en Irak et en Afghanistan, est ce qui définit le mieux la transformation d'une armée en police dans l'empire global. C'est ce qu'a confirmé, au-delà des apparences, la politique de Washington au moment des « printemps arabes » qui ont provoqué début 2011 la chute de Ben Ali, Moubarak et Kadhafi. En Tunisie comme en Égypte et en Libye, faute de pouvoir préserver des régimes dictatoriaux, les États-Unis ont cherché à promouvoir des démocraties corrompues et policières comme systèmes locaux de l'ordre financier néolibéral, quitte à s'accommoder avec des partis islamistes conservateurs mais nullement hostiles aux avantages, pour les riches, de ces systèmes. Cette culture nouvelle de la violence sociale appliquée à la modernisation n'est sans doute qu'un chapitre provisoire de la destruction de Clausewitz accompagnant la destruction de la démocratie.

Déjà en 2001, il n'était pas très sérieux de revendiquer qu'une guerre expéditionnaire soit capable d'établir la démocratie grâce à une reconstruction liée à l'ouverture au marché international, sans aucune régulation politico-sociale au sein de l'État occupé. Mais avec la crise financière globale, depuis 2007, c'est devenu un mensonge flagrant : l'absence de politique sociale et le démantèlement des services publics, même sans guerre étrangère, même en Europe, peuvent mener plusieurs pays au bord de la guerre civile sous état d'urgence policière.

Contrairement à la conquête coloniale, la conquête policière ne sert pas à fonder la domination impériale par occupation militaire « pacifique » après une étape initiale fondée sur la terreur, effacée ensuite par la paix et la prospérité relatives qu'elle ramène, à condition de ne pas avoir détruit complètement les modes traditionnels de subsistance des peuples conquis (c'était bien là l'essence de tous les empires, de Rome jusqu'à Lyautey). L'hégémonie américaine contemporaine, à l'inverse, agit seulement comme un système « libérant le chaos » pour faire triompher les libertés marchandes, mais aussi pour détruire les anciens équilibres autoritaires de répartition de l'inégalité.

Même si les expéditions américaines des années 1990 et 2000 n'ont plus pour but la conquête coloniale irréversible d'un territoire ou d'une population, mais le seul maintien de l'ordre policier électronique, les États-Unis restent un empire. Plus que toute autre puissance mondiale, ils sont les seuls à prétendre, par leurs institutions militaires, dominer militairement le monde jusqu'à la zone la plus éloignée de leurs frontières, celle précisément du Centcom : c'est entre Russie et Chine, entre les terres de l'islam et de l'Inde, entre Afrique et Asie, qu'ils veulent que se joue sous leur contrôle l'avenir du monde.

La spirale inadéquate de la modernisation policière sous pression technologique ne peut que contribuer à l'affaiblissement du leadership militaire américain, tout en maintenant la capacité hégémonique du capital financier et des lobbies techno-industriels policiers, qui affrontent l'ennemi pour le détruire totalement, sans aucune perspective de négociation politique. C'est pourtant la grande question théorique à reformuler, en termes clausewitziens, à chaque génération d'armes : la guerre reste-t-elle toujours la transcription d'une politique par d'autres moyens ? Si les empires et les États cessent d'être les souverains responsables des guerres, de qui sont-elles les politiques ? C'est donc sur la théorie de la guerre et son sens éthique qu'on se replie, dans les chapitres suivants, pour sonder la substance et le sens de tous ces combats sans fin, et la manière dont ils peuvent être remis sous contrôle démocratique.

10

« Théorie » stratégique : destruction de Clausewitz ?

> « La stratégie est à la fois une pensée de l'agir (une pratique) et une pensée sur l'action (une théorie). Il existe un lien permanent entre ces deux pensées qui se nourrissent et se critiquent mutuellement en utilisant un langage [...] qui peut être commun, si le praticien pense son agir conformément à la théorie, érigée en doctrine, et [peut être] décalé, si pratique et théorie divergent, si l'une accuse un retard sur l'autre. »
>
> Général Lucien POIRIER [1].

Question simple : pourquoi les militaires américains se réclament-ils clairement, parfois désespérément, de Clausewitz chaque fois que la situation sur le terrain leur montre qu'ils gèrent une sorte de bévue de base, une absence de vues politique, économique et sociale de la finalité d'une guerre, défaut qu'ils attribuent aux responsables politiques ? Ils vivent mal qu'on ait conduit les soldats sur des champs de bataille informes et sans issue d'où sont bannis les héros, la victoire ou même le succès. On a beau leur expliquer que Clausewitz est démodé, qu'il faut devenir « sunziiste », que c'est plus moderne, plus rationnel, ils réclament toujours que le pouvoir d'État fixe des objectifs interministériels (*interagency*), c'est-à-dire pas seulement militaires et, au moins, socioéconomiques. Demande impossible, péché grave du point de vue des dirigeants de l'empire global. C'est pourtant une question considérable, car les militaires ne veulent

1 Lucien POIRIER, « Stratégie intégrale », *in* François GÉRÉ (dir.), *La Guerre totale*, Economica, Paris, 2001, p. 119. Ce chapitre est dédié au général Lucien Poirier, justement parce que certains l'ont critiqué comme « incompréhensible ».

pas mourir pour rien, mais pour donner la paix et la liberté à leur patrie.

La fin de la guerre comme « continuation de la politique par d'autres moyens » ?

Dans le système unifié du néolibéralisme économique, les cultures et les doctrines stratégiques capacitaires cherchent — et parviennent parfois — à détruire la représentation de la paix comme concept stratégique global et comme *fin* de la guerre. La représentation d'une stratégie globale, sans ennemi localisé, domine aux États-Unis depuis la fin de l'URSS. Une stratégie devenue doctrine, créant l'ennemi « terrorisme global » qu'elle se donne à maîtriser. Cette doctrine ne surveille plus ses abords, puisque l'ennemi localisé a disparu. Plus aucun danger stratégique ou doctrinaire à l'horizon, plus de ligne bleue des Vosges théorique. Car le terrorisme n'est pas un ennemi politique, mais une méthode de combat. C'est un ennemi purement militaire : une doctrine ennemie ? La guerre cesserait-elle alors d'être la « continuation de la politique par d'autres moyens », comme l'affirmait Clausewitz ? Oui, évidemment : s'il n'y a plus de fins politiques, de *Zwecke*, il ne reste plus que des objectifs militaires, des *Ziele* doctrinaires. La désignation d'un ennemi militaire global délocalisé unilatéral devient alors une tentative d'assassinat de la « formule » clausewitzienne.

Mais, en vérité, la politique ne disparaît pas du tout : elle grouille, au contraire, et même elle explose à toutes les échelles, là où les peuples tentent de restaurer de la souveraineté et d'échapper à la gouvernance insécuritaire des dictatures en tous genres en ramenant la démocratie. Ce qu'on ne sait plus très bien, en revanche, c'est de la politique de qui une guerre est aujourd'hui la « continuation ». Si on accepte la différence entre théorie et doctrine établie par Lucien Poirier (dans le passage cité en exergue), alors la théorie de Clausewitz est toujours valable, elle est « de nouveau » ou « comme toujours » en avance sur la doctrine et non pas en retard. Tandis que la doctrine postclausewitzienne est née d'une erreur théorique ou d'une désinformation.

La guerre d'Afghanistan est-elle la continuation d'une politique américaine ? D'une politique collective de l'OTAN ? D'une politique virtuelle de l'Union européenne ? Ou d'une politique du parti républicain que les démocrates n'arrivaient pas à arrêter ? Ou d'une politique pakistanaise ? Ou d'une politique d'Al-Qaida ? Ces questions légitimes, sans réponse univoque, n'impliquent pas pour autant l'obsolescence théorique de la formule de Clausewitz. Bien plus, c'est l'abandon de la pensée clausewitzienne sur l'importance du but politique qui explique les échecs militaires répétés des guerres expéditionnaires de l'empire global dans les années 1990 et 2000. C'est ce qu'on va montrer dans un premier point.

Mais la « formule » de Clausewitz n'est pas seulement une proposition théorique, c'est aussi une recommandation doctrinaire. Car l'identité politique complexe qui gagne une guerre doit être en tout cas dotée d'une « bonne raison » politique de se battre. L'identité qui a perdu la guerre en manquait, car la volonté de combattre, au niveau des combattants armés, du peuple ou des dirigeants, s'y est épuisée plus vite. L'évaluation de ce que Clausewitz appelle la grandeur politique du but de guerre est toujours la mesure de la volonté populaire de poursuivre le combat, volonté déterminante de la relation des forces stratégiques, aussi déterminante — et même plus — que l'arsenal dominant, comme l'ont encore montré depuis les années 1990 une série de guerres et de soulèvements totalement asymétriques. Cette volonté de résister compense la dissymétrie dans la guerre défensive d'un peuple envahi. C'est la définition de la victoire chez Clausewitz : elle ne va pas seulement à l'armée qui remporte la bataille décisive, mais au camp qui reste fidèle à la fin politique de sa guerre plus longtemps que l'autre. Qui résiste remporte à la fois la dernière bataille de la guerre et la paix.

L'actualité du chapitre 1 du Livre I du De la guerre *de Clausewitz*

C'est pourquoi le chapitre 1 du Livre I du *De la guerre* de Clausewitz reste un texte de base, qui a la vertu d'être condensé comme un texte chinois ancien. Clausewitz l'a écrit peu avant sa mort (en 1831, victime du choléra). Il a lui-même considéré ce chapitre comme la plus parfaite expression de sa pensée, indépendante de l'histoire contingente des guerres. Ce chapitre, par son abstraction, est porteur de développements théoriques concernant des situations que Clausewitz ne pouvait prévoir, mais qu'il avait conceptualisées comme des cas limites (la guerre sans aucune durée, la défense comme bouclier formé de coups habilement donnés, le contraire de la fortification, etc.). En critiquant au passage la lecture de Clausewitz par Raymond Aron [2], nous allons donc revoir la question des deux codes de la guerre (l'escalade sans limites et la suspension de l'acte de guerre), puis la reprise de trois grandes définitions de la guerre par Clausewitz et leur pertinence maintenue dans les métamorphoses stratégiques actuelles.

Raymond Aron centre son analyse sur l'existence chez Clausewitz de deux définitions de la guerre et sur l'idée d'une contradiction insoluble entre ces deux définitions. La première, « duelle », voit la guerre comme violence réciproque dans un duel ; elle date de 1816, et lui paraît entraîner, à elle seule, la tendance à la « montée aux extrêmes » qui a souvent servi à caricaturer Clausewitz. La seconde, la définition « trinitaire » (violence originelle des masses populaires ; jeu des probabilités des commandements militaires ; instrument de la politique du pouvoir rationnel), datant de la fin de sa vie, lui permettrait seule, selon Aron, d'articuler théoriquement la désescalade et la fin de la guerre, du fait de la raison souveraine s'imposant par la politique.

Mais on peut montrer que, dans le premier chapitre du Livre I de *De la guerre*, Clausewitz parvient justement à définir l'unité de ces deux définitions en passant non pas par l'effet modérateur de la

---

2 Raymond Aron, *Penser la guerre, Clausewitz*, 2 vol., Gallimard, Paris, 1976.

raison politique, maîtrisant le « jeu » militaire et les « passions » populaires, mais par la structure temporelle de l'action du combat lui-même. Il pose, au sein de la structure technique de la guerre, l'existence de deux codes articulés l'un sur l'autre et agissant en sens contraire : chacun de ces codes utilise les deux définitions de la guerre, la duelle et la trinitaire.

Le premier code réunit trois dynamiques d'escalade par effet réciproque dans le duel ; il pousse, tendanciellement, à une intensification de la violence, en tant qu'interaction réciproque et symétrique entre deux entités politiques, s'exerçant aux trois niveaux d'une « étrange trinité » :

— le niveau des buts politiques opposés (*Zwecke*) : décision (réciproque) de recours à la violence sans limites, du duel (premier effet réciproque) ;

— le niveau du but militaire (*Ziel*) des deux côtés : désarmer l'ennemi (deuxième effet réciproque) ;

— le niveau des moyens matériels des deux côtés : déploiement extrême des forces, armes et troupes (troisième effet réciproque).

La trinité reproduit la hiérarchie platonicienne des niveaux de l'âme et des castes de la République idéale : en haut, la raison du philosophe politicien ; au milieu, l'honneur et le jeu militaire ; en dessous, à la fois le matériel, les ressources et les passions du bas peuple. Clausewitz estime « étrange » cette trinité car, quoique évidemment platonicienne, elle semble fonctionner dans la réalité comme un triple couple moteur de l'escalade.

La réalité de la trinité vient de ce qu'elle est double, contrairement à la trinité platonicienne de la Cité parfaite : le paradigme est « convié » à structurer l'interaction entre deux républiques. Elle ne symbolise pas seulement l'harmonie d'une république, autistique dans le domaine des idées pures, mais la réalité éventuelle de l'affrontement entre deux républiques. Dans son étude sur Clausewitz, l'anthropologue Emmanuel Terray a remarqué la référence implicite à Platon [3] : elle apparaît dans le fait que Clausewitz définit la suite de sa description des trois effets réciproques (que nous

3 Emmanuel TERRAY, *Clausewitz*, Fayard, Paris, 1999, p. 54.

appelons le second code) comme la « modification de la première trinité dans la réalité » de la guerre (Livre I, chapitre 1, § 6). Il se voit ainsi quittant le domaine des idées pures (l'atemporalité du produit cartésien du duel à somme nulle), pour entrer dans la complexité du combat temporel, avec ses épisodes de jeux à somme non nulle [4].

Le second code est donc plus complexe et découle de la caractéristique du combat comme durée et espace-temps, système informationnel spécifique introduisant en soi de l'asymétrie. Il est traité beaucoup plus longuement — dix-huit paragraphes, à partir du § 6 (« Modification dans la réalité ») jusqu'au § 24 (« La guerre est simple continuation de la politique par d'autres moyens »). La fameuse formule apparaît bien comme une conclusion, ou même une « coda », une reprise des thèmes du long discours antérieur. Ce second code exige tendanciellement la suspension et la modération de l'acte de guerre, pour trois raisons capables d'interrompre la symétrie et donc la réciprocité parfaite de la guerre absolue du modèle abstrait. Ces trois raisons sont incluses dans l'exercice temporel et matériel de la guerre elle-même : 1) l'impossibilité technique que la guerre soit sans durée (§ 7, 8) ; 2) la réévaluation possible, d'un côté, de la grandeur des buts de guerre (§ 9, 10, 11) ; 3) la différence temporelle, énergétique et informationnelle existant entre l'attaque et la défense (§ 16, 17, 18).

Mais ni la réévaluation des buts, ni la supériorité de la défense sur l'attaque, ni l'impossibilité d'une guerre sans durée n'expliquent isolément l'arrêt des combats comme paix, qui est une *Fortsetzung* (continuation, transcription) inversée. Certes, il faut du temps mort pour échapper à la « vivacité » des décisions exigées dans l'imminence du combat ou dans l'engagement réel. C'est cette durée, ce temps mort pour le combat mais qui fait partie de la

---

4 Sur l'application de la théorie des jeux à l'analyse stratégique, telle qu'elle s'est développée notamment pour la conceptualisation de la dissuasion nucléaire, *cf.* Thomas SCHELLING, *Strategy of Conflict*, 1959 (trad. française : PUF, Paris, 1986) ; et Alain JOXE, *Le Cycle de la dissuasion (1945-1990)*, La Découverte/Fondation pour les études de Défense nationale, Paris, 1990, p. 122-133.

guerre, qui réintroduit l'information et la vivacité de la vie politique dans le temps moyen d'une ouverture de négociation [5].

Les trois annulations de l'escalade réciproque par l'asymétrie spatio-temporelle et informationnelle du combat sont donc les suivantes.

1) *L'impossibilité technique que la guerre soit sans durée ménage des temps morts* (§ 8) ; il s'ensuit logiquement que, si la guerre sans durée était techniquement possible, la montée immédiate aux extrêmes en serait une conséquence, annulant la différence entre attaque et défense (entre appareils militaires symétriques) et rendant impossible la réévaluation des buts de guerre dans le cours même des opérations. Le rêve ou le concept d'une *guerre sans durée*, prévu théoriquement par Clausewitz, n'ont pas disparu de la culture stratégique américaine, toujours douhettiste, séduite par l'idée d'une action unilatérale sans riposte ennemie (type Hiroshima) et victorieuse par la puissance de la supériorité et l'impossibilité d'une défense adéquate. C'est ce fantasme stratégique qui fut poursuivi dans la guerre nucléaire devenue la non-guerre nucléaire, en fait paix, par l'excès du moyen militaire par rapport à tout *Zweck* politique ; ce fantasme se reproduit aussi avec l'idée, dans la période clintonienne, d'une guerre aérosatellitaire asymétrique presque sans durée devant aboutir à une victoire sans combats terrestres — et dont ont hérité la bataille initiale d'Irak et l'erreur de l'armée israélienne au Liban, croyant pouvoir écraser aisément le Hezbollah en 2006.

2) *La réévaluation de la grandeur des buts de guerre peut se faire du point de vue de l'intelligence politique de l'État comme du point de vue des passions populaires* (§ 11) ; elle n'est pas réservée aux élites. Clausewitz sait ce que Napoléon doit aux passions politiques populaires. Et le fait de qualifier de « passion » l'intelligence populaire, de « jeu » ou d'« honneur » l'intelligence militaire, est un lieu commun de la culture élitiste depuis les Grecs auquel Clausewitz ne se rallie qu'en apparence, car il admet que le but politique et son

5 *Cf.* Alain Joxe, *La Globalisation stratégique*, *op. cit.*, chapitre 2, « Clausewitz, théorie de l'identité interactionnelle et passage stratégique de la guerre à la paix », p. 41.

fondement populaire accompagnent la guerre jusque dans les objectifs opérationnels militaires, voire le combat des soldats.

3) *La différence énergétique et informationnelle entre l'attaque et la défense — qui « n'est pas une polarité »* ; la supériorité (informationnelle) de la défense sur l'attaque (acquise dans le temps de l'attente du premier coup) peut entraîner la suspension de l'acte de guerre qui n'est pas l'arrêt du combat (§ 16-17). Comme il l'écrit ailleurs, « les engagements évités sont réels par leurs conséquences » (§ 6, 7). L'entraînement à l'action offensive, par l'absence de temps morts dans la vivacité électronique, peut conduire à des erreurs d'entendement, quand celui-ci est soumis à la prédominance de la prise de risque ludique ou à la prédominance des valeurs absolues d'un autisme stratégique devenu religieux. (L'autisme inverse donne peut-être la suspension floue de la « drôle de guerre » de 1940.)

Le texte théorique serré du chapitre 1 du Livre I, en tant que tel, peut donc encore servir de référent critique dans la question, toujours réarticulée, de la relation entre objectif militaire et but politique de guerre dans des contextes techno-militaires mutants.

Retour aux trois définitions de la guerre

Pour évaluer cette actualité de Clausewitz, reprenons maintenant ses trois « définitions de la guerre ».

1) « La guerre est par essence un duel à une plus vaste échelle. » La guerre froide avait comme sacralisé le macroduel nucléaire Est-Ouest, dont l'équilibre par montée aux extrêmes des moyens aboutissait à la non-guerre par inadéquation à aucun *Zweck* politique. Depuis lors, la globalisation stratégique néolibérale a permis au contraire la multiplication des échelles politico-stratégiques : la violence militaire s'organise désormais de l'assassinat ciblé jusqu'à l'expédition d'empire, en passant par toutes les nuances de la guerre privée ou tribale, locale ou transfrontalière. La guerre comme duel à toutes les échelles serait ainsi la définition néoclausewitzienne la plus adéquate.

2) « La guerre est un acte de violence destiné à contraindre l'adversaire à exécuter notre volonté. » Certes, la destruction de la volonté de combattre d'un des deux côtés met fin à la guerre. Mais l'existence de coalitions pose le problème du « nombre de côtés », surtout dans une guerre qui n'est pas uniquement entre États. Question qu'il faut examiner aussi pour remettre en forme l'idée d'une « simple continuation » de la politique de la troisième définition.

3) « La guerre est simplement une continuation de la politique par d'autres moyens » (*bloß eine Fortsetzung der Politik...*). La formule, qui apparaît après de longs développements sur la complexité des formes du combat, sonne comme une simplification. Mais *bloß* n'est pas vraiment l'équivalent de « simplement ». Il serait plus exact de traduire la formule ainsi : « La guerre est une transcription directe de la politique. » Et ce n'est pas une affaire simple : la transcription d'une politique complexe donne une guerre complexe. Clausewitz pense en général la guerre comme un « duel entre deux États », mais il sait aussi que la Révolution française explique l'ardeur des colonnes de Carnot et réintroduit, avec la grandeur des buts politiques des peuples, des stratégies et des doctrines d'emploi nouvelles. En ce sens, il est porteur d'une théorie implicite, beaucoup plus moderne, de l'information et de la compétence dans l'action de guerre, qui se situe en amont de la définition juridique des souverainetés — et au besoin en amont de l'État. Celle-ci est, en outre, à la fois une théorie de l'escalade vers les formes les plus extrêmes de la violence et une théorie du retour à la paix.

Sa philosophie (du combat, plutôt que de la guerre) paraît pouvoir survivre, dans la vivacité et la surcharge d'information de la guerre électronique, partiellement robotisée, affrontant des multitudes organisées en réseaux. C'est possible parce que, dans sa théorie, le rapport des forces réelles (comprenant les forces morales et l'adhésion politique aux *Zwecke*, petits ou grands) demeure une *inconnue*, qui se révèle seulement à l'issue des combats. Les combattants, soldats ou guerriers, manifestants, partisans, corsaires ou pirates, gèrent tous en effet des décisions sous menace de mort : ils savent que si on se bat à mort, même si le rapport de forces comptabilisable est supposé connu, l'évaluation précise du rapport des forces sur le « libre marché de la violence à toutes les échelles » ne peut sortir que de l'affrontement du combat. Le combat, seul, met en jeu toutes les ressources des (deux) camps — lesquelles ne sont pas que matérielles et logistiques, mais aussi logicielles et morales. Clausewitz indique que, dans ce chaos, c'est aussi l'asymétrie, constitutive de tout combat réel, qui permettra le renversement du rapport des forces réelles après l'évaluation des forces rendues apparentes par l'engagement. Ce renversement, de l'asymétrie virtuelle dans l'asymétrie réelle de l'engagement, peut aussi conduire à la suspension de l'état de guerre et au retour à la paix.

Ainsi, les raisons qui s'articulent autour de l'idée de la guerre comme continuation de la politique sont constitutives du moral du combattant à toutes les échelles. Qu'il soit citoyen, membre d'une communauté tribale, croyant ou mercenaire, c'est toujours le combat qui introduit des exigences rationnelles, politiques et morales, plutôt que la guerre comme rôle privilégié de l'État. C'est pourquoi le manque de rationalité politique paraît la cause principale de l'affaissement des forces morales et de la défaite dans l'asymétrie. Mais, aujourd'hui, cette défaite de l'État impérial, défaite du plus fort, ne donne pas forcément la victoire au plus faible, comme ce fut le cas des guerres de décolonisation d'Indochine, du Viêt-Nam et d'Algérie.

Les défaites des expéditions impériales américaines, victoire des intérêts transnationaux

On doit admettre que les forces morales du corps expéditionnaire américain et de la coalition OTAN en Afghanistan sont bien inférieures à la volonté de résistance et au courage des combattants afghans. Et il faut constater également que les forces morales des résistants ne sont plus le reflet d'une volonté politique nationale unifiée, mais mettent en œuvre des convictions solidaires, religieuses ou tribales, hétérogènes et désunies. Il y a donc eu destruction de l'identité afghane par l'action expéditionnaire américaine, qui peut proclamer la défaite de l'adversaire sans revendiquer elle-même une victoire au sens traditionnel, c'est-à-dire la possibilité de transformer par la négociation de paix l'occupation militaire du terrain en fondation d'un régime politique forcé d'être ami.

Dans l'idéologie impériale américaine, le but de guerre serait peut-être de pouvoir rester comme vainqueur dans ce territoire, ce que rend plus qu'improbable l'insoumission durable des Afghans s'accompagnant (comme celle des Irakiens) d'une division violente. Mais, pour l'empire global, cela n'est pas un signe d'échec, dès lors que le maintien de l'état de guerre et de la division, après destruction de l'État baathiste ou de l'État taliban, est le résultat recherché pour la création d'une zone où la libre corruption et la libre violence communautaire créent un espace homomorphe à la libre concurrence des marchés. L'apparition ou la réapparition d'échelles de souveraineté protectrices non étatiques, religieuses ou tribales, deviennent la contrepartie de la globalisation dépolitisée des formes de domination, caractéristique du système néolibéral.

Le transfert aux échelles infra-étatiques (communautaires ou locales) de la volonté de défense identitaire étatique, détruite par l'intervention impériale, peut conduire à trois formes de souveraineté : la reconstitution d'un État confédéral très faible, la répression « jacobine » tous azimuts par une « ethnie » préétatique (projet serbe, réalité syrienne) ou le pur chaos, devenant transfrontalier et déstabilisant une région entière (comme probablement la zone AfPak après le départ des troupes américaines, où un état de guerre polysémique persistant bousculerait à la fois l'ensemble Asie centrale/Iran et l'ensemble Pakistan/Inde). Face à ces trois conséquences possibles de la destruction d'un État, une formulation politique délimitée du but de guerre s'imposerait normalement aux « realpoliticiens » de l'équilibre pacifique des nations. C'est pourtant ce que les dirigeants américains ne sont pas parvenus à définir en Irak ni en Afghanistan, et encore moins en « AfPak », non pas par mésintelligence de la situation, mais par absence systémique de but politique au niveau des intérêts globaux des nouvelles classes dominantes financières. Cette absence de projet politique procède de deux causalités historiques qui s'additionnent, non sans contradictions : la définition historiquement non colonialiste, non conquérante, de l'Empire américain ; et la définition récente, non politique, de l'empire financier global dont les États-Unis ne sont plus que la tête apparente.

En 2011, l'assassinat de Ben Laden par les commandos des forces spéciales américaines a pu paraître marquer le retour à une définition simple du but de guerre, celui énoncé au début de la guerre afghane : la vengeance pour les attentats du 11 Septembre — un retour sur le *Zweck* qui permettrait à Obama de finir la guerre. Mais, dans la logique des épisodes précédents, cet acte ressemble aussi au premier mouvement d'une nouvelle guerre AfPak, qui viserait, bien au-delà d'une Al-Qaida en bout de course, la remise sous contrôle du Pakistan ou de l'Iran. En « réglant leur compte » à ces deux « États voyous » nucléaires (ou presque), menaçant par islamisme interposé à la fois le Moyen-Orient, l'Inde et la Chine, les démocrates américains (réticents) et les républicains (enthousiastes), rejoignant certains intérêts globaux, favoriseraient l'entrée dans une nouvelle phase de guerre qui serait propre non pas à l'empire américain, mais à l'empire sans nom.

Formuler ce type d'hypothèse est simplement le travail qu'il faut entreprendre pour répondre à l'objectif défini au début de cet ouvrage : dans la crise financière globale ouverte en 2007, comparable par son ampleur à celle de 1929, il faut surveiller attentivement les risques d'enclenchement d'une possible guerre mondiale, en tenant compte du fait que le « nouvel Hitler » ne viendrait pas d'un État dirigé par un paranoïaque, mais d'un état du système monde de l'empire global déterminé par des critères ayant échappé au contrôle diplomatique et politique des États-nations démocratiques. Des dirigeants de transnationales constituant ce système pourraient trouver un intérêt, pour leurs actionnaires, à enclencher une guerre mondiale quelque part dans une « zone floue » où elle prendrait des formes d'autodestruction. Et il y a justement un tel flou dans la « zone de responsabilité » du Centcom. La Chine, qui reste encore un empire diplomatique, a d'ailleurs fait savoir aux Américains que ce flou lui paraissait inconvenant, et qu'ils dépensaient au-dessus de leurs moyens en lui demandant d'acheter des bons du Trésor fédéral pour financer des guerres coûteuses qui ne servent à rien.

Des deux côtés de la frontière entre l'Afghanistan et le Pakistan, les États-Unis manquent d'une représentation unifiée du politique qui leur permettrait de pousser des accords pacificateurs avec les lambeaux de souverainetés démantibulées qui se partagent ces deux pays. En tant que « puissance occupante », comme on disait autrefois, l'Amérique impose l'état de guerre, mais comme elle ne prétend pas imposer sa loi comme conquérant, ni son empire comme territoire pacifié, elle renonce à la politique et donc à la paix et se retire. Washington pourrait donc se satisfaire de créer dans l'aire du Centcom un dérèglement permanent, source d'expansion de la gouvernance insécuritaire en Eurasie.

Un combat sans but politique pousse, par définition, à un retour au génocide ou du moins au « démocide », par destruction d'un peuple ici ou là et par la domination sans conquête, qui se résume au pillage ou, en cas d'échec, au retour au pays des corps expéditionnaires laissant s'établir une anarchie nouvelle. La poussée conquérante des troupes américaines, hors temporalité politique et sans vision historique, reproduit de façon caricaturale les batailles défensives d'arrière-garde des guerres coloniales affrontant les mouvements de libération. Mais l'empire américain n'a même pas tenté de réussir, comme les Russes ou les Français, la moindre phase de colonialisme réel, c'est-à-dire de conquête politique. Il joue seulement un rôle dans la destruction des souverainetés étatiques, y compris la sienne.

L'absence de but politique est identifiée par Hobbes au chaos des intérêts privés, de la lutte de tous contre tous. Il est normal de n'avoir que des intérêts individuels quand on sort de la souveraineté de l'État : on tombe alors dans la souveraineté de la personne privée. Sortis de la *ré-publique*, il n'y a plus que la *ré-privée*, si j'ose dire. Cette destruction peut être le résultat d'une guerre, comme l'écrivait Hobbes : « Quand, dans une guerre *étrangère ou intestine* [je souligne], l'ennemi remporte la victoire finale, de telle façon que, les forces de la république ne tenant plus la campagne, les sujets n'ont plus de protection à attendre de leur loyalisme, la république est alors dissoute et chacun est libre de se protéger par toutes les voies que son propre discernement lui suggérera [6]. »

Mais dans l'univers informatisé, contrairement à la pensée tranchante de Hobbes, la résistance des individus, à une échelle inférieure à celle de l'État détruit, n'est pas forcément le signe de la fin du politique, ni même la fin de la continuation clausewitzienne. Car les résistances se fondent toujours sur des identités stratégiques infra-étatiques, en amont de la construction de l'État ou en aval de sa destruction. Quelque chose de nouveau, le fameux « Hitler invisible » de Canetti, proclame, dans le désordre de la *réprivée* montant à l'assaut de la république, que la privatisation générale de l'économie implique la destruction de toutes les souverainetés civiques et donc la mort de la démocratie. Cette proclamation est une doctrine, visant la destruction de la démocratie, ce n'est pas une théorie (pour reprendre les distinctions du général Poirier). Et, comme affirmation dogmatique, elle est évidemment bien incapable de renverser une théorie néoclausewitzienne de la résistance du politique à la destruction de l'État, à des niveaux de collectivité divers et pas forcément individuels.

Aujourd'hui, la période invite donc toujours les États souverains à considérer, comme cofondatrices d'un ordre futur, les identités

---

6 *Léviathan*, chapitre 29, « Des choses qui affaiblissent la république ou qui tendent à sa dissolution ». *Cf.* Alain Joxe, *L'Empire du chaos*, *op. cit.*, p. 72 : « L'Algérie française est un objectif d'un autre âge. La Palestine bantoustan également. Ce qui se tient derrière la démesure sharonesque, c'est la démesure militaire américaine et le contact anormal entre la globalité militaire impériale et l'absence ou la décadence de la diplomatie globale comme politique transnationale, son effacement devant la globalité économique qui ne "pense pas politique", mais qui pense "répression", comme un monde à part, non une continuation, plutôt un miroir social de l'économie. La configuration actuelle multiplie les guerres et les rodomontades du commandement militaire américain ; la distinction entre *Ziel* et *Zweck* semble actuellement impossible dans l'empire global parce qu'il n'y a pas de pouvoir politique global, mais seulement un pouvoir militaire global (l'armée américaine) et un pouvoir économique global (les entreprises, le marché). »

résistantes, classes, nations ou religions, qui survivent en amont et en aval de l'État en crise pour réclamer la paix et la liberté contre le chaos de la globalisation.

De l'utilité (théorique et éthique) de revisiter Clausewitz

Ma lecture de Clausewitz, on l'aura compris, diffère de celle de Raymond Aron. Ce n'est pas pour le plaisir de discuter avec ce maître qui adorait qu'on le contredise, ni pour dire que j'aurais seul compris le « vrai Clausewitz » ; mais c'est pour définir, à partir de son œuvre, un autre optimisme stratégique que celui d'Aron. Emmanuel Terray définit en effet Aron comme faisant le « choix de l'optimisme [7] ». Il voit bien que Clausewitz hésite sur la question de savoir si la « guerre absolue » du duel abstrait existe dans la réalité ou si ce n'est pas simplement, pour lui comme pour Aron, un idéaltype wébérien permettant d'expliquer les phases d'escalade, tandis qu'« aucune guerre réelle ne peut être appelée guerre absolue [8] ».

L'optimisme d'Aron serait philosophique, admettant chez Clausewitz l'idée du recours à la raison politique comme modération de la folie de l'escalade guerrière, poussant jusqu'au double suicide. Pour un philosophe, cette folie ne saurait être que passionnelle, donc populaire ou infantile. Cette démarche aronienne entérine à la fois la vision élitiste de Platon et d'Aristote et celle des Lumières, dont procèdent sans aucun doute les cultures stratégiques démocratiques des États-Unis, de la France et de l'Allemagne — et finalement de l'Europe des nations encore en gésine. L'empire libéral américain vainqueur de l'empire soviétique a-t-il la vertu d'un empire philosophique, ou bien Platon comme Aristote n'y verraient-ils qu'une nouvelle tyrannie ?

---

7 Emmanuel Terray, *Clausewitz, op. cit.*, p. 72.
8 Raymond Aron, *Penser la guerre, Clausewitz, op. cit.*, tome 2, p. 238.

Il est vrai que l'optimisme de Raymond Aron date de la guerre froide, de la coexistence pacifique d'après la crise cubaine de 1962. En Russie, on a vu Gorbatchev et Eltsine, sous pression occidentale mais aussi de leurs peuples, conduire depuis leur propre empire à une décomposition en États-nations qu'on peut assimiler à une décolonisation réussie (à l'exception de la Tchétchénie). Dans ces années 1980 et 1990, l'optimisme gardait encore quelque raison d'être. Lors des années 2000, face aux excès délirants de George W. Bush et aux massacres des émules de Ben Laden, face à la corruption galopante des ex-pays communistes, on était plutôt à la recherche d'un optimisme stratégique purement réaliste qui ne fasse pas appel seulement à une foi dans la raison humaine. C'est pourquoi je rejoins Emmanuel Terray, qui voit dans la définition de « la guerre absolue à toutes les échelles l'équivalent de la loi de la baisse tendancielle du taux de profit chez Marx [9] », règle abstraite qui découle de la définition même du conflit absolu du capitalisme financier et des classes salariées comme système de prédation, mais qui peut concrètement s'accompagner d'expériences social-démocrates.

En revisitant Clausewitz, on dégage une forme d'optimisme dialectique, dans la mesure où il considère qu'en raison même de l'espace-temps, toujours délimité, du politique et du combat, la montée aux extrêmes de la guerre est toujours accompagnée de son contraire, la descente obligée vers la paix. C'est ce que symbolise la prééminence du *Zweck* sur le *Ziel*, jusque dans le combat tactique et la prééminence de l'évaluation des buts politique de guerre, sous surveillance à la fois de la raison politique, du jeu militaire et des passions populaires. La prééminence du politique n'est donc pas seule à peser : la désescalade est contenue virtuellement dans les trois moments clausewitziens, dont l'un, la fausse polarité attaque-défense, est pourtant purement militaire.

Terray écarte l'idée qu'on puisse tirer de Clausewitz ce qu'il appelle la « thèse d'une souveraineté permanente des fins [10] ». Il

---

9 Emmanuel Terray, *Clausewitz*, *op. cit.*, p. 77.

10 *Ibid.*, p. 67.

relève en revanche, comme Clausewitz, que les fins peuvent se modifier dans le cours de la guerre, et la guerre devenir plus absolue du fait même de la violence des combats. Mais justement, dans la suite des combats, les fins initiales peuvent aussi évoluer vers une violence moins absolue, pour les trois raisons décrites dans le « second code ». Ce qui est réellement postclausewitzien dans cette assertion, c'est que la modification des fins politiques n'est pas le monopole du niveau étatique du politique, mais s'enracine dans le peuple, en cas de soulèvement démocratique, et s'exprime au besoin par des luttes violentes ne visant que la fin de la violence d'État ou de non-État.

Près de deux siècles après son élaboration, la problématique clausewitzienne consiste donc à se demander ce que devient la continuation (*Fortsetzung*) entre *Zweck* et *Ziel*, la transcription des buts politiques en objectif militaire, dans la riposte improvisée ou automatique, au nom d'une coalition dans un conflit asymétrique urbain complexe (comme le sont presque tous les conflits armés actuels). Cela incite à prendre comme objet précis de réflexion éthique un objet apparemment tactique dans le combat terrestre : le temps court de la surprise, dans son rapport avec la mémoire du temps long et le but politique de guerre que l'automatisme tend à effacer. Nous devons analyser le retour d'une panoplie de « dissuasion de la dissuasion » par la menace préemptive des missiles du « bouclier antimissile », proposé de nos jours à l'OTAN et qui a la même forme préemptive (riposte automatique en cas d'attaque surprise). Ce projet sert explicitement à évacuer le consensus politique au sein d'une coalition, au profit d'une décision stéréotypée du leadership militaire.

Grâce à ce détour par la pensée clausewitzienne, toujours actuelle au-delà de l'usure des États, on peut voir dans l'OTAN un dispositif destiné à en finir avec la définition de la guerre comme acte d'une décision souveraine d'État et, au-delà même de la suppression de la souveraineté des États, comme une décision sociale. L'ouverture de la guerre pourrait dépendre de l'établissement, par une réglementation de l'organisation « OTAN », d'une préemption technologique des décisions de destruction.

C'est l'avènement d'une *souveraineté de l'arsenal* qui ressemblerait, par comparaison avec la défunte religion monothéiste de la « dissuasion nucléaire absolue », à un nouveau culte des idoles incluant désormais des systèmes d'alerte et des préemptions automatiques informatisés grouillant comme des petits dieux zoomorphes autour de la menace de mort et la promesse de vie de l'humanité souffrante. La révolte éthique et le combat démocratique, traités dans la troisième partie qui suit, constituent donc un chapitre important de l'analyse stratégique du rapport des forces qui permettra sans doute d'éviter la Troisième Guerre mondiale.

III

La stratégie démocratique contre l'empire global

« Quand on ne marie pas les filles, elles se marient elles-mêmes » (oracle du roi d'Égypte).

« La princesse de Babylone : Je ne croyais point à la résurrection ; mais mon bonheur m'en a convaincue.
« Le phénix : La résurrection, Madame, est la chose du monde la plus simple. Il n'est pas plus surprenant de naître deux fois qu'une. »

VOLTAIRE, *La Princesse de Babylone*.

La renaissance de l'éthique démocratique, de plus à l'échelle globale, surgit entre 2008 et 2011 comme une revendication ou un désir. Elle nous vient de l'immoralité politique de la gouvernance financière globale : cette résurrection est une insurrection du réel, car depuis 2007 la crise a dévoilé aux opinions populaires, de façon imprudente et obscène, le degré d'immoralité et d'incompétence politique des élites financières devenues des organismes usuriers délocalisés. Tout le monde peut voir où leur dominance, acquise grâce à l'informatique, conduit le monde, graduellement. S'il est question partout d'une remise en forme de l'éthique à l'échelle globale dans la pratique de l'économie, de la guerre et de la paix, ce n'est pas du tout la trace d'un idéalisme rêveur qui chercherait à rendre impossible la pratique nécessairement immorale de la realpolitik. C'est une remise en forme de la realpolitik à l'échelle globale. L'échelle globale est en effet devenue la seule réaliste, puisque c'est celle où s'exerce le pouvoir de l'hégémonie financière, devenu global et réglant par la dérégulation l'économie, la politique et la guerre.

C'est donc à l'échelle globale qu'il faut imposer stratégiquement le retour à une éthique politique : il s'agit d'une éthique réaliste de la protection sociale, sans laquelle d'ailleurs il n'existe ni politique ni économie. Certes, pousser réellement un tel projet social à cette échelle est en vérité une innovation totale. Mais on ne pourra plus rétrograder à l'échelle inférieure à celle du monde, qui est celle où se distribuent les bienfaits de la vie, et donc il faut imposer l'éthique politique indispensable à cette échelle, comme le faisait Kant un peu prématurément — ce pourquoi il fut considéré comme un idéaliste.

Premièrement, le capitalisme transnational vise à l'élimination de la souveraineté des États en matière politique et sociale. Deuxièmement, il continue de se revendiquer comme le système économique fondamentalement associé à la démocratie politique. C'est une contradiction, puisqu'on n'a pas de modèle d'une démocratie qui ne soit pas articulée sur un pouvoir social d'État, régulateur des intérêts privés à l'échelle souveraine. Tout est donc à réinventer et en particulier la démocratie globale pour un peuple global en lutte avec l'oligarchie globale. Ce qui n'interdit ni l'analyse des classes ni l'examen des circonscriptions. Ni de fonder une circonscription européenne démocratique souveraine plus cohérente avec son voisinage que les États-Unis.

Structurer la question démocratique comme question stratégique et facteur de realpolitik dans la globalisation, c'est introduire la démocratie et les droits de l'homme, pour la première fois, à l'échelle pertinente, l'échelle universelle, celle qui est revendiquée au plan éthique par la Déclaration universelle des droits de l'homme. Et, donc, il va falloir maintenir la pression par des arguments et des luttes éthiques tant que la protection sociale est stratégiquement repoussée par le pouvoir de la nouvelle classe globale, qui ne recherche plus que le profit financier, et tant que les droits de l'homme ne sont pas imposés par un pouvoir capable de faire les nouvelles lois. L'humanité, comme la cité au VIe siècle, mérite un Solon instituant la démocratie à l'échelle pertinente.

Après avoir assez décrit les choses telles qu'elles sont, au civil et au militaire, dans les deux premières parties de ce livre, il faut maintenant désigner les responsabilités en jeu dans cet « empire » universel sans nom, et soutenir la nécessité d'un revirement vers les choses telles qu'elles devraient être. Mais il faut également percevoir qu'un tel revirement exige l'usage de la force ou du moins ne pourrait survenir, sans violence, que par une inversion sérieuse du rapport des forces : par des mobilisations populaires, qui rendraient inopérante la menace de violence répressive extrême que déchaînent automatiquement, contre leurs propres peuples ou contre les peuples des autres, les régimes oligarchiques, transnationaux, « autoritaires » et corrompus qui dominent le système impérial, y compris en Europe et en Amérique.

Cette violence latente et cette corruption active des dispositifs de la realpolitik, organisés par les oligarchies financières, ne doivent pas empêcher de penser, et surtout de penser que le régime actuel correspond à une dégradation programmée des principes de la démocratie et du progrès humain, et pas du tout au triomphe des libertés. L'hégémonie financière privatisée exige partout le degré zéro de la tolérance à l'égard de l'État-providence et la toute-puissance des entreprises privées suppose partout une répression antidémocratique contre les peuples, même s'ils ne font que réclamer la simple restauration des services publics. Nous sommes donc menacés, avertis, informés : il n'est pas question de faire semblant de n'avoir pas compris le message policier que répandent les tenants du système néolibéral, dans l'ivresse du triomphe qu'ils ont l'impression de vivre dans la gestion même de la crise et la jouissance que déclenche chez eux l'accès aux niveaux de revenus « princiers ». Le drapeau rouge aux étoiles d'or a été transformé par la realpolitik en symbole d'un empire financier universel, tout aussi rapace que le fond bleu à étoiles blanches symbole de l'empire militaire universel ou que l'Europe avec ses étoiles d'or sur fond bleu qui apparaît comme faisant partie de la famille des rapaces, au niveau des experts comptables de la rente globale. La Russie a repris l'aigle à deux têtes du pouvoir impérial tsariste. Les Grecs, qui furent les inventeurs de la démocratie sous Solon, interdisant l'esclavage pour dettes, sont forcés de vendre une partie du Pirée aux Chinois, comme si le Pirée était un homme devenu esclave des marchés. Certes, l'éthique civique, commune à tous les peuples, ne peut être que la démocratie, mais nous sommes contraints de reprendre tout à la base, y compris ce mot, démocratie : c'est un processus de prise de contrôle de force (*kratos*) sur des oligarchies par le peuple (*demos*), ce qui exige de la force et de l'intelligence localisées, car il s'agit du peuple réel formé d'habitants vivants, voisins et solidaires.

Il faudrait donc un degré élevé de simultanéité du soulèvement démocratique chez beaucoup de peuples pour que la démocratie sociale s'instaure, sans violence extrême, dans des espaces suffisants pour s'affirmer comme « tendance démocratique globale », exigeant la capacité de légiférer dans le sens contraire à la tendance néolibérale, qui défend la souveraineté des entreprises privées. Cela parait un rêve irréel, mais il faut l'examiner en détail, car l'extension et la coordination des volontés démocratiques à des continents entiers ne sont pas impossibles. Cela pour plusieurs raisons, les mêmes qui font que la bourgeoisie globale a su s'organiser sur le plan transnational au point de donner naissance au monstre central du système financier actuel. La globalisation de l'informatique et la constitution incontrôlable de réseaux modifient en effet la construction des rapports de forces démocratiques.

Mais il sera nécessaire que, dans chaque région du monde, surgisse une forme de coalition transcontinentale, jouant sur la proximité. Les effets de proximité sont politiquement et éthiquement plus parlants que les effets les plus globaux et la démocratie est liée à la construction d'un bon voisinage. Autant s'y préparer. C'est pourquoi on peut parier que nous, Européens, Africains du Nord et Asiatiques de l'Ouest, sommes invités brutalement par l'actualité à prendre en charge la démocratie dans la grande Eurafrique-Asie qui a son centre autour de la Méditerranée. Il ne s'agit pas du projet d'Euromed ni du projet OTAN sans limites, mais d'une Euromed retournée comme un gant contre la corruption néolibérale. Cet objectif à lui seul exige que l'Europe (y compris la Russie future) se donne une politique sociale et une politique de défense coordonnées et une représentation de l'avenir, refoulant le néolibéralisme de guerre et la domination du système financier dans le trou noir de l'histoire de l'oppression.

11

Le soulèvement démocratique contre la finance mondiale

L'éthique démocratique, toujours porteuse d'insurrection et parfois de guerre civile, représente, en termes clausewitziens, un enjeu politique méritant l'adhésion et le combat des peuples dans une action défensive légitime contre la tyrannie ou l'oligarchie. Cette coalition des démocraties devrait disposer d'une force et d'une stratégie défensives, pour peu que des guerres, lancées pour le maintien de la domination financière du monde, se concentrent sur la liquidation violente de toute forme de république sociale. Ce n'est pas encore le cas, mais ce serait une illusion de croire que le néolibéralisme usurier ait la moindre affinité fonctionnelle avec la démocratie, comme ce fut le cas des libéraux du XIXe siècle qui s'opposaient aux conservateurs au nom des Lumières.

L'éthique démocratique n'appartient pas au néolibéralisme financier

Le néolibéralisme est l'idéologie d'un système oligarchique, militarisé et conservateur, visant au règne d'une noblesse financière globale. Et la crise a rendu visible le fait que les mécanismes du « libre marché », considérés comme une « libération » des contraintes des États, sont devenus des formes d'escroqueries financières. Le maintien de ce système d'asservissement économique et social des peuples est nécessairement lié à l'élaboration de systèmes violents de répression permanente. Les manœuvres néolibérales réhabilitent ainsi des procédés de spoliation des fruits de la croissance qui nous renvoient au XIXe siècle.

Du rôle stratégique de l'indignation. — En France comme ailleurs, l'affirmation de l'indignation politique depuis la crise ouverte en 2007 n'est pas seulement fondée sur la morale, ni sur la critique écologico-économique et juridique, si compétente soit-elle. Les analyses des « économistes atterrés » [1], le pamphlet de Stéphane Hessel [2] — compagnon de la Libération, témoin de l'esprit de la Résistance héritier des programmes du Front populaire —, la montée des écologistes dans plusieurs pays européens, la prise de pouvoir paradoxale des juristes favorables à la criminalisation de certaines pratiques militaires ou économiques : tout cela est certes venu à point nommé, mais n'a fait que formaliser les convictions d'opinions déjà surinformées du scandale représenté par la crise et sa gestion par les oligarchies financières.

Sur les questions de survie, les opinions européennes sont en effet instruites de bien plus loin et de bien plus profond par la mémoire des générations. Il en est de même de tous les peuples méditerranéens : politiquement, ils ne sont pas tombés de la dernière pluie. Leur mémoire sociale et historique fait partie de la nôtre et c'est la plus vieille du monde. S'ils se soulèvent, c'est qu'ils sont à bout. Pour un anthropologue, il est clair qu'il existe un savoir politique populaire, transmis par une mémoire des malheurs. C'est pourquoi on comprend que, malgré la croissance remarquable des pays émergents et la stagnation des pays développés, partout domine un régime financier mondial antipopulaire. Les soulèvements populaires de Tunisie, d'Égypte, de Libye, de Grèce, du Portugal ou d'Espagne, de l'ensemble du monde arabe, de la

---

1 *Manifeste d'économistes atterrés*, Les Liens qui libèrent, Paris, 2010.

2 Stéphane HESSEL, *Indignez-vous !*, Indigène, Montpellier, 2010.

Grande-Bretagne et même de la Chine (qui dépense déjà plus pour sa sécurité interne que pour sa défense [3]) balisent cette prise de conscience transfrontalière : conscience non seulement d'une inégalité croissante, mais aussi d'une inadéquation du système actuel à résoudre les problèmes vitaux de l'humanité, provoqués par le système lui-même.

Une des conséquences de la globalisation financière est que les pouvoirs politiques ont laissé provisoirement sans objet l'élément moral du rapport des forces. Naguère, on pouvait mobiliser les peuples sur des enjeux délimités dans le cadre de l'État-nation : des intérêts nationaux, propres à plusieurs classes ou collectivités religieuses ou tribales, gérés à l'échelle de l'État comme consensus négocié, servaient de base au sentiment national et de fondement à certaines formes de solidarité sociale, en temps de paix comme en temps de guerre. Les oligarchies pouvaient détourner vers la conquête extérieure ces passions populaires, nationalistes ou religieuses, ou les concentrer sur l'acceptation d'une version interne de la hiérarchie sociale à la fois satisfaisante pour l'oligarchie et vivable pour le peuple pauvre. L'équilibre interne reposait ainsi sur un intérêt commun de voisinage interclassiste.

Or, pour les oligarchies financières d'aujourd'hui, les intérêts populaires locaux deviennent sans objet, car ils sont inutilisables dans une stratégie d'alliance à l'échelle globale. On voit bien pourquoi une défense éthique sociale appliquée à la réalité globale est longtemps restée un objectif impossible : qui trop embrasse mal étreint ; les bras vous en tombent, ou se lèvent au ciel. Les classes riches, en décidant de devenir transnationales, ont déjà assez de mal à coordonner leurs intérêts au plan global. Elles ont donc cessé, en toute logique, de prendre en compte les intérêts locaux des classes moyennes et pauvres, même pour améliorer les relations de voisinage. Ces classes ont mis longtemps à comprendre cette mutation qui accompagnait l'érosion des capacités souveraines de l'État-nation, dans le cadre duquel les classes supérieures continuaient à

3 Cf. Frédéric Bobin, « Le dalaï-lama au *Monde* : "La meilleure manière de diriger un peuple est la voie de l'élection" », *Le Monde*, 2 août 2011.

jouer, en cas de besoin, la comédie d'une solidarité nationale contre les pressions du système.

Les classes et les organisations transnationales dominantes ont tablé sur cette démobilisation des classes populaires depuis les années 1980. Elles ont pu ainsi piloter la dénationalisation des intérêts capitalistes réels, tout en maintenant en apparence le cadre des négociations sociales des États-nations. Les peuples-nations ont en effet du mal à se mobiliser pour ou contre des intérêts internationaux ou globaux ; à gauche, en particulier, on pense toujours ainsi que la pression démocratique locale permettrait de « prendre en otage » les entreprises nationales et de les pousser à faire du social. Dans ce processus, certains peuples ont laissé grandir, sans pouvoir s'y opposer, la souveraineté cachée des entreprises transnationales, qui cherchent à annihiler celle des peuples en détruisant les services publics nationaux, sans les remplacer par des services publics transnationaux ou globaux.

La dégradation différenciée des États européens. — C'est ce qu'on a observé en Europe, agrégat d'États encore désuni, où la dégradation des services publics est un indice lisible d'érosion de la démocratie sociale. Les différences entre les États rendent cette érosion plus visible que dans les grandes fédérations comme les États-Unis, l'Inde ou la Chine, où l'État fédéral, malgré un traitement inégalitaire de ses composantes, peut encore prétendre, avec un certain degré de vraisemblance, maîtriser les conditions macroéconomiques du développement. En Europe, au contraire, les différences entre les sociétés politiques de chaque État procurent aux opinions des possibilités de comparaison. Tout le monde peut voir ainsi que le patronat allemand a réussi à conserver, par un patriotisme de clocher, les éléments de sa culture industrielle : savoir-faire, recherche, prolétariat instruit, souci de préserver un voisinage social apaisé (et les syndicats acceptent la baisse des salaires pour conserver l'emploi).

On découvre aussi, en France, que la grande bourgeoisie s'est complètement transnationalisée et se considère de ce fait comme membre de plein droit de la direction du monde. Elle a ainsi été mise en condition pour orchestrer la répression des mouvements sociaux et s'assurer, comme par droit divin et avec une bonne conscience louis-philipparde, l'accès aux revenus rentiers du système usuraire global. Le peuple français découvre alors que l'Allemagne est plus démocratique que la France, car le souci de l'unité nationale et des relations sociales, partagé par la social-démocratie et la démocratie chrétienne, a maintenu la bourgeoisie allemande dans les limites de la décence démocratique. Alors que la bourgeoisie française a abandonné de gaîté de cœur son peuple à ses « illusions sociales » — l'illusion de la prospérité par le capitalisme républicain, projet déjà mort plusieurs fois dans son histoire, parfois assassiné.

Les oligarchies ont espéré et espèrent encore partout que l'illusion de souveraineté qu'exhibe la démocratie, restée étroitement locale et nationale, constitue un outil définitif de domination. Et que, comme l'eau qui se perd en s'enfonçant dans les failles des plateaux calcaires, les forces populaires de contestation auraient définitivement été dispersées dans le tissu poreux du système financier global. Mais on découvre aussi que cette perte est impossible à maintenir dans le temps long et que la force éthique des convictions populaires en faveur de l'organisation positive de la vie peut resurgir, comme une rivière souterraine qui jaillit au pied du plateau aride, sous forme de volonté démocratique. Une volonté capable de renverser localement le rapport des forces. Les Allemands auront ainsi du mal à se révolter contre leur patronat, presque social, mais les Français risquent d'exploser d'indignation, ce qui les mettra peut-être au niveau de l'ensemble des républiques démocratiques du sud du 45e parallèle, auquel ils appartiennent par tradition politique.

Quel que soit le sort des révolutions arabes de 2011, elles ont en effet signifié que tout était devenu possible dans le refoulement du néolibéralisme policier encore à l'offensive. « La liberté et l'égalité, ou la mort ! » : cette résurgence des cris des révolutions françaises des XVIIIe et XIXe siècles et, surtout, le courage qu'elles ont exprimé face au risque, bien réel, de la mort, ont bouleversé le monde entier. Le savoir historique des peuples est bien plus profond que celui des oligarchies usurières, car ils tiennent compte de la succession des empires et des libérations avortées. On peut en faire le « récit mythologique » et montrer pourquoi et comment, poussés dans leurs retranchements, ils transforment leurs convictions en courage.

L'objectif de la paix universelle : naissances, morts et renaissances des libertés populaires. — Tout pouvoir politique implique menace de mort et espoir de survie collective par une fonction de protection. La Cité place, à sa naissance, des récits stratégiques qu'on peut appeler des « scénarios de genèse [4] » ; parcourus à l'envers, ce sont des « mythes de mort », de jugement dernier, de fin du monde. Les mythes de genèse racontent la naissance de l'État par la sortie d'une phase de désordre ; l'expédition coloniale y joue souvent un rôle positif, comme purge des tensions internes et défense d'une paix de voisinage. Les mythes de destruction des empires représentent toujours la mort de l'État, devenu conquérant et despotique, fragilisé par sa croissance ; mais sa mort est aussi une naissance, par résurrection et libération des peuples soumis ou unis de force sous son joug. Sur les cinq continents, bien des types de genèse existent. Ils fondent tous des convictions éthiques et politiques sur la volonté de créer une collectivité humaine comme paix et même comme *la* paix universelle.

Islam, dernière religion du Livre, signifie paix ; et l'*oumma* est la république fraternelle universelle. Comme pour le christianisme avec l'Église (*ekklêsia*), l'assemblée du peuple, groupant l'humanité entière, est un objectif réalisable à la fin des temps. Le Prince juste, chrétien ou musulman, devait en attendant s'efforcer de préparer au moins quelque chose comme un module partiel de la paix universelle. Mais, aujourd'hui, plus aucun gouvernement ne peut poursuivre ce projet limité, à la fois idéaliste et réaliste, du « progrès dans un seul pays ». La globalisation économique et financière s'y

---

4 Sur le mythe de Gilgamesh, *cf.* Alain JOXE, *Voyage aux sources de la guerre*, PUF, Paris, 1991, p. 95-115.

oppose par des instruments légaux et des moyens de répression précis, découlant de traités et d'accords techniques.

Réels ou imaginaires, les récits de naissances stratégiques des identités populaires et les destructions d'empires, libératrices, font partie du savoir fondant le rapport des forces morales. Il serait imprudent de n'en pas tenir compte en realpolitik, car les forces morales et l'éthique qu'elles mettent en œuvre font aussi partie des rapports de forces militaires. Les définitions éthiques et stratégiques des identités politiques, favorables à la paix comme *fin de la guerre* et à l'équité comme *but de la paix*, ne manquent donc pas dans les mémoires du monde, celui de l'organisation de nations unies, qui est théoriquement encore le nôtre.

Jusqu'à nos jours, les nations-empires, à l'exception de l'URSS défunte et du califat défunt, n'ont jamais été programmées, théoriquement ou théologiquement, par leurs fondateurs pour pousser la paix à l'échelle globale. Elles doivent presque toutes leurs valeurs à cette partie archaïque d'une théologie très ancienne et certainement préjuive, préchrétienne et préislamique, préconfucéenne, disons néolithique, qu'on pourrait appeler « stratégie du salut du peuple de Dieu sur Terre ». Un Dieu pas unique, mais suprême et jaloux. Le salut, c'est-à-dire la liberté et la paix de ce peuple, devait découler d'abord de son triomphe sur la nature hostile, puis sur les voisins et enfin sur le monde. Malheureusement, il y a toujours eu une multitude de peuples-États-nations ou tribus en compétition, chacun protégé par une divinité ou une conviction, certes de plus en plus universelle et unifiante mais néanmoins partisane, manifestant sa puissance par un réalisme localisé.

La représentation de la communauté humaine passait alors pour un clonage universel du divin dans l'homme : le Saint-Esprit, un « souffle » unissant toutes les langues par le *logos* ; le règne de la Lumière reliée à la vie même de Dieu fait homme (« je suis la lumière et la vie ») ; la connaissance acquise à la « lumière de la religion » (Nour ed-Dine) ; ou encore un clonage de la raison, les Lumières. Par cette médiation plurielle, vivante chez tous les hommes, de grandes prophéties ont supposé possibles non seulement l'arrachement à la guerre entre deux peuples ennemis, mais l'arrachement global à la guerre généralisée par un bond, un saut, hors de la rationalité autistique des tyrans tribaux, étatiques ou cléricaux ; et une apothéose des peuples, dans la rationalité pacifique des multitudes, qui préfèrent, stratégiquement, la paix et la production à la guerre et la destruction.

Tel est du moins le module fondateur du politique, et même de la démocratie, chez Spinoza. Ce module soutient aussi l'ONU telle qu'elle devrait être. Toutes les guerres « pour le rétablissement de la paix » exigent donc en principe que les soldats soient acquis à l'idée qu'on ne fait la guerre que pour protéger et libérer le peuple de la guerre et arriver à la paix. Les armées régulières, à la fin de la Seconde Guerre mondiale, ont été sommées de se rallier à ce devoir de protection, tandis que la science était priée de faire l'effort nécessaire pour que le progrès des connaissances exactes rende possible la survie physique de l'humanité sur notre Terre. En vain.

L'éthique de la résistance face au nouvel empire global

Ce qu'il y a de particulier à l'époque ouverte dans les années 1980, c'est que l'humanité, pour la première fois, a placé la finance aux commandes de la mondialisation de son pouvoir économique, militaire et politique ; et qu'elle s'est dotée d'instruments de communication hyperperformants, capables de transcender les frontières entre les discours, les langues et les programmes politiques. Cependant, malgré la globalisation dans tous ces domaines, nous ne nous approchons pas de la paix universelle et de la construction scientifique des conditions de la survie de l'espèce dans l'écosystème ; tout au contraire, ce qui s'affirme est un retour à la guerre de tous contre tous, qui s'oppose à toute régulation.

Il est donc devenu indispensable aujourd'hui de revisiter les réservoirs à convictions, religieuses, philosophiques ou scientifiques, car celles-ci pourraient se révéler utiles pour maîtriser le néolibéralisme de guerre conduit par une classe organisant à son profit la spéculation globale électronique, en excitant les divisions et les conflits armés dans tout l'œkoumène. Les projets de paix universelle et de règlement des conflits par le droit, au plan international comme au plan interne des États, deviennent des instruments de combat politique. Il va donc falloir réunir et réagencer tous ces acquis éthiques pour écraser la déviance vers la gouvernance de la finance par la violence supplantant le projet de gouvernement de l'économie par la paix.

La mémoire de l'échec des « libérations espérées » après trois destructions d'empires. — Il s'agit bien en effet d'une déviation organisée à partir d'une rupture avec le projet de libération générale des peuples voulue par la résistance au nazisme. Le nazisme fut comme la caricature grimaçante d'un projet paranoïde de nation dominatrice, se prenant pour une race supérieure et imposant sa domination par la violence absolue. La destruction de ce projet laissait augurer le succès possible du projet contraire, l'effondrement des empires donnant normalement naissance à des libérations.

Au XXe siècle, nous avons eu trois exemples de cette sanction positive de l'histoire des empires. Il y a bien eu une « libération » à la chute de l'empire nazi. Également des libérations à l'issue des guerres forçant l'effondrement de tous les empires coloniaux. Puis, enfin, avec l'effondrement de l'URSS, qu'on peut considérer comme le dernier empire colonial — c'est le seul, on l'a vu, qui avait eu son « édit de Caracalla », donnant la pleine citoyenneté soviétique à tous les peuples membres de l'Union (il faut bien faire cette différence avec le maintien du statut de colonisé dans l'empire français, jusque dans les départements algériens), cela ne constituant pas pour autant l'empire stalinien en une république démocratique. Mais la libération, attendue chaque fois dans l'imaginaire historique et mythique des peuples après ces chutes d'empires tyranniques, n'a pas perduré : elle a presque immédiatement pris, partout, la forme d'un nouveau système d'oppression.

D'abord, chaque fois qu'il y avait menace contre l'économie de marché, l'oppression renaissait sous forme de dictature militaire localisée, puis sous forme financière délocalisée et, finalement, par décomposition de la souveraineté des États par privatisation générale des services publics, transformés en entreprises sources de profits. En Europe, la perte de souveraineté a pris la forme locale, très originale, d'une confédération bureaucratique néolibérale ; aux États-Unis, d'empire financier militarisé ; en Russie, de confédération semi-mafieuse ; et, en Chine, d'empire industriel et financier d'échelle globale. Diverses variantes néoféodales ou néo-esclavagistes sont apparues en Inde, Insulinde et Afrique, tandis que, dans les marges et les glacis, règnent en général des systèmes mafieux ou des oligarchies corrompues, qui se coordonnent par l'apparition d'une classe rentière transnationale pour qui « l'argent n'a pas d'odeur ».

Cette triple catastrophe, postnazie, postcoloniale et postsoviétique, appartient à tous les peuples, mais elle n'est devenue lisible que tardivement, parce que l'empire global est entré en crise. Et ce dévoilement ne débouche pas automatiquement sur un projet alternatif unifié, mais parfois sur un premier stade régressif, le repli nationaliste archaïsant. Les mouvements néofascistes communautaristes surgissent pour les mêmes raisons que l'indignation de gauche, mais ils s'organisent pour d'autres buts : transformer le malheur social en haine raciale — dans un pays de *melting pot* comme la France, cela ressemble à un complot qui pousserait à la guerre civile dans les cours des écoles, et ses instigateurs pourraient être poursuivis pour crime contre l'humanité.

Les peuples qui gardent l'espoir d'une libération n'ont pas de mal à percevoir l'étape actuelle comme une nouvelle oppression. Mais c'est aussi la première fois qu'il n'y a plus qu'un seul système oppresseur, celui d'un pouvoir financier global. On n'a pas encore mis en forme les instruments de résistance pour l'avenir. Ce qui émerge en revanche, et qui sert à tout le monde, à toutes les échelles et dans tous les azimuts, c'est l'indignation commune face aux exactions du pouvoir financier global, incapable par définition de transformer son empire en « zone de prospérité mondiale ».

La nouvelle révolution démocratique. — L'avènement de ce pouvoir impérial sans feu ni lieu est une novation historique, amorcée dans les années 1980 sous Reagan et Thatcher. Devenu visible avec la crise de 2007, son effondrement sera donc, pour l'humanité, une expérience toute nouvelle. Certes, la construction d'une éthique impériale sinistre, conforme à une stratégie de prise de pouvoir totalitaire, est assez avancée. Néanmoins, cette hégémonie est fragile et vulnérable. Et l'objectif d'un pouvoir démocratique et social, au-dessus du pouvoir des transnationales et des usuriers spéculateurs, reste réaliste. Les soulèvements de 2011 ont en effet fait renaître à l'horizon du possible l'idée d'une libération, par la destruction de ce pouvoir impérial devenu mondial. Bien sûr, on ne peut plus revenir sur la globalisation du commerce et de l'information, mais on doit prévoir et vouloir — sous peine de mort — la refondation d'un pouvoir différent à l'échelle mondiale : la mise sous contrôle démocratique et la transformation de cet empire usurier en un système de développement pluriel, raffermissant la liberté et l'égalité au lieu de les détruire.

Une révolte démocratique transfrontalière s'est amorcée en 2011 sur les deux rives de la frontière nord-sud qui va de la Méditerranée à la mer Caspienne. L'expérience historique et mythologique nous enseigne qu'une destruction d'empire est parfois aussi violente que sa construction — et qu'elle peut d'ailleurs déboucher sur le maintien au pouvoir des oligarchies (romaines), grâce à leur alliance avec un pouvoir militaire de répression (barbare). Il n'est donc pas dit que le mouvement actuel va triompher rapidement. Mais l'importance historique du tournant de 2011 est manifeste. Il faudra du temps et de la conviction durable pour que prospère le projet démocratique dont il est porteur, car l'hégémonie de cet empire s'est construite sur une attaque cohérente contre tous les principes de la démocratie sociale.

Ce projet démocratique implique la mise à mort stratégique de la globalisation financière comme pouvoir des banques. Et cette estocade doit se faire sans restauration des oligarchies nationales. On pensera donc désormais à la mise sous tutelle de la globalisation financière informatisée et à sa réduction au rôle utilitaire de simple instrument technique d'une politique globale de développement égalitaire. Les jeunes générations d'aujourd'hui devront ainsi arracher le pouvoir de gestion économique et social tombé entre les mains des spéculateurs, et le restituer aux instances démocratiques visant le développement harmonieux de l'espèce humaine. Il y faudra une énergie certaine, car l'éthique ennemie a commencé, on va le voir, à s'affirmer dès les années 1980 par l'idée sinistre qu'un massacre des pauvres allait devenir nécessaire et inévitable.

L'objectif adverse d'une contre-éthique globale : vers le massacre des pauvres

Les équilibres politiques locaux, la solution du problème du rapport entre riches et pauvres (seul souci réel de la politique selon Aristote) ne se forment plus sur place, dans la cité. La délocalisation générale des enjeux et des profits économiques, la libéralisation totale des marchés, aboutit à rendre insaisissable et invulnérable localement la classe dominante échappant à la responsabilité politique vis-à-vis des pauvres, naguère mesurée en rapports de forces locaux et modulée en fonction des ressources locales. La dégradation éthique du système a été systématique. On peut distinguer quatre chantiers ou étapes de cette démoralisation annoncée du politique, qui tire la société humaine vers l'accoutumance barbare à l'assassinat des exclus :

1) elle germe, si l'on peut dire, au sein du système américain, comme l'idée qu'une inégalité irrémédiable de la société humaine conduit nécessairement au massacre des pauvres par les riches, forme de la sélection naturelle néodarwinienne ;

2) cette représentation gagne du terrain par le démantèlement pratique des valeurs éthiques qui s'étaient fondées depuis 1945 sur la Déclaration universelle des droits de l'homme et s'étaient incarnées par toute une législation interne des États et par l'ébauche d'un droit international contraignant, aujourd'hui menacé ;

3) ensuite, avec le progrès de l'informatisation des nouveaux armements, la légitimité informelle du massacre entraîne une dégradation globale de l'éthique militaire et sa transformation en éthique policière par développement d'un arsenal nouveau et promotion de la guerre urbaine ;

4) cette promotion du militaire/policier conduit à une réincarnation de la version génocidaire de la répression qu'on peut appeler « démocide », n'étant pas liée au racisme mais fondée sur la prise en otage d'une population civile entière.

En annulant les « peuples », la culture financière totalitaire annulerait la démocratie sociale au profit des sondages publicitaires. Et rétablirait la peine de mort par refoulement aux frontières et suppression du « serment d'Hippocrate ».

Étape n° 1 : la fatalité néodarwinienne du massacre des pauvres. — C'est l'hypothèse de la droite américaine arrivée au pouvoir avec Reagan : la violence absolue sera nécessaire pour contrôler les peuples pauvres, spoliés et donc vindicatifs. Une pensée américaine émergente et parfaitement lucide prévoyait qu'il n'y aurait plus de paix, mais que le monde allait connaître des conflits sans fin, dans une lutte asymétrique des classes et des pays riches contre les classes et les pays pauvres. Selon un certain commandant Ralph Peters, écrivant dès 1997 dans *Parameters*, la plus importante revue militaire théorique américaine, une révolte des pauvres aurait lieu d'abord dans les pays du tiers monde contre leurs dirigeants, incapables de surmonter les facteurs structuraux d'accentuation du développement inégal ; puis les peuples allaient diriger leur colère impuissante contre les États-Unis, qui devraient bien se défendre et donc faire un « bon paquet de massacres » (« *a fair amount of killing* ») [5]. En admettant que les luttes « culturelles et

5 Ralph Peters, « Constant conflict », *Parameters*, été 1997. « Le rôle effectif des forces armées américaines sera de préserver un monde sûr pour notre économie et ouvert à notre dynamisme culturel. Dans ce but, nous ferons un bon paquet de massacres » (« The *de facto* role of the US armed forces will be to keep the world safe for our economy and open to our cultural assault. To those ends, we will do a fair amount of killing »).

économiques » seraient plus décisives que les combats militaires, Peters considérait que le recours à des massacres sans limites ferait partie de la supériorité économique et du « dynamisme culturel » des Américains.

Depuis, on a de fait banalisé, dans les pratiques de guerres « acceptables », des actes condamnables comme crimes contre l'humanité. Cette légitimité des crimes de guerre, qui efface pratiquement les acquis judiciaires de l'après-guerre antinazie, des après-guerres coloniales et de l'après-guerre froide, a contribué au sursaut éthique des juristes qui, depuis les guerres atroces du Rwanda/Burundi, de l'ex-Yougoslavie ou de Tchétchénie, se sont mobilisés autour de la notion du droit ou du devoir d'ingérence en cas d'automassacres.

Étape n° 2 : l'imitation réciproque du libre marché de la guerre et du libre marché du commerce. — C'est au moment même où le droit international humanitaire a fait des progrès importants, avec la création en 2002 de la Cour pénale internationale, qu'on doit affronter des violations évidentes prouvant qu'on est dans un retournement historique particulièrement rebutant vers l'acceptation de la barbarie. Ce retournement a commencé à la fin des années 1990, alors que l'on prenait conscience, avec une espèce de timidité, du fait que les États n'étaient plus maîtres des principes, moraux ou immoraux, en jeu dans les relations internationales et que les libres entreprises commençaient globalement à imposer non pas leurs « principes » mais leurs « normes », inspirées par la guerre de tous contre tous connue en économie comme « libre concurrence ».

Il faut rappeler que, de toute façon, la recherche du profit n'a jamais été réglementée éthiquement par des décisions internes aux entreprises commerciales, industrielles ou financières, mais toujours et uniquement par l'intervention de l'État — et encore, uniquement en matière d'industrie, de commerce et de fiscalité interne. Au lieu d'être repoussé au nom d'un intérêt général de l'humanité, le flou juridique sur la notion de profit gagne au contraire du terrain sur le plan international, en raison de l'affaiblissement général des États ; et ce flou progresse y compris en matière de droit économique interne. En fait, les normes de la globalisation néolibérale sont plus nettement fondées sur la liberté de la guerre (économique) privée sans contraintes, que ce que les militaires ont jamais souhaité atteindre en matière de « liberté d'action militaire » en temps de guerre.

On voit donc se heurter publiquement, dans des tournois inégaux, deux écoles : d'un côté, le souci d'étendre le droit pénal et donc l'éthique du bien commun à l'échelle mondiale ; de l'autre, le point de vue opposé, qui gagne du terrain dans la pratique : la légitimité d'un droit économique et financier à la recherche d'un profit sans aucune entrave. Indirectement, les entraves militaires traditionnelles, qui font que les soldats réguliers ne sont pas des assassins, se trouvent à chaque instant dépréciées, comme réduites au niveau subalterne qui est déjà celui des normes politiques : le droit de la guerre (*ad bellum* et *in bello*) et les normes clausewitziennes de la prééminence du but politique sur l'objectif militaire (du *Zweck* sur le *Ziel*) et de la paix sur la guerre sont traités comme des coutumes anciennes dérivant de l'honneur militaire et des vertus féodales, ou encore des manies cérémonielles du corps diplomatique.

En effet, on ne peut plus parler, pour les entreprises, de principes éthiques fondateurs comme on le fait en droit, puisque le code de conduite des entreprises est la liberté sans contrainte des méthodes, pourvu qu'elles permettent la croissance du profit ; on parle seulement de « normes » et non pas, comme en droit, du respect réciproque, du droit des uns limité par le droit des autres. L'état de guerre privée était la situation normale dans l'économie de libre marché, mais ce chaos était naguère sous contrôle hégémonique du droit des États maîtrisant ou déchaînant la guerre. Ce double pouvoir est désormais mixé.

Une tentative a été faite pour créer la notion d'intérêt public universel, qui serait la projection sur le champ global de ce que la plupart des sociétés politiques ont structuré comme idée de l'intérêt général sous la forme institutionnelle de « service public ». Il y a bien au niveau de l'ONU ou de l'Unesco l'ébauche d'un service public universel ; et l'écologie trouve même à droite des défenseurs d'une gestion rationnelle des ressources naturelles à l'échelle globale. Mais, pour l'empire, c'est un archaïsme. Les nouvelles institutions internationales (G8, G20, clubs divers comme Davos, etc.) fonctionnent comme des services privés coutumiers. Bientôt l'ONU elle-même sera considérée sous cet angle par l'OTAN, comme une institution archaïque « utile à l'OTAN » (*cf.* le communiqué final de la réunion de l'OTAN à Lisbonne en novembre 2010 ; voir *supra*, chapitre 6). Et, si l'Union européenne a fait quelques avancées vers la création de services publics transnationaux, cet effort est la trace de l'ébauche de la transformation de l'Union en fédération et reste donc dans son principe du « droit interne » [6].

En affaires comme dans le langage stratégique militaire, on parle donc désormais plus volontiers de « normes », dans la mesure où les « principes » qui fondent certaines d'entre elles sont inavouables. L'irresponsabilité et l'autisme des normes financières actuellement acceptées permettent de recommander les comportements produisant des *effets* qu'on peut considérer comme criminels, car contraires à l'intérêt commun de l'humanité : famine, destruction d'emplois, exode rural massif, réchauffement climatique, pollution des mers… De même en matière stratégique : les pertes par « bavures » ou massacres de populations civiles, les prises d'otages et la torture sont réglementées par des normes policières inavouables ; et le cahier des charges des armements, les doctrines d'emploi des forces et l'entraînement ne sont pas toujours rapportables à des décisions responsables explicites, qui pourraient connoter des décideurs ou des industriels de l'armement comme criminels virtuels.

Pour sanctionner certains crimes de guerres et crimes contre l'humanité, et également certains crimes financiers, il faudrait donc pouvoir créer le concept de « culpabilité systémique »,

---

6 *Cf.* Monique Chemillier-Gendreau, « Pour une éthique de l'économie : le droit, élément de frein ou de progrès ? », programme interdisciplinaire « Éthique de l'économie », *Économie-Éthique*, n° 1, Unesco, Paris, 2003, p. 14 ; Antoine Lyon-Caen et Véronique Champeil-Desplats, *Services publics et droits fondamentaux dans l'Union européenne*, Dalloz, Paris, 2001.

permettant de mettre en examen d'autres individus que les auteurs directs de crimes. En général, seuls des sergents ou des chefs de section ou de compagnie sont mis en accusation pour crimes de guerre, mais non les responsables du système criminogène ; la préméditation de crime incarnée dans la définition des performances tactiques d'une arme, son expérimentation et son emploi échappe à l'enquête ; de même que la manœuvre, conçue en plus haut lieu en guerre urbaine, impliquant le massacre de civils. Pour aller dans cette direction, il faudrait admettre d'abord, avec un gros effort, que la possession d'une arme atomique, malgré la stratégie de dissuasion, est la préméditation d'un crime contre l'humanité, ce qui servirait à rendre explicites des modèles de préméditation aux échelles inférieures où la paralysie réciproque s'évanouit.

Les normes de comportement des entreprises dans le système néolibéral ne sont pas balisées par des normes éthiques de la réciprocité. Certaines tactiques et stratégies économiques sont certes rendues prévisibles par les normes affichées par les agents économiques, ce qui peut paraître une construction éthique, mais l'*ethos* en question n'évalue la réussite ou l'échec qu'en fonction de profit. La régulation des performances en termes sociaux est laissée aux pouvoirs d'État, à la science politique qui n'est pas aussi chiffrable que l'art financier.

On a pu longtemps admettre que la « liberté » du commerce et de l'industrie était nécessaire à la prospérité générale des nations mais, en fait, elle ne fut utile politiquement que parce qu'elle restait bridée par la loi au plan intérieur, et encadrée au plan international par le frein sérieux du recours éventuel à la guerre dans la défense d'intérêts économiques. La liberté totale, sans principes régulateurs au plan international, de l'économique, devenue la chrématistique, est une innovation qui paraît échapper à l'emprise des juristes. La montée aux extrêmes de la guerre, comme norme, restait modérée chez les militaires par la recherche de la victoire politique comme principe ouvrant sur le droit des gens. Alors que la guerre économique absolue et globale, apparaissant comme une formalisation du non-droit, va jusqu'à l'ablation de toute restriction éthique. La disparition de la modération clausewitzienne opère donc comme un transfert des libertés de la guerre économique à la guerre militaire : comme on l'a vu, la régulation réciproque qui était imposée naguère par sa finalité (éviter la montée aux extrêmes) est éliminée sans remords dans les guerres « sécuritaires » qui, étant asymétriques, ne montent qu'aux extrêmes du plus fort.

Dans l'espace spéculateur, libéré sans limites, le crime économique n'a plus de signification politique. Il y a convergence entre l'extrémisme déshonorant de la guerre coloniale lorsqu'elle devient une barbarie fasciste et l'extrémisme déshonorant d'une irresponsabilité économique lorsqu'elle devient simple calcul comptable d'intérêt usuraire, fermant les yeux sur les tsunamis des krachs et des bulles qui crèvent en faisant des victimes sociales et économiques par millions.

Étape n° 3 : la dégradation de l'éthique militaire par la guerre urbaine totale et ses arsenaux. — Dans une guerre déclenchée pour des raisons économiques et financières, les enjeux principaux ne peuvent résider dans la conquête de zones rurales déshéritées où se réfugient souvent le patriotisme territorial le plus ardent et la violence tribale ; mais ces zones ne doivent rien au pouvoir central et ne constituent pas un marché. C'est pourquoi, dans toutes les guerres récentes, les assauts sont d'emblée donnés aux villes, aux capitales nationales ou provinciales : c'est bien là qu'on trouvera les clés du pouvoir politique à détruire et les élites sociales et financières à conquérir ou contourner et corrompre, pour évacuer les résistances absolues et trouver les alliés nécessaires à la technostructure globale. Or, cet objet non territorial mais ponctualisé qu'est une ville contient malheureusement une concentration de gens et un paysage construit qui rendent impossible la progression conquérante des chars et des guerriers s'emparant du territoire national pour bientôt prendre la ville où s'est réfugié le pouvoir politique, la bonne vieille conquête impériale.

On ne peut plus écraser une armée et gagner une guerre sans combats urbains et donc sans commettre des crimes de guerre en raison de la masse de civils. La tolérance au massacre fut fondée, pendant la Seconde Guerre mondiale, sur l'« autorisation » des bombardements massifs sur les villes, destinés à détruire la capacité industrielle et le moral des civils. Pendant la guerre froide, ce « douhettisme » (voir *supra*, chapitre 9) s'est transmis, virtuel mais intact, dans la dissuasion nucléaire réciproque ; mais aussi, réel et asymétrique, dans les guerres de Corée et du Viêt-Nam. En outre, dès la chute annoncée de l'URSS sous Gorbatchev, la « guerre du Golfe » a bien été une opération interarmes, mais le recours aux bombardements massifs de l'US Air Force était un élément prépondérant de l'action et allait le rester longtemps. Même si l'armée américaine a évolué ensuite vers l'usage généralisé des drones, des hélicoptères lourds et des assassinats ciblés, pour faire de la répression un art du détail, il faut appeler cela du « douhettisme ciblé » : c'est toujours la fuite du champ de bataille et la négation de l'interaction au combat. Et « ignorer » l'adversaire où civils et militaires sont mêlés, c'est accepter les bavures.

Le système de représentation du nouvel ordre était seulement naissant quand l'invasion du Koweït et la décomposition de l'URSS précipitèrent des décisions politiques et militaires fondatrices d'un système nouveau. L'impossibilité de gérer une guerre sans violation des droits de l'homme et sans commettre quelques crimes contre l'humanité est devenue une norme irrépressible. Elle est référée à cette « non-limitation de la logique de guerre », cette loi de la montée aux extrêmes de la violence. Et, même si les États-Unis ont aussi appliqué le principe contraire de limitation de la montée aux extrêmes en évitant de s'emparer de Bagdad dans la guerre du Golfe, ils ont fait néanmoins le choix de mener la guerre contre la population entière même après la victoire : l'embargo prolongé contre un pays ravagé s'apparente bien à une prise d'otages ou à une torture effectuée au niveau collectif pour influencer les dirigeants. Or ce furent des résolutions de l'ONU qui décidèrent que l'embargo économique serait maintenu, même après l'évacuation du Koweït, comme pression servant au contrôle de l'élimination des installations industrielles et militaires scientifiques, nucléaires et chimiques. En « torturant les enfants pour agir sur les parents », en plus global : exactement ce qu'Amnesty International reprochait à Saddam Hussein dans son rapport de février 1989 *Children Innocent Victims of Political Repression*. L'ONU s'est donc faite complice de cette mutation. Les guerres suivantes menées en Irak et en Israël seront définitivement des guerres urbaines, prenant les populations civiles pour cible.

La poursuite des opérations contre l'Irak au-delà de la guerre est une improvisation qui définit bien, dès la fin de la guerre froide, l'entrée des États-Unis dans une logique de guerre sans limites. C'est grâce au flou dans la définition des états de guerre, qui ne sont pas maîtrisés par les États, que se glisse le flou de l'éthique des doctrines d'emploi des forces, de plus en plus inscrites dans le cadre de la guerre urbaine, où l'ennemi n'est pas en uniforme. Et les nouveaux arsenaux utilisés sont équipés de logiciels codés comme pour préparer des crimes de guerre avec préméditation. Du point de vue des « marchands de canons », c'est là une interprétation malveillante qui touche à la diffamation ; mais, du point de vue d'une sociologie des représentations stratégiques et tactiques de la guerre, c'est une analyse anthropologique nécessaire.

Car la préméditation ne s'exprime pas essentiellement par des ordres précis (*jussus*), mais par les normes de létalité incarnées dans les arsenaux porteurs de logiciels de destruction et par les doctrines d'emploi des forces ou les simples consignes de combat en ville. Celles-ci sont fondées sur la protection absolue des combattants et le droit de préemption tactique rendue possible par les arsenaux contenant des armes à effet de surface ou de volume sans visée ; mais ces arsenaux impliquent une importante probabilité de « bavures ». Des stratégies de prise d'otages dans la population civile utilisable comme bouclier sont pour ainsi dire inscrites dans le cahier des charges techniques des arsenaux et des manœuvres de la guerre urbaine. Elles peuvent entraîner jusqu'à la destruction d'un peuple sans qu'il s'agisse nécessairement d'une fin politique, mais du résultat d'une utilisation extrémiste des principes de l'action policière et du tir préemptif en légitime défense. Et, en terrain urbain, tout tir en premier est en légitime défense.

Étape n° 4 : la promotion du démocide et du génocide. — Malheureusement, l'expérience prouve qu'on peut de nos jours faire la guerre pour la guerre, pour détruire complètement l'adversaire et non plus pour le soumettre, même si cette option génocidaire passe pour perverse et est considérée comme un crime contre l'humanité. C'est la version qui a séduit le pouvoir impérial américain sous la présidence de George W. Bush, pour des raisons fondatrices de l'identité des États-Unis dans la conquête de la prairie, mais aussi par une mutation dont l'origine est plus abstraite : l'effacement des identités nationales, tendant à éliminer la logique politique des guerres et à généraliser la logique policière de la répression sans négociation.

Écraser le « camp du Mal », paradigme de l'action vengeresse proclamée au lendemain du 11 Septembre, échappe à toute rationalité militaire et constitue l'apothéose de la version policière du combat armé, poussée jusqu'au bout ; elle explique la décriminalisation de certaines déviances (la torture) et la promotion jusque dans des actions préventives de la norme policière ordinaire — et nécessaire — qui fait qu'un policier dans un État de droit, sauf cas de corruption, ne négocie pas avec l'ennemi délinquant pour rétablir la paix dans les quartiers, mais le poursuit sans accommodement possible au nom de la loi. Alors que le militaire en guerre savait naguère qu'il avait pour objectif, au nom de la patrie, de restaurer les conditions d'une paix négociée ou imposée à l'ennemi battu. Le dérèglement policier de la guerre n'est donc pensable à l'échelle globale que par l'abandon de tout « patriotisme ».

Ajoutons que le programme propulsé dans le monde par l'extrême droite religieuse américaine ne serait une stratégie rationnelle pour la spéculation globalisée que si le « camp terroriste transnational » existait vraiment. Or ce « camp terroriste » n'est que la manifestation d'une révolte désarticulée et suicidaire contre le dérèglement violent organisé par le néolibéralisme de guerre et par la mentalité militaire métamorphosée en idéologie policière du type Ralph Peters. Une idéologie qui découle évidemment des expériences coloniales vécues par l'armée américaine au Viêt-Nam et avec les dictatures latino-américaines, que l'extrême droite américaine au pouvoir sous George W. Bush a tenté de renouveler par les expéditions d'Afghanistan et d'Irak et par le soutien inconditionnel au champ d'expérimentation israélien.

Le nouvel arsenal informatisé permet d'accepter l'exercice d'une violence absolue mais graduée, tolérant au sommet du rhéostat des actes génocidaires — que j'appelle plutôt « démocidaires », pour éviter d'y déceler nécessairement des motivations racistes et mettre plutôt en évidence leur motivation antidémocratique. Les premiers de ces « démocides » furent commis au début des années 1990, plutôt par un « laisser faire » des puissances dominantes, agissant parfois sous mandat de l'ONU avec une tolérance molle à l'égard des tueurs fascisants locaux. Pour des motivations psychotiques, archaïques ou électorales, tous ces militaires et ces paramilitaires devenus « tribaux » ont instauré une partie de la « fatalité du massacre » par leurs crimes dans les guerres de la corne de l'Afrique, de l'Afrique des Grands Lacs, du Libéria, de la « Françafrique », la « Belgafrique » ou l'« Anglafrique », de Yougoslavie ou dans le Caucase et au Moyen-Orient.

Le contre-courant éthique chez les militaires. — Fatalité du massacre des pauvres ; libéralisation du droit de la guerre comme libre entreprise et généralisation du recrutement d'armées privées sous contrat ; dégradation de l'éthique militaire dans la guerre urbaine et banalisation des nouveaux arsenaux robotisés ; mutations vers des missions policières imposées aux armées dans les « guerres sans fin » faites aux peuples : ces quatre glissements sont restés insupportables dans bien des armées occidentales, qu'elles soient ou non de conscription, surtout quand elles ont été entraînées à la protection des populations civiles comme « casques bleus » dans les années 1990.

Ces combats douteux ont effet permis d'affiner les problèmes éthiques dans des missions de protection et d'interposition, jusqu'à faire de ces missions une spécialisation qui mériterait, selon certains militaires, d'être considérée comme une nouvelle « arme » par la spécificité de ses doctrines. Dès lors que le fait de massacrer des civils — ou même de les laisser massacrer (comme les Néerlandais à

Srebrenica en 1995) — est considéré comme un crime de guerre, l'entraînement des unités spécialisées dans les missions de ce genre serait à prévoir comme un exercice différent, une branche de l'art militaire exigeant des combattants un savoir-faire et un courage particuliers. En France, les « marsouins » (l'ex-infanterie coloniale ou infanterie de marine) ont ainsi érigé leurs expériences des années 1990 et 2000, bien au-delà des recommandations parfois inapplicables de l'ONU ou de l'OTAN, en un système d'intelligence du terrain destiné à illustrer l'héroïsme des troupes françaises dans la défense des civils comme une partie de la mise en forme de la guerre en vue de la paix. S'inspirant d'une idéalisation de Gallieni et de Lyautey, l'infanterie de marine française s'efforce aujourd'hui de gagner la paix et les cœurs, mais cette vision onusienne est peu compatible avec la brutalité et l'autisme des buts de guerre qui caractérisent les entreprises américaines de « pacification » et qui détruisent à la fois le passé et l'avenir.

12

Victoire et vulnérabilités de l'empire usuraire

Sans aucun doute, l'empire sans nom de la nouvelle oligarchie globale a remporté une victoire sur le monde, malgré les échecs militaires et les guerres informes qui marquent le paysage. Mais cette victoire n'est pas définitive, parce qu'elle a abouti à des résultats qu'on peut qualifier d'« ubuesques » en mémoire d'Alfred Jarry. On l'a vu, la crise de 2007 a en effet révélé à l'opinion mondiale la ruine éthique et politique sur laquelle s'appuie la nouvelle classe dominante. Le défi qu'affronte l'humanité est désormais celui du retour à une gestion globale de la paix après la fin de la bipolarité, qui avait fini par fonctionner comme système de sécurité mondial jusqu'en 1990. Depuis lors, nous vivons une dérégulation générale et croissante de la violence dans l'économie financiarisée imposant la domination du court terme, ce qui pousse, *volens nolens*, à la prolifération des agressions sécuritaires. Grâce à l'informatisation (de la finance comme de la guerre), les tactiques et les stratégies sécuritaires ne connaissant que des objectifs de court terme sont en effet plus faciles à pratiquer que les stratégies de paix, nécessairement inscrites dans le long terme. C'est pourquoi on ne pourra renverser la prééminence du sécuritaire et restaurer la paix sans un succès préalable des stratégies capables de penser le maintien de la paix contre les stratégies des classes sociales dominantes, qui pensent la répression en

« temps réel », en réalité le temps artificiel de la destruction et de la prédation. Il est donc utile de faire le bilan de leur victoire, pour ensuite dresser le tableau des vulnérabilités du système, afin d'évaluer les perspectives de son effondrement sous la forme la moins dommageable pour les peuples, c'est-à-dire en évitant la menace de guerre mondiale.

Les six caractéristiques de la victoire politique du néolibéralisme de guerre

1) *La nouvelle conquête « fractale » généralisée.* La victoire tient à la cohérence de la « nouvelle conquête », qui a soumis le monde entier à un empire prédateur fonctionnant à toutes les échelles comme un système fractal, composé d'une infinité de succursales sans qu'apparaissent aucun centre ni aucun sommet de cette construction sans foi ni loi. Elle est fondée sur la transformation agile de toute activité créatrice en accumulation de profits concentrés par la spéculation informatisée, engendrant des endettements gargantuesques en produits obligataires servant des intérêts usuraires à une oligarchie rentière, ou qui s'effondrent soudain en ruinant les derniers cotisants, les gogos du mirage qui a partout la forme d'une pyramide de Ponzi.

2) *L'empire du nouvel Hitler invisible.* L'empire global a fondé son succès sur l'invisibilité du pouvoir économico-militaire fascisant qui s'est installé de manière discrète, en laissant subsister tous les symboles de la souveraineté nationale, éventuellement démocratique, tout en détruisant les souverainetés démocratiques fondées sur la territorialité des nations. La gestion alternée des États par la carotte et le bâton ne disparaît pas complètement, ce qui permet de masquer le fait que la souveraineté des entreprises a succédé à celle des États. En 2010, les États volent ainsi au secours des banques menacées de faillite et, en 2011, les banques volent au secours des États faillis : ces deux postures complices laissent supposer deux

oligarchies complémentaires, l'une bancaire transnationale et l'autre étatique nationale. C'est là une bonne illustration de l'invisibilité du nouveau pouvoir des transnationales : on ne le voit pas si on le croit encore double, alors que pouvoir politique et pouvoir financier ne font plus qu'un dans l'affaiblissement de l'État démocratique. Pour les membres de la classe rentière globale, ce qu'on appelle encore « corruption » et « conflits d'intérêts » sont ainsi des modalités techniques légitimes et ils s'étonnent donc qu'on ouvre des dossiers d'instruction sur des affaires qu'ils vivent comme parfaitement normales. De même, nombre des fonctionnaires des bureaucraties d'État se sont habitués à ce que les lois soient rédigées par les lobbyistes. Les ministres sont au courant...

3) *L'arme de la délocalisation des entreprises et des comptabilités des profits*. L'impôt et la force armée sont des outils propres au pouvoir des États, tant qu'ils restent souverains. Mais ce sont désormais les entreprises qui décident souverainement — et non démocratiquement — de la répartition des bénéfices entre dirigeants, travailleurs et actionnaires et qui imposent leurs choix aux États. On peut considérer cette faculté décisionnelle comme l'équivalent du pouvoir étatique de décision fiscale ou budgétaire, mais elle a « lieu » au sein d'une entité sociale délocalisable, qui peut se débarrasser des travailleurs mécontents en déménageant une usine ou en déclarant la faillite d'une marque.

Cette souveraineté de l'entreprise est assurée en première instance par la seule « violence comptable » : la violence du licenciement pesant sur les travailleurs est engendrée par son droit de délocalisation en cas de pression sociale ou fiscale jugée « excessive » sur les salaires patronaux ou les revenus des actionnaires. Ce jugement décisif est financier plus qu'industriel. Il intervient sans recours, comme une conséquence des choix du taux de rentabilité du capital en dessous duquel on déclare non rentables une entreprise ou une branche.

C'est seulement en dernière instance que les entreprises cherchent à imposer la discipline sociale en demandant à l'État l'appui des forces de répression. Cela arrive assez rarement contre une usine isolée, en grève pour protester contre la faillite proclamée quand les profits du site passent sous la limite fixée par la direction souveraine. Ces cas sont traités par le désespoir plus que par la violence. Mais on sait déjà que l'exercice de répression peut se tourner contre un peuple, ou une partie du peuple, déclaré « failli », comme on l'a vu en Grèce en 2011. Toutefois « délocaliser » la Grèce n'est pas une solution possible. Devrait-on obliger son peuple à émigrer, ou pourra-t-on pressurer fiscalement son oligarchie corrompue au nom d'une directive européenne ambiguë ? Qui est ce « on » anonyme, supposé rechercher le « bien » économique quand les décisions sont prises en fonction des seuls critères financiers ? C'est une question de politique, mais aussi de présentation comptable.

4) *La faillite comme décision comptable n'est plus fixée par la loi ni par la coutume.* Ce point est fondamental pour comprendre les manœuvres et les esquives formelles du nouveau système de pouvoir, qui font partie de sa « victoire ». La délocalisation après mise en faillite sur comptabilité locale est un objet stratégique général, qui dérive d'une mutation des critères économiques classiques en critères exclusivement financiers, naguère toujours localisés (quand l'économie, on l'a vu, était le « principe de gestion de la maisonnée »). Ces critères financiers jouent librement sur plusieurs définitions comptables possibles de l'échec entrepreneurial. La délimitation libre des échelles de bilans partiels connotant la hiérarchisation des succès ou des échecs est stratégiquement soumise à des décisions d'ensemble, non locales. Ce libre jeu sur les bilans locaux ou globaux résulte de la suprématie de la « morale financière » sur la « morale économique », qui pouvait autrefois souhaiter le maintien des collectifs locaux (ouvriers, techniciens, marché fidélisé) comme constituant un actif, un élément du capital investi. Cette suprématie de la « morale » financière s'applique à plusieurs échelles : l'échelle micro du sous-traitant, l'échelle méso de l'entreprise ou de la branche, l'échelle macro de la manœuvre entre banque privée et fiscalité d'État. L'application de la « morale chrématistique » peut donc aller jusqu'à la nécessité d'engendrer une guerre civile locale. La Grèce de 2011 en a été un premier exemple, mais d'autres étaient alors en préparation en Italie, en Espagne ou ailleurs.

La faillite grecque a-t-elle concerné une dette publique ou privée ? C'est bien difficile à dire quand l'État, avec la complicité d'une banque transnationale américaine (Goldmann Sachs), a déguisé pendant une longue période sa dette publique en dette privée, sur un compte privé de la Banque de Grèce, afin de pouvoir s'endetter davantage en évitant une hausse du taux d'intérêt de ses emprunts qu'auraient provoquée les attaques des agences de notation. Et aussi pour s'éviter d'être contraint à imposer les profits privés du secteur « intouchable » de l'Église orthodoxe et des armateurs grecs. La catastrophe, devenue une faillite au sens comptable traditionnel, a ainsi été retardée, mais elle était inévitable — il s'agit d'une pratique spéculative qu'on peut classer comme un « dol » (délit dont le nom dérive du mot latin signifiant « tromperie rusée »). Pourrait-on placer l'oligarchie grecque sous tutelle de l'oligarchie chinoise, tellement plus sérieuse que leur homologue américaine et qui s'est déjà emparée de quelques morceaux du port du Pirée ? Ce n'est pas encore de la compétence du Parlement européen ou de la Commission, qui, dans ce sens, ne sont pas aussi souverains que le Sénat américain ou le comité central du PC chinois. Le « on » européen, celui qui devrait faire le médiateur politico-financier nouveau style entre le pouvoir financier délocalisé et le pouvoir répressif localisé, n'est pas encore institutionnalisé.

5) *La prédation de type néocolonial s'organise dans tous les espaces.* Fractal, invisible et délocalisable, le pouvoir prédateur est à la fois interne et externe, si bien qu'il peut selon les besoins faire appel à des répressions internes, à des expéditions externes ou à des expéditions internes-externes frontalières, à des éclatements de confédérations ou d'États fédéraux composés de *Länder* historiques comme l'Allemagne, la Belgique, l'Espagne ou l'Italie. Troubles et répressions dont l'intensité peut être modulée avec une grande finesse grâce aux rhéostats des comptabilités et du nouvel arsenal informatisés.

Un régime violent peut toujours servir à maintenir un sous-développement durable, en empêchant l'accumulation et l'investissement au profit des classes populaires et en l'orientant vers la consommation des classes privilégiées ; ou vers la fuite des capitaux ailleurs ou nulle part, sur des casinos en ligne. Les mœurs et l'éthique d'une exploitation néocoloniale prédatrice se répandent désormais partout, ils migrent de façon invisible entre les espaces sous-développés et les espaces développés ; et la violence du chantage « colonial » s'exerce ainsi directement sur le salariat des pays riches, ramené parfois au niveau de pauvreté de l'Ancien Régime et qui n'est plus nécessairement capable de retourner à la survie néolithique des paysans défricheurs.

6) *La croissance des nouveaux riches et des nouveaux pauvres.* Le régime inégalitaire d'oppression policière durable sans plus d'invasions extérieures n'est pas une paix, mais se veut un état stable de l'œkoumène pouvant éviter la folie des guerres mondiales ; une remise en forme à l'échelle globale de la structure aristocratique d'apartheid riches-pauvres, qui fut longtemps l'objectif de toutes les civilisations anciennes, y compris du capitalisme libéral, utilisant l'endettement des pauvres ou les massacres comme source permanente de l'esclavage ou du servage. Une représentation esclavagiste ou féodale du bien-être s'empare alors du capitalisme financier.

Les cinq vulnérabilités du système

Le système est néanmoins structurellement fragile et on peut énumérer au moins cinq vulnérabilités qui sont en somme mortelles.

1) *La crise a mis fin à l'invisibilité du processus.* Le dévoilement du système dans la crise depuis 2007 s'oppose à la poursuite masquée de la nouvelle conquête. Tout le monde devient au courant des présupposés qui favorisent la poursuite de la grande prédation en cours. La structure fractale des systèmes de prédation permet aussi des actions populaires décentralisées d'une efficacité stratégique et d'une exemplarité médiatisables : tout conflit social local exhibe un fragment de la crise globale du système.

2) *Sécuriser des* no man's land *au profit de* no land's men ? *Tâche ruineuse impossible.* La stabilité du système repose sur la permanence de la répression dans l'instabilité des localisations d'entreprises.

Son énergie dépend donc de sa capacité de n'être jamais lié par ses alliances contraignantes avec des systèmes locaux. En gros, les fidélités locales sont vouées par la nature du système à être apolitiques, c'est-à-dire uniquement le fruit de la corruption. Mais la nécessaire corruption des élites et des systèmes répressifs est une forme d'alliance extrêmement coûteuse.

À défaut d'intérêts communs stabilisés par une alliance sociale locale, une seule localisation est vraiment solidaire : le siège des banques off-shore et des gestionnaires de fraudes fiscales. Mais leurs mémoires électroniques vulnérables ont intérêt à être dupliquées en cas de cyber-attaque ou de tsunami. Le nombre croissant des prolétaires de l'informatique va multiplier les fuites d'informations stratégiques confidentielles, éroder l'hégémonie par la dispersion électronique de preuves de localisation de profits et de liquidités hors contrôle et gêner la jouissance des revenus princiers.

3) *L'activité économique dans tous les espaces de prédation doit aussi maîtriser le long terme et le long cours.* L'économie est au départ production et logistique (consommation, stocks et flux), ce qui implique une sécurisation des travaux de longue durée ou de longue portée (usines, mines, silos, ports, flottes, routes et pipelines) par une socialisation politique de la cohabitation durable — c'est-à-dire de la « paix » — et par la police légitime des routes et des mers — plutôt que par la généralisation des milices, des clôtures sécuritaires automatiques et de la lutte publique et privée contre les pirates. Mais, pour assurer les rendements usuraires, on substitue l'agilité spéculative à l'investissement infrastructurel. La sécurité logistique en pâtira, y compris celle qui dépend des équilibres écologiques. Les grands travaux demanderont des crédits planifiés à long terme. L'horizon de l'ivresse de la victoire ploutocratique est donc limité.

4) *Les systèmes répressifs urbains et informatisés ne sont toujours efficaces que dans le court terme.* C'est la temporalité de la piraterie. C'est une forme de piraterie riche, qui provoque l'apparition d'une forme de piraterie pauvre. Le progrès dans la précision, la rapidité et la portée des armes létales depuis vingt ans a été foudroyant. En gros, l'activité militaire fut essentiellement la destruction par

l'asymétrie dominante dans l'urgence de la menace réciproque, et la destruction est un processus rapide à tout point de vue : il est plus rapide de tuer un homme que d'élever un enfant jusqu'à l'âge adulte, de brûler une récolte que de défricher, semer, récolter et protéger les silos. La victoire en temps réel est une composante réelle de la domination de l'empire, mais il ne maîtrise pas la durée.

La destruction assumée par l'action militaire dans le temps court des actions de guerre traditionnelles n'avait pour but rationnel qu'une paix victorieuse assurant le retour à la gestion pacifique du long terme, nécessaire à l'économie et à la vie en général. On se contente désormais de contrôler le terrain et de gérer la reconstruction comme une suite de contrats juteux pour les entreprises et les élites locales. Tout se passe sous l'œil confucéen de la Chine, qui conserve davantage le désir du contrôle du temps long et se lance à la conquête de l'Afrique avec un souci de fidélisation économique autant que de prédation des matières premières. Alors que l'activité économique euro-américaine est dominée par la gestion financière des entreprises qui recherchent le profit à court terme et vivent donc dans une temporalité « militaire » myope, celle de l'exploitation immédiate des avantages tactiques. Dans l'ivresse permanente de la préemption en temps réel, des choix créateurs de profit, sans consolidation politique, elle est donc extrêmement vulnérable.

C'est la même temporalité que celle des pirates pauvres, la lutte héroïque pour la survie en moins. Et, justement, les pirates réapparaissent dans les détroits. Contre eux, la victoire ne peut être remportée que par une alliance populaire pacifique restaurant le temps long, qui se substituerait à la survie des populations locales par la piraterie. C'est la première des tâches d'une conquête impériale — à l'instar de Gallieni au Tonkin, du grand Pompée en Méditerranée orientale ou des Portugais négociant diplomatiquement leur entrée dans le commerce de l'Inde à l'Inde en détruisant la piraterie grâce à leur flotte de guerre, trop chargée de canons pour faire commerce de pillage et donc seulement compétente pour sécuriser les flux. Mais la « conquête » sous cette forme contractuelle est démodée. Si les États ne sont plus légitimes, même en matière de police, on ne donne pas cher du maintien de l'ordre fragile automatique et inhumain qui s'annonce et se déploie comme trace d'une défaite politique.

5) *Les forces armées ne veulent pas mourir pour rien.* L'efficacité et l'éthique particulières aux personnels de maintien de l'ordre résident dans leur conviction d'être en charge de la protection du peuple, pas seulement des élites. Or, la fonction de protection du peuple est détruite par la nomadisation des entreprises et la dénationalisation des élites. La classe rentière usurière délocalisée ne peut donc pas non plus compter sur la fidélisation politique routinière des forces armées militaires ou policières régulières dans un pays donné, au-delà d'un certain niveau de répression et d'injustice sociale. Il faut alors qu'elle supprime ces services publics par privatisation des polices ou de l'État, ou qu'elle les charge d'être eux-mêmes gestionnaires de l'économie locale d'extraction de la plus-value et de sa concentration dans les systèmes financiers. Modèle militarisé : Moubarak. Modèle policier : Ben Ali. Des formules improvisées comme solution transitoire avant la vraie modernisation néolibérale, dont on espère peut-être qu'elle jaillira de la révolution de Facebook détournée par les spécialistes en communication. Mais les démocrates méditerranéens ne sont pas de simples idéalistes sortis d'une BD hollywoodienne. Ce qu'ils appellent liberté, comme tous les peuples anciens, n'est pas la liberté d'entreprendre, mais celle de vivre de leur travail non comme esclaves mais comme libres citoyens, en restant au pays, et d'anéantir la corruption.

Le rôle stratégique de l'indignation européenne

Le double tableau des six succès et des cinq vulnérabilités de l'empire chrématistique montre que sa « victoire » placée toujours dans un court terme prolongé n'est pas une véritable conquête politique des peuples qu'il prétend contrôler. Non que cette victoire ne s'étende pas à l'univers entier : au contraire, toutes les grandes fédérations ou confédérations d'États (États-Unis, Inde, Chine, Union européenne...), l'Afrique, le Maghreb, le Machrek et l'Amérique latine font partie de l'empire. Les sous-empires, grosses masses géopolitiques identitaires ou petites îles spécialisées, assurent même des fonctions impériales diversifiées : fonctions bancaires (Chinois, Européens et Britanniques), militaires (Américains) ou culturelles — exhibant des modèles de sociétés inégalitaires traditionnelles non encore complètement détruites, fournissant certains paradigmes « légitimes » (Inde, Amérique latine, pays arabes). Seule l'Afrique, dominée immoralement par l'explosion des massacres paramilitaires, résiste moralement par la solidarité dans la souffrance et l'héroïsme dans l'exil des hommes, des femmes et des enfants du chaos. Mais aucune des articulations de ces continents avec l'empire n'équivaut à une conquête, parce que la classe rentière ne peut dominer la contradiction entre conquête du monde entier et ordre politique et économique acceptable localement par les peuples.

L'Europe de l'euro n'a pas encore conquis un créneau fonctionnel consolidé dans cette confédération acrobatique mondiale. Mais elle pourrait peut-être bientôt trouver une spécialisation indispensable dans la contre-attaque démocratique, avec l'appui des peuples méditerranéens. Car la destruction de l'État-providence n'est pas près d'être considérée en Europe comme un brillant succès de la libre entreprise. Par ailleurs, la social-démocratie et la démocratie chrétienne, sans compter la définition de l'islam comme paix, font partie des piliers de la conscience politique et sociale européenne. Il est donc impossible d'imaginer en Europe la légitimité d'un système fondant une éthique durable sur l'agilité de la corruption et le populisme du pourboire, même en Italie, qui fut un temps à l'avant-garde de la pensée sociale innovante et radicale.

Le massacre des pauvres et la destruction des services publics sont inscrits dans le logiciel du chaos et servent le libre marché commercial et financier. Mais les Français, dans la tradition gaullienne ou de la gauche anticolonialiste, les démocraties latino-américaines soutenues par les objectifs récurrents des révolutions cubaines et chiliennes, avortées mais mémorisées, et par la lutte contre les dictatures militaires, tous ces fragments de la résistance ont tenu le rôle de premiers contestataires à l'époque où l'empire postcolonial naissant était clairement l'empire économique et militaire des États-Unis. Ils ne vont pas accepter cette dérive. L'Allemagne et la Russie non plus, avec leur vocation obstinée de producteurs.

La crise révèle la faiblesse de l'empire usurier global, avec ses conflits naissants entre oligarques américains et chinois, entre oligarques européens et américains, entre oligarques indiens et islamistes. L'effondrement viendra inéluctablement, non pas des erreurs de calcul dans les prévisions de croissance, des chiffrages grinçants du poids de la dette grecque ou américaine, du pourcentage de produits obligataires pourris cachés dans les coffres des banques, mais en amont de ces symptômes, de ce que tous les peuples observent à l'œil nu : l'incapacité militaire, politique et éthique de cette structure violente à créer un système durable garantissant l'extraction et la redistribution des bénéfices du progrès au profit des peuples et de la conservation de l'environnement, la démesure des milliardaires et des dictateurs fous, des bureaucrates hébétés. La défaite du système est inéluctable, mais à quel prix ?

Défense : faire face aux vraies « nouvelles menaces »

La crise financière globale a ouvert depuis 2007 une période de troubles et de violences inévitables si on laisse aller sur son erre le bateau ivre du système financier. Il faut être précis : la globalisation dérégulée, la croissance des inégalités, la précarisation de la survie à tous les âges de la vie s'additionnent, au Nord comme au Sud, depuis que l'on efface jusqu'à la légitimité du concept de service public. Bientôt, il ne restera sous cette appellation que la police et l'armée, sans qu'on s'oppose aux armées privées qui prolifèrent. Cette « tendance » promet sans doute des catastrophes dues à la sécheresse ou aux inondations, provoquant des centaines de milliers de morts et des migrations massives. Mais il s'y ajoute aujourd'hui la menace latente des catastrophes financières à quoi on confère, dans la « religion des marchés », une sorte de souveraineté fatale semblable à celle des ouragans et qui est d'un tout autre ordre, puisque dépendant strictement d'actions humaines.

Les « marchés » sont des hommes et non des phénomènes météorologiques. — Il faut d'abord bien établir que les « marchés », qui exigent l'« orthodoxie financière » et s'effarouchent en vendant à la baisse quand il y a des troubles, ne sont pas le siège de phénomènes naturels comme un ouragan tropical ou un séisme : ce sont des hommes en chair et en os, une classe sociale devenue apatride par conviction normative au sommet, par débrouille obligatoire au niveau le plus bas. Ces gens-là prennent des décisions spéculatives, techniquement raffinées, pour maintenir à un niveau moyen très élevé des taux de profits fondés à la base sur la surexploitation des nouvelles classes ouvrières précarisées par les menaces permanentes de délocalisations, et au sommet sur des prêts usuraires des banques aux États ou des prêts à des taux d'amis des États aux banques.

Ces deux acteurs institutionnels, en se menaçant alternativement de mise en faillite, ont réussi à transférer à ce niveau théâtral la menace réelle de crise financière économique et sociale qui pèse sur les revenus populaires. On continue ainsi de construire, sur les ruines accumulées par la crise, au bas de la société, une forme planétaire d'inégalité des conditions de survie, allant jusqu'aux massacres ou aux disettes au sud du 45e parallèle.

Tout se passe comme si la nouvelle classe rentière transnationale et les droites européennes et américaines, devenues ou restées des « intégristes du marché », étaient prises de jalousie au spectacle du niveau de vie princier des élites semi-mafieuses ou traditionnelles, qu'on aperçoit, brutalement enrichies, dépensant sans compter dans les grands palaces de la *jet-set* globale. La « droite globalisée » comprend aujourd'hui les nouveaux riches russes, chinois et indiens et elle cherche désormais à reproduire dans les sociétés européennes, par des indulgences fiscales, les inégalités d'Ancien Régime qui subsistaient au XIXe siècle : la pauvreté absolue du peuple et son obéissance rétablie par l'usage périodique de la force ou, au mieux, la multiplication permanente des *poor houses*. C'est le modèle anglais du retour à l'époque victorienne : une classe énorme de serviteurs sous-payés en situation précaire, esclavagisés, ou de chômeurs assistés à vie formant une classe d'exclus — et aussi la nouvelle classe ouvrière industrielle surexploitée outre-mer. Au bas de l'échelle, des intouchables, des sans-abri, des clochards, des nomades et des Tsiganes, des enfants des rues, gavroches qu'on livre au mépris ou à la pitié du peuple apeuré. Relisons *Les Misérables* et *David Copperfield*. Ce n'est pas si loin.

Défense contre les nouvelles menaces. — Pour faire face à toutes ces menaces, qu'on se plaît à qualifier de « nouvelles » dans les documents récemment produits par l'OTAN, il se trouve que l'Europe n'a pas de stratégie. D'une part, on a renoncé par traité, par néolibéralisme ordinaire, à formuler au niveau de l'Union une politique sociale ; d'autre part, l'Union retarde indéfiniment la définition d'une politique de défense parce qu'elle en a fait dévolution à l'OTAN, qui représente et impose strictement le cadre stratégique global américain. Une politique sociale et une politique de défense, strictement européennes et coordonnées, seraient pourtant nécessaires pour traiter des « nouvelles menaces ». Celles-ci surgissent en effet, non pas du terrorisme global, mais du comportement des banques et des critères délocalisés et spéculatifs de fonctionnement des « marchés », devenus visibles à tous depuis 2007.

Par leurs réactions brutales et spéculatives pures, les « marchés » mettent en danger l'équilibre de toutes les sociétés émergentes les plus faibles, en particulier les péninsules méditerranéennes et les États balkaniques, et des deux îles atlantiques membres de l'Union. Le sort de la démocratie en Europe y est menacé, au nom d'une orthodoxie financière que les banques sont les premières à avoir violentée en favorisant la métamorphose de ces États en « États *subprimes* » insolvables. La conjoncture pousse alors les appareils d'État à prévoir une diminution générale des salaires et une fiscalité qui exige une répression des mouvements sociaux, seule méthode capable de contraindre les peuples à accepter la régression vers la misère.

La menace stratégique que représentent les « marchés », c'est bien qu'ils poussent à la répression de la démocratie sociale. La défense de la démocratie contre ces fauteurs de guerre civile doit donc devenir une préoccupation de défense et de sécurité des États de l'Union européenne et, en attendant que l'Union s'en préoccupe, il faut faire le point sur ce thème dans chaque pays membre.

Fruits de la crise, la dégradation des conditions de vie des revenus modestes et les troubles qu'elle va provoquer sont non seulement prévus, mais prémédités par les pouvoirs, qui entraînent dans certains pays leurs forces armées, leur gendarmerie et leur police à la répression urbaine depuis déjà plusieurs années. Cet entraînement et ce but existent aussi dans les forces armées françaises depuis les émeutes de 2005, mais ils rencontrent une résistance professionnelle éthique et stratégique, même si la tension sociale n'en est pas encore arrivée, en France, au point où il faudrait faire donner la troupe pour maîtriser la colère des banlieues. L'armée française est aujourd'hui plutôt défavorable aux interventions dans des guerres civiles de type néocolonial, gérées maladroitement, sous commandement américain, dans les normes OTAN ; et elle est certainement mal disposée à l'égard d'une doctrine d'emploi de la « troupe » dans la répression policière des troubles internes en France. Comment un tel paradigme a-t-il pu se développer néanmoins, depuis l'adoption des aspects « sécuritaires » du *Livre blanc sur la défense et la sécurité* de 2008 et la réintégration dans l'OTAN, et sous quelle forme pourra-t-on éloigner cette glissade incongrue, antirépublicaine ?

Pour la création d'un Conseil de sécurité de l'Union européenne. — L'Union européenne, donc son Parlement, si elle avait une politique de défense complète, devrait se préoccuper stratégiquement de ces évolutions, car le chemin pris en Euramérique menace de mort la démocratie sociale qui accompagne normalement la paix européenne. On devrait donc créer un Conseil de sécurité européen, en écartant par principe des groupes de travail la plupart des représentants de la tendance « OTAN » des États membres qui cherchent avaricieusement à faire gérer cette question par la prépondérance américaine.

Dans les conditions prévues par l'américanisation de la défense depuis Bush et la négation du problème politique de la sécurité sociétale du continent, on ne pourra pas faire face, autrement que par la répression, aux conséquences socioéconomiques et militaires d'une multiplication des conflits internes à l'Europe. Tout cela malgré la mutation souhaitée par Obama lors de son élection et dont on voit qu'il ne parvient pas à la concrétiser. Il faudra donc neutraliser l'OTAN et au besoin en sortir si on veut éviter d'être détourné de l'invention nécessaire de stratégies préventives des chocs spéculatifs et des troubles sociaux en Europe et chez nos voisins, et éviter d'être entraîné dans de nouvelles expéditions contre-insurrectionnelles de type OTAN sans rapport avec ce que tout le monde souhaite : une paix durable concertée pour le progrès par des traités d'alliance dans le voisinage sud de l'Europe.

À partir du soutien aux soulèvements démocratiques du Maghreb et du Machrek, un Conseil de sécurité européen devrait prendre des positions de principe parfaitement claires, éliminant l'ambiguïté des interventions conduites au nom de la défense de la démocratie et/ou au nom de la défense du capital transnational. Si on veut traiter sérieusement cette question, il faut des dispositifs conceptuels tout à fait différents et qui reposent sur des alliances politiques, militaires et économiques avec des États voisins ou amis souhaitant eux-mêmes sortir des aléas du discours néolibéral, au moins pour maîtriser les questions de politique sociale et le développement à long terme. Ce projet n'existe pas encore dans les programmes électoraux. « Y penser toujours, n'en parler jamais » n'est pas une attitude démocratique, mais peut-être est-ce mieux qu'« en parler toujours, n'y penser jamais ».

S'il existait, le Conseil de sécurité européen serait un organe important pour l'élaboration d'une nouvelle doctrine de l'OTAN qui ne serait pas seulement américaine. Au lieu de peaufiner une acceptation aliénante des représentations globales façonnées aux États-Unis, ce Conseil devrait se préoccuper d'élaborer des propositions et des directives sur les thèmes suivants :

— comment neutraliser une série de menaces locales et régionales qui pèsent, par l'intermédiaire des dérèglements financiers, sur l'ordre social pacifique de l'Europe ;

— comment écarter, par des législations et des négociations appropriées, les risques de catastrophes économiques induits par l'autonomie des comportements hors droit des « souverainetés d'entreprises » et en particulier des entreprises bancaires ou parabancaires, légitimés par le néolibéralisme financier et les spéculateurs sur les produits alimentaires de base, l'eau et l'énergie ;

— par quelles alliances et concertations sécuritaires (autres que l'OTAN) chaque nation européenne serait-elle capable de refonder une diplomatie politique de concertation sociale visant à maîtriser au niveau global, par des actions internationales et nationales concertées sur les groupes financiers et commerciaux transnationaux, la défense des fonctions économiques essentielles de survie populaire (santé, alimentation, eau, énergie, écologie, éducation, information).

La défense de la démocratie et celle des droits de l'homme, qui font partie du dispositif sécuritaire au sens démocratique, ne sont pas des entreprises « rentables » et c'est en cela qu'elles doivent faire l'objet d'une politique de défense, au niveau national comme à celui de l'Union. Faute de ce type de mesures, auxquelles les gouvernements européens tournent encore le dos pour la plupart et que la « Constitution » européenne ne favorise nullement, nous devrons nous préparer à une répression des troubles sociaux, qui sont prévisibles car ils sont provoqués par une politique volontariste de non-maintien de l'autonomie alimentaire et de destruction de tous les services publics et des acquis sociaux du XXe siècle.

Contre la théorie de la répression de la « guerre révolutionnaire » comme doctrine d'emploi des forces en France

Il va falloir aussi s'élever expressément contre l'avènement d'une nouvelle « doctrine de la guerre révolutionnaire » qui deviendrait valable pour la répression dans la métropole d'un ennemi « synthétique », lequel serait sans doute encore le terrorisme. On aurait peaufiné cette doctrine en Afghanistan pour penser la projection de forces dans le sens d'une pratique des opérations plus « humaniste » encore que celle défendue par Petraeus. Mais le recours à cette « contre-insurrection » pourrait masquer l'entrée dans une guerre civile sans aucune justification. La seule bonne nouvelle dans ce contexte, c'est qu'on peut penser que l'armée française, la gendarmerie et la police seraient largement hostiles à une telle mission, qui ramènerait le maintien de l'ordre républicain au niveau du maintien de l'ordre colonial sous l'influence des États-Unis.

Les États-Unis et Israël ne peuvent donner de leçons techniques en la matière que dans l'hypothèse d'une véritable guerre interne permanente, dans laquelle les « pauvres » et les immigrés joueraient le rôle des « Palestiniens » ou des « Afghans ». Les États-Unis sont maîtres d'œuvre sur les terrains irakien et afghan, ils ont soutenu l'exercice de guerre anti-insurrectionnelle dans trois types d'opérations : contre une population colonisée et désarmée en Palestine, contre des populations urbaines armées en Irak, contre des populations rurales armées en Afghanistan. Mais le système se défend d'être conquérant ou colonial et donc d'aspirer à la victoire — et même à la paix impériale — dans les pays où il a projeté des forces. Ses guerres, pas plus que l'expertise israélienne en crimes de guerre « contrôlés », ne peuvent servir de modèle à un maintien de l'ordre interne dans une Europe démocratique.

L'armée française est pourtant poussée vers ce genre de tâches au titre des passages les plus glauques du *Livre blanc* de 2008. Selon Nicolas Sarkozy, dans la préface qu'il a rédigée pour cet ouvrage, « le clivage traditionnel entre la sécurité intérieure et la sécurité extérieure s'est encore davantage effacé ». On sait bien que ce n'est pas du tout un « clivage traditionnel », comme qui dirait une « vieille coutume ringarde ». Le président fait erreur. C'est au contraire une distinction fondamentale, morale, politique et juridique. L'armée française devrait donc se forger une doctrine *sui generis* en la matière. Faute de quoi un chemin paraît tout tracé, car il existe déjà une doctrine traditionnelle qui efface le clivage traditionnel : c'est la « doctrine de la guerre révolutionnaire » (DGR), qui fut appliquée dans les guerres coloniales, plus particulièrement lors de la guerre d'Algérie (voir *supra*, chapitre 8).

Dans la continuité de cette doctrine, il faudrait simplement se doter, d'abord en Afghanistan puis sur le territoire national, d'une doctrine souple, si possible sans massacres, cherchant à « rallier la population indigène au gouvernement ». Créée naguère avec recours à une violence collective extrême pour le « maintien de l'ordre » dans les départements d'Algérie ou pour la Françafrique, elle n'a jamais été complètement abandonnée dans les concepts des services spéciaux et des commandos coloniaux, ni dans les projections de forces avec manipulations génocidaires comme en Afrique, ni dans les réflexions policières et militaires suscitées par les troubles sociaux de 1995 et les troubles banlieusards de 2005. Le maintien de l'ordre dans la « France algérienne » serait ainsi du même ordre que dans l'Algérie française. Et c'est là que le bât blesse, des deux côtés de la Méditerranée. Il n'est pas question pour les témoins encore vivants de la guerre d'Algérie de s'abandonner mollement à cette vision des choses archaïque et criminelle ; ce qu'il faut penser pour la doctrine de l'armée française dans le XXIe siècle démocratique qui commence doit procéder d'une tout autre source d'inspiration, et marquer l'avenir d'un idéal qui mérite au besoin qu'on y risque sa vie.

On a vu s'installer au début des années 1990 un choix de nouvelles menaces. Les anciennes (l'URSS) avaient disparu, les nouvelles prenaient la figure de réseaux terroristes et, déjà, de la pression d'immigrants. Plus de vingt ans après, il serait temps, avec la crise financière globale, de recréer une catégorie vraiment nouvelle de menaces et de ranger aux accessoires de Grand Guignol ce qui est encore et toujours mis en avant pour terroriser les peuples : la peur des minorités ethniques, apte surtout à détruire les nations de *melting pot* comme les États-Unis et la France.

Si on veut faire face efficacement aux vraies menaces qui se précisent contre la *pax europeana*, il faut s'attaquer aux auteurs des décisions qui entraînent les catastrophes sociales et qui se situent dans l'espace illimité et irresponsable du pouvoir des entreprises délocalisées. Les « marchés », on l'a dit, sont en réalité composés d'hommes politiques, restés dans l'ombre des transnationales. Leurs décisions irresponsables se situent dans un espace de non-droit, car ils sont sans statut international onusien, et rien ne peut sanctionner leurs actes transfrontaliers comportant des conséquences criminelles. Si on ne s'y attaque pas, on ne pourra pas empêcher la montée des troubles qu'ils provoquent et on aura du mal à neutraliser les décisions qui visent, dans l'intérêt des rentiers globaux, à préparer la guerre civile au lieu de l'éloigner.

Conclusion

Contre la finance spéculative, démocratiser l'Union européenne

La démocratisation de l'Union européenne, impliquant une nouvelle Constitution donnant des pouvoirs fédéraux aux instances législatives et financières, est la moindre des choses. Seule cette revitalisation de l'Union permettra d'éviter les replis nationalistes régionalistes et fascisants qui sonneraient le glas des espérances fondées sur la démocratisation à l'échelle transnationale.

La démocratie est une paix. La recherche de la paix des États est rarement fondée sur la pure morale évangélique, mais c'est toujours le résultat d'une évaluation stratégique des risques de guerre et du choix réaliste d'un freinage du recours à la force militaire. Freinage qui ne soit pas basé sur la « faiblesse militaire » (souvent dénoncée par les porte-parole américains, dans leur ardeur militariste adolescente), mais éventuellement fondé sur la « force économique » et même sur la « cohérence politique », celle qui compte dans le rapport des forces morales. Cela suppose une capacité de défense fondée sur l'appui populaire au grand dessein de libération par dissolution de l'empire rentier, avec pour but sa transformation par morceaux en république sociale. C'est à cette dimension de la défense qu'on s'intéresse pour l'Europe. L'Union est actuellement si démunie de cohérence politique par le jeu des souverainetés d'entreprises de sa bourgeoisie transnationalisée, qu'elle paraît être économiquement faible. Mais, le jour où elle sera de nouveau le siège d'un bouillonnement politique et d'un renouvellement du projet de république sociale, on verra qu'elle est une force économique et sociale capable de renverser le cours catastrophique du capitalisme usuraire.

Comment affronter cinq principes intolérables des pratiques financières globales

On ne peut aller dans ce sens qu'en examinant attentivement aussi bien les fondements politiques et moraux que le contexte technique des pratiques d'interventions américaines, comme nous l'avons fait tout au long de ce livre. En guise de synthèse, on peut dire que, depuis la fin de la bipolarité Est-Ouest, le concept de guerre s'est dilué ou est devenu flou de plusieurs manières.

1) Dans le temps : les guerres n'ont plus de limites temporelles, ni commencement (la déclaration) ni fin (la victoire d'un camp, la conquête, la soumission, le pillage de l'autre). Ainsi, la guerre contre l'Irak a commencé lors de la guerre du Golfe de George Bush père et s'est à peine suspendue sous Clinton avec l'embargo pour reprendre sous George Bush fils ; et elle n'est toujours pas « finie » en 2012.

2) Dans l'espace : la guerre n'est plus une violence d'État externe, distincte de l'action de police interne. Les expéditions des États-Unis et de leurs alliés ou coalisés se veulent des expéditions de police-justice, punition d'un État voyou, vengeance pour un crime terroriste ; et elles violent le droit international et pratiquent le crime de guerre : selon l'ONU, elles sont hors la loi. Mais, en même temps, elles se veulent des expéditions de démocratisation : elles imposent une Constituante, une Constitution, une recréation de la police et de l'armée, comme si elles avaient eu dès le départ un mandat de l'ONU dans le style colonial de la SDN.

3) L'ONU se rallie ou donne un statut à la guerre d'Irak après coup pour contribuer à sa reconstruction démocratique. C'est un ralliement subalterne. Le droit international, une fois détruit, subordonne ses propres institutions à l'empire dominant. Mais ce

n'est pas nouveau : c'est la real-Constitution de l'ONU qui a instauré le droit de veto de cinq vainqueurs de l'Axe comme une real-précaution supplémentaire en faveur de cinq grands empires. Tout cela, et même la structure du droit de veto, s'effondre aujourd'hui dans le flou nécessaire à la souveraineté réelle dominante, celle de la mondialisation des entreprises.

4) Dans le « droit » : la conquête militaire est réhabilitée. Depuis la guerre d'Afghanistan et surtout celle d'Irak, ce qui innove, c'est le retour de vraies expéditions militaires américaines semblables à des expéditions coloniales, avec occupation permanente du terrain conquis — sept ans pour rien, c'est énorme —, et qui sont cependant créatrices de chaos, dont on ne peut imaginer la fin, car le but de l'expédition, en dehors de la destruction d'un régime politique tyrannique (Taliban, Saddam Hussein), n'est pas fixé ni au départ ni à l'arrivée. Créer la démocratie de force est une plaisanterie ou exige la bombe atomique. Il n'y a plus de guerre juste, plus de *jus in bellum* ni *in bello*.

Au départ, le but réel se noie dans le flou des mensonges manipulatoires, destinés à confondre l'opinion américaine et celles des alliés, sommés de devenir tous infidèles ou serviles, mais pas librement ralliés à une cause. À l'arrivée, le but se noie dans le flou du moment de la victoire sans combats et sans reddition de l'ennemi, l'incompétence coloniale et les incohérences des nouveaux conquistadors, déchirés entre la prééminence de l'outil militaire mal adapté aux tâches de l'occupation coloniale et la prépotence du militarisme civil, qui veut régler tous les détails de la paix depuis la Maison-Blanche, même si la guerre n'est pas finie, en violation des préceptes de Sun Zi. Au départ, l'occupant s'installe pour une raison floue, puis à l'arrivée, à la fin floue de la guerre floue, l'empire s'éloigne, gardant la main sur le pétrole. Les terroristes, les infidèles et les serviles ont droit à la punition, au pardon ou aux récompenses du pouvoir global, qui sanctionne sa présence par des corruptions modernes, coutumières, sans foi ni loi : l'ouverture aux marchés financiers. Ce programme type est à considérer comme un crime contre l'humanité d'un nouveau type.

5) Les sanctions solennelles d'un vainqueur hors droit paraissent ridicules aux « peuples fiers ». Cette notion est mal définie par la politologie classique, mais elle devient utile : ils se reconnaissent entre eux. Ce sont les peuples qui, pour des raisons diverses, parfois mauvaises, acceptent de n'être pas « impériaux » mais n'acceptent pas d'être soumis à l'empire. J'y compte, encore, par ordre alphabétique, les Afghans, les Algériens, les Boliviens, les Bosniaques, les Cubains, les Français (malgré tout), les Espagnols, les Grecs, les Mexicains, les Palestiniens, les Turcs, les Vietnamiens et bien d'autres qui font semblant d'accepter, dorment ou se font les griffes comme des chats s'étirant au soleil d'hiver et peuvent surgir de partout à chaque instant. Récemment, les Tunisiens ont sonné le réveil, puis soudain les Égyptiens. Un jour l'Afrique, comme un seul homme.

Chaque peuple cultive son indignation secrètement et s'étonne lorsqu'il découvre qu'il n'est pas seul à s'indigner. Mais comment additionner ces forces ? Bien qu'il s'agisse ici de vol et d'escroquerie, ailleurs de spéculation immobilière et parfois d'abus de confiance religieuse ou de mise en carcan idéologique, le soulèvement démocratique prend partout la même forme, celle d'une revendication éthique. Exigeant de l'économie qu'elle soit, de nouveau ou pour la première fois, un système de survie pour les peuples.

Perspectives d'avenir

Alors pourquoi est-il temps de faire de l'Europe et de son sud, du Moyen-Orient et de son nord, un pôle de la démocratie et de l'antichrématistique, plutôt qu'un autre ensemble de peuples ? D'abord, parce que c'est, dans l'espace, notre pôle de voisinage et, dans le temps, le bon moment pour penser cet avenir comme démocratique — les Nord-Américains et les Sud-Américains ont leurs problèmes Nord-Sud, les Chinois, les Japonais, les Coréens et les péninsules sud-asiatiques les leurs. Ensuite, parce qu'il est impensable et stupide de vouloir se refermer dans la crise sur une petite patrie et d'y gérer solitairement son inflation souveraine. Chaque État européen peut vouloir se transformer en paradis fiscal, mais il en existe déjà trop (Luxembourg, Monaco, Suisse). C'est suffisant et il va falloir voir plus grand ; et, s'il le faut, les contrôler jusqu'à reconversion pour maîtriser les fiscalités à l'échelle de l'Union.

Si on garde l'Europe unie, ce sera pour faire autre chose qu'aujourd'hui. En particulier pour lui donner le plus rapidement possible un axe politique visant à la reconstitution d'une entité fédérale politique souveraine et dotée d'une politique sociale, l'Union européenne, seule à la taille voulue pour contrôler démocratiquement le pouvoir illégitime des entreprises délocalisables. Il faut donc proposer les mesures suivantes :

— *l'annulation des dettes est nécessaire,* dans la mesure où les dettes trop importantes sont le signe d'une gestion économique pervertie, car poussant à la guerre civile. Il faut pouvoir annuler les dettes dans une nation où elles sont devenues pour les débiteurs des charges insupportables et pour les créanciers des sources de revenus injustes, criminels même par leurs conséquences sociales. Repartir à zéro était une méthode qui s'imposait, comme un acte de bon sens, dans la tradition juive (de l'année jubilaire), dans la suppression de l'esclavage pour dettes sous Solon, mais aussi dans une coutume fréquente dans bien des cités grecques annulant les dettes des pauvres envers les riches pour supprimer une cause d'autodestruction de la cité par la guerre civile ;

— *refonder avec l'Allemagne un noyau de capacité scientifique et industrielle* autonome au service d'un espace plus large, y compris la Russie ;

— *liquider la guerre antiterroriste,* la terreur du grand voisinage hostile, cette peur en location, gérée par les États-Unis pour occuper l'OTAN hors zone et bricoler des partenariats mercenaires ou des marchés d'armements ;

— *la France doit de nouveau quitter les commandements intégrés de l'OTAN* et cesser de jouer le jeu d'une collaboration à l'extension de son emprise militaire des États-Unis à l'Eurasie. Les États-Unis ont montré leur incapacité à mener une politique de restauration de la sécurité et du bon voisinage de l'Europe. Ils travaillent dans le sens inverse et leur leadership, qui dépend de la banque chinoise, n'apporte rien ni à la politique ni à l'économie européennes, sauf de participer au jeu douteux de l'usure transnationale des banques ;

— *organiser un voisinage sud qui soit une véritable alliance moderne*, ayant pour objet de neutraliser des menaces et des adversaires communs et de défendre des intérêts communs, réels, à long terme, y compris l'autonomie alimentaire, la question de l'eau, la transition hors de l'énergie pétrolière ; cette alliance économique et sociale avec les mondes arabe, turc et kurde doit permettre que les trois religions du Livre concluent enfin une paix solennelle, en favorisant par tous les moyens la reconnaissance du droit des Palestiniens à vivre en paix sur leur terre et en mettant fin au non-droit des gouvernements israéliens et à leur militarisme archaïque qui sabotent sans cesse les négociations de paix.

On a constaté que le président Obama n'a malheureusement pas été capable d'imposer les vues qu'il avait solennellement énoncées en la matière et qu'il est resté prisonnier d'une extrême droite américaine semblant sortie d'un film noir et exhibant volontiers une mentalité religieuse extrémiste aussi décalée que celle des fascistes religieux israéliens ou du cauchemar d'Al-Qaida. C'est donc aux Européens de prendre le relais, dans la perspective d'une grande stratégie des abords qui n'attendrait rien des projections de forces américaines.

Organiser une croissance planifiée coordonnée dans une vaste région et viser par une réindustrialisation sélective à la liquidation du chômage et à l'autosuffisance de la région méditerranéenne, contrairement aux croyances des nouvelles classes rentières, n'est évidemment pas un crime contre l'humanité. Mais cela pourrait passer pour un crime contre les libertés du secteur financier. Il faut donc s'attendre à une résistance violente des nouvelles noblesses rentières et se préparer à un combat politique de longue durée pour reconstruire le cadre d'une relance euroméditerranéenne en créant une circonscription unie par le souci de vivre (écologiquement) en démocratie et refusant la destruction des civilisations mondiales par la robotisation de l'avidité.

Table

CPi
BUSSIÈRE

Composition Facompo, Lisieux.
Impression réalisée par CPI Bussière
à Saint-Amand-Montrond (Cher).
en février 2012.
Dépôt légal : mars 2012.
N° d'impression : 120594/4.
Imprimé en France